普通高等院校"十四五"计算机基础系列教材

大学信息素养导论

骆斯文　万齐智　李　季　刘喜平◎编著

万常选◎主审

中国铁道出版社有限公司
CHINA RAILWAY PUBLISHING HOUSE CO., LTD.

内 容 简 介

本书是普通高等院校“十四五”计算机基础系列教材之一，依据教育部高等学校大学计算机课程教学指导委员会发布的《新时代大学计算机基础课程教学基本要求》，结合新一代信息技术及高等院校计算机基础课程改革的最新动向编写而成。

本书基于新工科专业建设，旨在为学生提供一个全面而深入的视角，探索信息科学的核心概念、技术原理及其在现代社会的应用，力求展现信息技术发展的新趋势和新成果，编写内容充分考虑学生现有的计算机基础知识水平和社会实际需求，注重对学生信息素养的培养。全书共分为七章，包括绪论、计算机系统、信息检索与搜索引擎、大数据、人工智能、物联网及信息安全。

本书结构严谨、叙述准确，按照计算思维能力培养的要求，由易到难，系统展开，适合作为高等院校非计算机专业大学计算机课程的教材，也可作为计算机技术培训用书和自学用书。

图书在版编目（CIP）数据

大学信息素养导论 / 骆斯文等编著. -- 北京 ：中国铁道出版社有限公司, 2024. 9. --（普通高等院校“十四五”计算机基础系列教材）. -- ISBN 978-7-113-31577-1

Ⅰ. G254. 97

中国国家版本馆 CIP 数据核字第 2024TJ2748 号

书　　名： 大学信息素养导论
作　　者： 骆斯文　万齐智　李　季　刘喜平

策　　划： 曹莉群　　**编辑部电话：**（010）63549501
责任编辑： 贾　星　贾淑媛
封面设计： 刘　颖
责任校对： 刘　畅
责任印制： 樊启鹏

出版发行： 中国铁道出版社有限公司（100054，北京市西城区右安门西街 8 号）
网　　址： https://www.tdpress.com/51eds/
印　　刷： 河北宝昌佳彩印刷有限公司
版　　次： 2024 年 9 月第 1 版　2024 年 9 月第 1 次印刷
开　　本： 787 mm×1 092 mm 1/16　**印张：** 12　**字数：** 297 千
书　　号： ISBN 978-7-113-31577-1
定　　价： 42.00 元

前言

党的二十大报告提出："推动战略性新兴产业融合集群发展，构建新一代信息技术、人工智能、生物技术、新能源、新材料、高端装备、绿色环保等一批新的增长引擎。"当前，信息技术的飞速发展正以前所未有的力度影响着世界的每一个角落。信息技术，作为重塑全球竞争格局的关键力量，已成为大国之间综合国力较量的制高点，其重要性不言而喻。

在数智化时代，如何培养和提升自身的信息素养，掌握并运用信息技术，成为每一个有志青年必须面对的课题。这不仅是个人成长与发展的需要，更是国家信息化、现代化进程中不可或缺的力量源泉。这就对高校人才的信息素养培养提出了新的要求。

目前，世界各国都在发展数字经济，催生数字产业，以培育新的经济增长点、推动产业的新发展。2024年我国的《政府工作报告》提出："积极推进数字产业化、产业数字化，促进数字技术和实体经济深度融合。"这一指导思想与之前发布的《数字经济发展规划》的目标和任务高度一致。未来，我国云计算、大数据、人工智能、区块链、物联网等数字技术的产业化进程将加快；传统产业的数字化转型将加速；产业降本提效、开拓创新的需求使得数字技术和实体经济进一步深度融合。目标都是培育新的经济增长点、提升数字技术的自主供给能力和国际竞争力。这意味着社会对掌握信息技术人才的需求将会快速增大，对国民信息素养、数字素养与技能的要求也会越来越高。编著者正是基于以上认知，确定了本书的内容框架。

编著者认为，在当今信息化、数字化、智能化时代，接受高等教育的学生应具备基本的信息素养，应了解：信息技术的基本常识；信息检索与利用的基本方法；信息系统的组成架构及工作原理（数字化原理、数字通信原理、算法思维、大数据思维、系统思维，计算机硬件系统、计算机软件系统、计算机网络与云计算系统的组成及工作原理，信息检索框架、大数据处理框架、深度学习框架、物联网框架的组成及工作原理）；信息技术对社会各行业以及人们的生活影响（影响的方面、影响的途径、影响的深度和广度以及未来的发展方向）；与信息技术有关的法律与道德常识等。

本书的编著者均是从事高校计算机教育的骨干老师，积累了丰富的教学经验，开展教研活动时一直关注、跟踪着国内计算机基础教育的发展变化，对国家关于加快数字社会建设、提高信息化发展水平的精神有着深刻理解，对财经类院校如何培养具备信息素养的人才进行着深入的思考和探索。在分析了编著者任职学校教学现状的基础上，对国内其他院校进行充分调研之后，确立了本书的编写大纲，并在编写过程中查阅了大量资料，选取了一些经典案例插入相关章节，来帮助读者对技术理论进行消化理解。全书以下面的内容为写作中心进行展开：

（1）计算机系统的基本工作原理。

(2) 计算思维能力培养对提升信息素养的必要性。

(3) 当前 IT 发展应用的前沿技术。

(4) 信息、数据的获取方法与途径。

(5) 信息、数据的处理框架结构。

(6) 云计算、人工智能、大数据、物联网技术的应用场景。

(7) 信息技术发展与人类社会发展的关系。

本书旨在引导读者探索信息世界奥秘，帮助读者建立起扎实的信息素养基础，从理论到实践，全方位地了解信息技术的精髓，掌握信息检索、处理与应用的技巧，培养批判性思考和创新能力，为迎接数智时代的挑战做好充分准备。全书共分为七章，从信息的基本表示与运算出发，逐步展开至计算机系统、信息检索、大数据、人工智能、物联网，以及信息安全等领域，力求构建一个完整的信息科学知识框架。第 1 章作为全书的开篇，首先介绍了信息表示与运算的基础，随后引领读者进入算法与计算思维的世界，探索如何运用逻辑与创造力解决问题，培养面向未来的计算思维能力。此外，还着重讨论了信息素养的重要性，分析其与社会发展的紧密联系，帮助读者建立正确的信息价值观。第 2 章至第 7 章则分别深入探讨了计算机系统的架构与运作、信息检索与搜索引擎的工作原理、大数据的处理与应用、人工智能的前沿进展、物联网的创新实践，以及信息安全的严峻挑战与应对策略。每一章节都包含了丰富的理论知识和生动的案例分析，旨在激发读者的兴趣，提高其对信息技术应用场景的认知水平，并促进对信息素养培养的必要性的深层理解。编著者诚挚地希望，通过本书的学习，读者不仅能获得信息科学领域的专业知识，更能培养出敏锐的信息意识、扎实的信息处理能力和前瞻性的科技创新精神。

本书在写作过程中得到了主审万常选教授的悉心指导。万常选教授曾任教育部高等学校管理科学与工程类专业教学指导委员会委员、江西省普通高等学校计算机类本科专业教学指导委员会主任委员。万常选教授于 2022 年下半年提出编写本书的想法，并多次组织信息管理学院部分骨干老师进行讨论，最后拟定了大纲初稿，厘清了编写思路和目标。编写过程中，万常选教授认真阅读稿件并针对内容调整和编写思路给出了详细的修改意见。

本书由骆斯文、万齐智、李季、刘喜平编著，其中，第 1、2 章由骆斯文编著，第 3 章由刘喜平编著，第 4、5 章由万齐智编著，第 6、7 章由李季编著。全书由骆斯文统稿，万常选主审。

在编写本书过程中，参阅了大量的文献资料，在此向参考资料的作者们表示衷心的感谢！

限于编著者水平，加之时间仓促，书中难免存在疏漏和不妥之处，望各位读者批评指正！

编著者

2024 年 6 月

目 录

第1章 绪论

学习目标

本章主要介绍数制、信息、编码、算法等概念，举例说明算法的表示方法及问题求解的步骤；阐释计算思维、信息素养的内涵及培养信息素养的必要性。通过本章学习，要求：

◎ 掌握数制的基本概念及不同数制间的转换。

◎ 理解不同类型信息在计算机中的编码表示方法。

◎ 运用算法描述工具实现对具体问题求解过程的表述。

◎ 深入理解计算思维能力对解决问题的影响。

◎ 理解信息素养的定义及内涵。

◎ 深入领会信息素养对个人及社会发展的影响，提升培养自身信息素养的积极性和自觉性。

本章导引

在当今这个信息化、数字化与智能化交织的时代，信息技术的飞速发展正以前所未有的力量重塑着我们的生活方式与工作模式。伴随着信息化的汹涌浪潮，公众对信息、数据、算法、计算思维与信息素养等概念的认识不断深化，愈发意识到信息素养的重要性，从而激发起提升个人信息素养与计算思维能力的热情。

信息是指通过各种媒介传递的数据和知识，数据是一种用来描述和量化事物的物理符号，通常指未经处理的原始记录。信息与数据密切相关，数据是信息的物理载体，是客观事物的记录，信息则是数据所承载的内涵和意义。对数据进行统计、分析和综合可以提炼出新的信息，得到新的数据。这一过程形成了信息与数据之间的良性循环，使人们能够更深入地理解信息，更有效地应用数据。

算法用于描述解决问题的策略和方法，是解决问题的有效方法和处理步骤的描述。算法也是计算机科学中的核心概念，程序员常常用计算机语言编写代码来实现算法表示。一个好的算法能够高效地解决问题，并且可以被计算机或其他工具自动化执行。算法的设计与分析，对于优化计算机系统性能与解决复杂问题都至关重要，是计算机科学研究的重要领域。

计算思维是一种解决问题的思维方式，它是运用计算机科学的基础概念进行问题求解、系统设计以及人类行为理解等涵盖计算机科学之广度的一系列思维活动。它包括逻辑思维、算法思维、构建思维和系统思维等方面。计算思维为人们提供了分析问题、构思方案与评估结果的全新视角。

信息素养，作为个体在信息社会中必备的一项综合性能力，涉及信息的精准获取、批判性分析、灵活运用与创新创造等方面。具备信息素养的个体，能够准确判断何时、何地以及何种类型的信息最为关键，掌握高效的信息检索策略，具备信息源的甄别与评价能力，同时，他们还能够将所获取的信息与技术手段巧妙结合，应用于问题解决、决策制定以及业务创新等场景，从而显著提升工作效率与生活质量。信息素养的持续提升，不仅能增强个体对信息资源的驾驭能力，更能为其在职业生涯与个人发展中开辟广阔前景。

综上所述，信息、数据、算法、计算思维与信息素养，作为现代社会中不可或缺的基石概念，它们相互交织，共同构成了个体对信息世界的认知框架与应用能力。深入理解与掌握这些概念的内涵与外延，不仅有助于人们更全面、深入地把握信息的本质，还能够显著提升个体在信息时代的适应力与竞争力，为其在工作与生活中取得成功奠定坚实基础。

1.1 信息表示与运算

生活中，信息是人类大脑对客观世界中事物运动状态及其变化的反映，是客观事物之间相互联系和相互作用的一种表现形式。人们在社会生活中通过信息的传播来获得、识别、区分自然界和社会的不同事物，从而认识和改造世界。

现代生活中人们往往利用计算机来对获取到的信息进行处理，这涉及信息如何在计算机中表达。“计算机之父”冯·诺依曼提出采用二进制形式来表示信息，因为二进制在计算机中最容易实现表示，用逻辑电路的两种基本状态，低电位表示“0”，高电位表示“1”。

数据是指对信息进行记录和表征的物理符号。现实世界的信息纷繁复杂，因而数据的表现形式也具有多样性，既包括狭义上的数字，也涵盖了具有特定意义的文字、字母、数字符号的组合，乃至图形、图像、视频、音频等表现形式。计算机科学视域下的数据，泛指一切能够输入至计算机系统，并被其内部程序处理的符号介质的总和，这些符号介质通常采用具有一定语义的数字、字母、符号，甚至是模拟量等形式进行表达。经由计算机的加工与处理，数据能够被转化、提炼，最终反馈出新的信息，实现从数据到信息的增值转换。

根据其基本用途，计算机中的数据大致可划分为两大类：数值型数据与非数值数据。前者特指那些直接反映具体数量关系的数据，具有明确的正负大小区分，易于转换为二进制格式进行存储与处理。相比之下，非数值数据覆盖了除数值型数据之外的所有数据类型，包括但不限于文字、图像、声音等，这些数据的二进制表示相对复杂，往往需要借助特定的编码方案才能完成从原始形态到二进制格式的转换，以适应计算机系统的处理需求。

1.1.1 进位计数制

几千年来，人类文明在不断发展。从原始社会人类用石子、贝壳、刻木结绳等方式来表示物品的多少，到用固定符号进行记录，到各种进位计数制的发明，它们在述说着沧海桑田的历史变迁。

1. 数制

数制又称“计数制”，是用一组固定的符号和统一的规则来表示数值的方法，如世界目前通用的十进制，用十个基本物理符号，遵循逢十进一、借一当十的规则。

任何一个数制都包含两个基本要素：基数和位权。基数是指数制所使用数符的个数，位权是指数制中某一位上的 1 所表示量的大小。例如，二进制的基数为 2，十进制的基数为 10；对于十进制数 1024，其中 1 的位权是 1000，0 的位权是 100，2 的位权是 10，4 的位权是 1。

推而广之，对于任何 r 进制系统，它需要用到 r 个基本物理符号，表 1-1 所示为常用数制。为区分不同进制的数，常在一个数的右下标出角标进行区分，角标可以用英文字母（英文单词的第一符号）或十进制数形式，具体为：十进制 D（decimal）、二进制 B（binary）、八进制 O（octal）、十六进制 H（hexadecimal）。例如，$(234)_D$、$(1010)_B$、$(57)_O$、$(36E)_H$、$(345)_8$ 等。

表 1-1 计算机常用数制

进制数	进位规则	基数	基本物理符号	权	角标符
二进制	逢二进一	2	0, 1	2^i	B
八进制	逢八进一	8	0, 1, 2, 3, 4, 5, 6, 7	8^i	O
十进制	逢十进一	10	0, 1, 2, 3, 4, 5, 6, 7, 8, 9	10^i	D
十六进制	逢十六进一	16	0, 1, 2, 3, 4, 5, 6, 7, 8, 9, A, B, C, D, E, F	16^i	H

表 1-1 中十六进制的基本物理符号 A~F 分别表示该进制中的 10~15。

对于 r 进制数而言，r 称为基数，各个数位上量的大小（又称单位）称为权，一个 r 进制数 X 可以表达成按权展开的多项式之和：

$$(X)_r = a_n r^n + a_{n-1} r^{n-1} + a_{n-2} r^{n-2} + \cdots + a_0 r^0 + a_{-1} r^{-1} + \cdots + a_{-m} r^{-m} = \sum_{j=-m}^{n} a_j r^j$$

其中，a_i 是该数制中的某个基本物理符号，r^i 是权，r 是基数。

例如，十进制数 123456.7 和十六进制数 2C.3E 可以表示为：

$$(123456.7)_D = 1 \times 10^5 + 2 \times 10^4 + 3 \times 10^3 + 4 \times 10^2 + 5 \times 10^1 + 6 \times 10^0 + 7 \times 10^{-1}$$

$$(2C.3E)_H = 2 \times 16^2 + 12 \times 16^1 + 3 \times 16^{-1} + 14 \times 16^{-2}$$

2. 数制转换

(1) 十进制数向 r 进制数的转换

一个十进制数要转换为 r 进制数，可分为两部分进行，即整数部分的转换和小数部分的转换。

整数部分的转换法则是“除以 r 取余”，即将整数部分除以 r，并取出余数（如果整除，余数取 0），再将所得的整数商除以 r，得到新的余数并取出，重复操作直到商为 0。将所有得到的余数按先后顺序从右至左排列即得到对应的 r 进制的整数部分。

小数部分的转换法则是“乘 r 取整”，即将小数部分乘以 r，并取出积的整数部分，再将所得积的小数部分乘以 r，取出积的整数部分，重复操作直到小数部分为 0，最后将所有得到的整数按先后顺序从左至右排列即得到对应的 r 进制的小数部分（需要说明的是，这一过程中小数部分可能无法变为 0，所以可能是一个无限过程，此时只能根据需要取有效位数）。

将两部分合并得到最终结果。下面举例说明。

例如，将十进制数 $(25.75)_{10}$ 转换成二进制数。

2 | 25	余数=1…a_0	（低位）
2 | 12	余数=0…a_1	↑
2 | 6	余数=0…a_2	↑
2 | 3	余数=1…a_3	↑
2 | 1	余数=1…a_4	（高位）
0		

$$\begin{array}{r} 0.75 \\ \times\quad 2 \\ \hline 1.50 \end{array} \quad \text{整数}=1\cdots a_{-1} \quad \text{（高位）}$$

$$\begin{array}{r} 0.50 \\ \times\quad 2 \\ \hline 1.00 \end{array} \quad \text{整数}=1\cdots a_{-2} \quad \text{（低位）}$$

得到：$(25)_{10}=(11001)_2$，$(0.75)_{10}=(0.11)_2$

所以：$(25.75)_{10}=(11001.11)_2$

（2）r 进制转换成十进制

r 进制转换成十进制的方法：把 r 进制数 X 用展开式 $(X)_r=\sum_{j=-m}^{n} a_j r^j$ 来表示，再将各位数字乘以各自的权值，并按十进制进行累加求和，即得到相应的十进制数。

例如，将二进制数（11010.101）$_2$ 转换成十进制数：

$$(11010.101)_2 = 1\times2^4+1\times2^3+1\times2^1+1\times2^{-1}+1\times2^{-3}=(26.625)_{10}$$

又如，将十六进制（B21）$_{16}$转换成十进制数：

$$(\mathrm{B21})_{16}=11\times16^2+2\times16^1+1\times16^0=(2849)_{10}$$

（3）八进制、十六进制、二进制数之间的相互转换

八进制数的基数 $8=2^3$，所以 1 位八进制数相当于 3 位二进制数，参见表 1-2。当八进制数转换成二进制数时，只要把每位上的八进制数用 3 位二进制数表示即可；而二进制数转换成八进制数时，整数部分从右向左，每 3 位一组，小数部分从左向右，每 3 位一组，在不足 3 位时，整数部分前面补 0，小数部分后面补 0，再对每组分别进行转换即可得到结果。

表 1-2　二进制、八进制、十进制和十六进制的对应关系

二进制	八进制	十进制	十六进制	二进制	八进制	十进制	十六进制
000	0	0	0	1000	10	8	8
001	1	1	1	1001	11	9	9
010	2	2	2	1010	12	10	A
011	3	3	3	1011	13	11	B
100	4	4	4	1100	14	12	C
101	5	5	5	1101	15	13	D
110	6	6	6	1110	16	14	E
111	7	7	7	1111	17	15	F

例如：求（637.45）$_8$ =（？）$_2$

因为　6　3　7　.　4　5

　　　↓　↓　↓　　　↓　↓

　　110　011　111　.　100　101

所以（637.45）$_8$ =（110011111.100101）$_2$

又如：求（11010011.11）$_2$ =（？）$_8$

因为 $\underline{011}$ $\underline{010}$ $\underline{011}$. $\underline{110}$

3 2 3 . 6

所以 $(11010011.11)_2 = (323.6)_8$

十六进制数与八进制转换相似，将每4位作一组。例如：求 $(2A5.3C)_{16} = (\ ?\ )_2$

因为 2 A 5 . 3 C

↓ ↓ ↓ ↓ ↓

0010 1010 0101 . 0101 1100

所以 $(2A5.3C)_{16} = (001010100101.01011100)_2 = (1010100101.010111)_2$

又如：求 $(110101011.11)_2 = (\ ?\ )_{16}$

因为 $\underline{0001}$ $\underline{1010}$ $\underline{1011}$. $\underline{1100}$

1 A B . C

所以 $(110101011.11)_2 = (1AB.C)_{16}$

人们通常在计算机类图书和计算机程序中采用八进制和十六进制，可以弥补二进制表示时位数多、易错难记的缺点。

1.1.2 数的运算

计算机体系架构摒弃了日常生活中广泛使用的十进制计数系统，转而采用二进制作为其内部数据表示与运算的基础，根源在于二进制与电子计算机的硬件特性之间存在着天然的契合。具体而言，电子计算机的核心电子元件，如晶体管与继电器，本质上只能处于两种状态——“开”与“关”，这恰好与二进制数的两个基本符号“0”和“1”形成一一对应的关系。因此，采用二进制表示法不仅能够简化机器内部的电路设计，易于实现数据的存储与处理，而且二进制与十进制之间的转换过程相对直观，便于算法设计与编程实现。

此外，二进制数据的物理存储优势亦不容忽视。无论是通过磁性材料的两极性差异，还是利用材料表面的凹凸特征，二进制数据的存储均能以极为稳定且易于检测的方式得以实现，确保了数据的长期保存与高速读取。这一特性，加之二进制算术运算规则的简洁性，不仅极大地促进了计算机运算速度的提升，还为逻辑运算的实现提供了便利，进一步强化了计算机在数据处理与信息分析方面的强大功能。

值得一提的是，二进制数据表示法还具备出色的抗干扰能力与纠错机制，这得益于其固有的冗余性与容错设计。在数据传输与存储过程中，即使遭遇轻度干扰或物理损伤，二进制数据仍能保持较高的完整性与准确性，确保信息的可靠性与稳定性。这种内在的健壮性，使得二进制成为构建高效、可靠的计算机系统的基础。

1. 算术运算

在计算机中，算术运算是指对数字进行数学运算的过程，只不过采用的是二进制来进行。计算机通过使用算术逻辑单元（arithmetic and logic unit，ALU）执行这些运算。常见的算术运算包括加、减、乘、除四种，二进制数进行运算的规则与十进制数相似。

例如，加减法时仍采用进位和借位进行处理，加法时对应位相加满2则进1，减法时不足则向相邻高位借1当2。对更复杂的乘、除法，乘法操作通过多次执行加法及移位操作来实现，除法操作则可通过重复执行减法和移位操作来实现。

与数学中不同的是对数的正负号的处理，计算机中是通过对二进制数添加一个最高位来标记符号。对于正数，添加的最高位上记0，负数则记1。整数在运算时采用数的补码进行运算。这里涉及计算机中对数进行二进制编码时的原码、反码、补码等概念。

(1) 原码

原码是指一个二进制数左边加上符号位后所得到的码。当数大于 0 时，符号位为 0；小于 0 时，符号位为 1；等于 0 时，符号位可以为 0 或 1（原码对于数 0 的标记不唯一）。

例如，十进制数 97 和-97 的八位二进制原码形式为：

$[+97]_{原}=01100001$　　$[-97]_{原}=11100001$

对于零，原码则有两种表示形式：00000000 和 10000000。

(2) 反码

负数的反码是将该数的原码保持符号位不变，其余数位按位取反得到；正数其反码就是该数的原码；与原码相似，数 0 的反码标记不唯一。

例如，十进制数 97 和-97 的八位二进制反码形式为：

$[+97]_{反}=01100001$　　$[-97]_{反}=10011110$

0 的反码则有两种表示形式：00000000 和 11111111。

(3) 补码

负数的补码是保持其反码的符号位不变，其数值再加 1 得到；正数的补码就是该数的原码；在补码表示法中，零的补码只有一种表示法，即 00000000，补码为 10000000 的二进制数标记的数不是负零，而是-128。

例如，十进制数 97 和-97 的八位二进制补码形式为：

$[+97]_{补}=01100001$　　$[-97]_{补}=10011111$

以上是计算中对整数进行处理的一般方法，而计算机中对实数的标记及计算则要复杂得多，有兴趣的读者可以在一些专业图书中找到相关内容，本书不展开叙述。

2. 逻辑运算

基本的逻辑运算有三种，即或、与、非，它们的运算对象的值是“真”（机器中用 1 表示）和“假”（机器中用 0 表示）。

三种运算的规则简单表述如下：

① 逻辑“或”运算：两个相“或”的逻辑变量中，只要有一个为 1，运算结果就为 1。仅当两个变量都为 0 时，结果才为 0。

② 逻辑“与”运算：两个相“与”的逻辑变量中，只要有一个为 0，运算结果就为 0。仅当两个变量都为 1 时，运算结果才为 1。

③ 逻辑“非”运算：是求原逻辑变量的相反状态，逻辑变量为 0 时，运算的结果为 1。逻辑变量为 1 时，运算结果为 0。

其他的逻辑运算如异或（当两个对象值相异时，计算结果为 1，否则结果为 0）、同或（当两个对象值相同时，计算结果为 1，否则结果为 0）等都可以通过三种基本逻辑运算来实现。

计算机工作时是由硬件系统内部的若干数字逻辑电路来进行的，逻辑电路只能进行逻辑运算，在设计计算机硬件时，人们是按需把离散的逻辑单元有机地组合到一起，用以实现复杂的计算处理，如前面所述的各种算术运算，也是通过一系列逻辑运算组合来实现的，这也是计算机硬件 CPU 设计的基本思想。

1.1.3 计算机中的信息表示

人们从自然界和社会生活中获取到的信息可以用人类语言文字等形式进行表征。自然语言表达的内容，人们交流时能够彼此理解，但计算机却不能直接识别它们（目前的AI技术、大语言模型正在努力研究，让机器能理解人类的语言，并且已经取得了可喜的进展），所以在过往，这种形式的数据不能直接交由计算机进行处理，而是通过对获取到的数据进行编码后再交给机器进行处理。

1. 信息编码的概念与目的

信息编码是将人类可读信息转化为机器可读的特定形式或格式的过程。这样做的目的主要有两个：其一是实现信息的有效存储和传输，因为计算机只能理解和处理数字化的信息；其二是实现信息的标准化和规范化，使得不同系统之间可以相互理解和交流信息。

在对信息编码的过程中，通常先要确定信息表达中使用的符号集、符号的排列规则和转换方法。符号集是指用于表示信息的字符或符号的集合，如字母、数字、标点符号等；符号的排列规则是指如何将这些符号组合起来表示特定的信息，如语言的语法规则；转换方法则是指信息转换为机器可读格式的具体方法。

通过编码，可以建立数据与信息间的映射关系，方便之后实现信息的存储、检索、传输及处理。

信息编码需要遵循以下基本原则：

① 唯一性原则。一个信息只能对应唯一的信息编码，不同的信息有不同的信息编码。例如，为了有效地管理公司订单信息，每一个订单只能有一个订单编码。

② 正确性原则。信息编码应当科学合理，既遵循信息编码的基本原理，又符合组织的实际情况；既能满足组织自身的需要，又能满足组织合作伙伴的特殊要求；既要符合国家的标准或规定，又应该尽可能地遵守国际标准或惯例；信息编码既不宜过长，也不宜过短。在许多情况下，信息编码应当采用折中的方式。

③ 分类性原则。分类是认识和描述信息的基本方式，信息应该按照合理的规则划分成不同的类别，使得同一类信息的编码在某一方面具有相同或相近的性质，这样便于信息系统的管理和使用。例如，为了对物料进行分类管理，采取了这样的编码方式：10表示原材料，101表示黑色金属原材料，102表示有色金属原材料，1023表示铝金属，10232表示铝棒。

④ 扩展性原则。信息编码应该考虑组织未来的发展状况和需要，留有足够的编码资源满足组织增长对信息编码的需求。

⑤ 统一性原则。信息编码不能出现各自为政、一码多用的现象，同一个信息只能有一个信息编码，以便准确地识别信息和充分地实现信息共享。

⑥ 不可更改性原则。信息编码是组织实现数字化管理的基础，是管理信息系统中信息的唯一标识和特征。信息编码规则确定且信息编码使用之后，一般不允许改变。

⑦ 重用性原则。信息编码应当包含产品的信息特征，结构相似产品编码中应包含这些信息特征码。

⑧ 简单性原则。信息编码是为了更好地管理组织信息，应该在满足其他原则的基础上尽可能地简单明了，使得容易识别、学习和使用。

2. 计算机编码的种类

信息在编码之后，还需进一步转化为计算机能够解读的二进制数字形式。编码后的信息最终在计算机中以一定长度的二进制数字符号组合来实现其表示。二进制的一个位有两种状态，n 个二进制位则可表示 2^n 个信息，如 8 个二进制位，可以表示 256 个不同信息。不同编码方案采用的二进制位长度不同。

在计算机内部，原始信息的编码遵循特定的数学规则，以确保其以机器可读、易于传输和处理的形式呈现。编码过程中通常会权衡多种因素，如确保编码与原始信息之间的一一对应关系，以及是否具备一定的错误纠正能力。编码技术大致可分为三大类别：基础编码、数学编码和压缩编码。

① 基础编码，如 ASCII 编码、汉字编码和 Unicode 编码，主要依据符号的排列顺序进行编码，为各种字符和符号提供标准化的表示方法。

② 数学编码，这类编码涉及更复杂的数学原理和技术，主要用于数据保护和纠错，如信道编码技术中的卷积码、低密度奇偶校验码，错误检测与纠正编码中的循环冗余校验码、汉明码，密码编码技术中的对称加密、公钥加密技术等。

③ 压缩编码，这类编码技术专注于数据压缩，以减少存储空间或传输带宽的需求，如：GZIP 编码通过去除数据中的冗余信息来减小数据体积，ZIP 编码将多个文件整合为一个压缩包，显著减少文件大小，从而加快传输速度，降低传输时间；无损压缩技术采用熵编码，基于字符出现的概率分配编码，以最小化编码长度来实现信息的完整保留。

3. 计算机中常用编码方案

信息的表现形式多种多样，因而编码的方案也非常多，本小节主要介绍不同媒体信息的编码方案及压缩的相关知识，包括字符、音频、图像、视频等多媒体信息。

(1) 十进制数值的 BCD 编码

BCD（binary-coded decimal）码作为一种独特的二进制编码形式，专门用于在数字系统中表示十进制数值。BCD 编码的核心思想在于，它采用四位一组的二进制数来分别编码十进制数中的每一位数字，即通过 0000 至 1001 这十个二进制组合，来一一对应表示十进制数字 0 至 9。这种编码方式的对应关系见表 1-3，清晰地展示了每种十进制数字与其对应的四位二进制编码之间的映射。

表 1-3　BCD 码与十进制数对应关系

十进制数符	BCD 码	十进制数符	BCD 码
0	0000	5	0101
1	0001	6	0110
2	0010	7	0111
3	0011	8	1000
4	0100	9	1001

值得注意的是，尽管四位二进制数理论上可以表示 16 种不同的状态（即从 0000 至 1111），但考虑到十进制数仅需表示 0 至 9 这十个数字，BCD 编码仅保留并使用了其中的前 10 种状态，其余 6 种状态（即 1010 至 1111）在 BCD 编码体系中未被定义，通常被视为无效或非法的编码状态。

举例说明，若要将十进制数 175 转换为 BCD 编码形式，首先需要将该数值分解为 3 位十进制数字，即 1、7、5，然后分别查找每位数字在其 BCD 编码表中的对应值。具体而言，数字 1 在 BCD 编码中表示为 0001，数字 7 的 BCD 编码为 0111，而数字 5 则对应于 0101。因此，十进制数 175 的 BCD 编码表示为 0001 0111 0101。

BCD 编码在数字系统，尤其是早期的计算器与计算机系统中广泛应用，主要归因于其在处理十进制数值时的直观性与便捷性。相较于直接采用纯二进制表示的十进制数，BCD 编码避免了十进制与二进制之间的复杂转换，简化了数值的输入与显示过程，尤其在金融交易、时间日期表示等领域展现了其独特的优势。然而，BCD 编码的使用也带来了存储效率较低的缺点，因为四位二进制数仅用于表示十种状态，导致了存储空间的浪费。尽管如此，BCD 编码在特定应用场景下依然发挥着不可替代的作用，特别是在那些对数值表示的直观性与准确性有严格要求的场合。

(2) 字符的编码方案

① ASCII 编码（American standard code for information interchange，美国标准信息交换码）作为历史上最早且最具影响力的字符编码方案，其设计初衷是满足英文字符的编码需求，后因其广泛的适用性和兼容性，被国际标准化组织（ISO）采纳，成为全球通行的信息交换标准代码。ASCII 码采用 7 位二进制进行编码，总共可以表示 $2^7 = 128$ 种不同的字符，其编码范围覆盖了从 0000000 至 1111111 的二进制序列，确保了每一个字符都有唯一的二进制编码表示。

ASCII 字符编码表的结构呈矩阵式分布，由 16 行 8 列构成，见表 1-4。在这张编码表中，包含了 10 个阿拉伯数字（0~9）、52 个英文大写与小写字母（A~Z，a~z）、32 个通用控制字符以及 34 个专用字符，共同构成了 ASCII 码的字符集。值得注意的是，编码表中的低 4 位（$d_3d_2d_1d_0$）用于确定字符所在的行位置，而高 3 位（$d_6d_5d_4$）则指示了字符在列上的位置，通过这一巧妙的布局设计，ASCII 码实现了对字符的高效、有序编码。

表 1-4 七位 ASCII 编码表

$d_6d_5d_4$ / $d_3d_2d_1d_0$	000	001	010	011	100	101	110	111
0000	NUL	DEL	SP	0	@	P	、	p
0001	SOH	DC1	!	1	A	Q	a	q
0010	STX	DC2	”	2	B	R	b	r
0011	EXT	DC3	#	3	C	S	c	s
0100	EOT	DC4	$	4	D	T	d	t
0101	ENQ	NAK	%	5	E	U	e	u
0110	ACK	SYN	&	6	F	V	f	v
0111	BEL	ETB	,	7	G	W	g	w
1000	BS	CAN	(	8	H	X	h	x
1001	HT	EM	)	9	I	Y	i	y
1010	LF	SUB	*	:	J	Z	j	z
1011	VT	ESC	+	;	K	[	k	{
1100	FF	FS	‘	<	L	\	l	|
1101	CR	GS	–	=	M	]	m	}
1110	SO	RS	.	>	N	↑	n	~
1111	SI	US	/	?	O	↓	o	DEL

在ASCII码中，以下是值得关注的一些符号的编码。

数字符号0至9的编码。这些字符的编码均位于第3列（二进制表示为011），从第0行（0000）至第9行（1001）依次排列。例如：

数字0的ASCII码为 $(011\ 0000)_2=(30)_{16}$

数字9的ASCII码为 $(011\ 1001)_2=(39)_{16}$

这一设计的精妙之处在于，当屏蔽掉编码中的高3位，仅保留低4位时，其恰好与0至9的二进制表示相吻合，这为数字符号与数字值之间的转换提供了极大的便利。

对于英文大写字母与小写字母的编码，同样遵循了一定的规律。例如：

大写字母A的ASCII码为 $(100\ 0001)_2=(41)_{16}$

小写字母a的ASCII码为 $(110\ 0001)_2=(61)_{16}$

可以发现，小写字母与大写字母之间的ASCII码仅在最高3位存在差异，这一特性不仅简化了大小写转换的处理，也体现了ASCII码设计的周全性与一致性。

在实际应用中，尽管ASCII码最初采用的是7位二进制编码，但由于计算机内部数据的存储与传输通常以字节（8位）为单位，因此在存储ASCII码时，会额外填充一位（通常为0）至其最高位，以适应字节的长度。这一位不仅可以作为校验位，用于提高数据传输的可靠性，还可以被用作扩展ASCII码字符集，以支持更多字符的编码需求，从而拓宽了ASCII码的应用范围。

随着全球化进程的加速，ASCII码已逐渐被更强大的编码方案（如UTF-8、Unicode等）所取代，但在许多遗留系统与特定场景下，ASCII码依然发挥着不可或缺的作用。

② GB/T 2312、GB 18030编码：作为汉字编码领域的重要标准，GB/T 2312编码由中国国家技术监督局于1980年发布，旨在满足简体中文字符在计算机系统中的处理需求。该编码方案共收录了6 763个常用汉字与非汉字字符，采用双字节编码，即每个汉字或字符由两个字节表示，有效地解决了汉字信息在计算机系统中的存储与传输问题。而GB 18030编码，作为GB/T 2312的升级版，于2000年由中华人民共和国国家质量技术监督局发布，它是一种变长多字节字符集，每个字符或字可以由1、2或4个字节组成，最大容量可达161万个字符。GB 18030编码不仅大幅扩充了字符集，涵盖了Unicode标准中的所有字符，确保了与国际编码标准的兼容性，而且在编码长度上提供了更多的灵活性，以适应不同场景下的字符表示需求。

在计算机系统中，汉字编码体系远比西文字符复杂，主要涉及汉字输入码、交换码（又称国标码）、机内码和字形码（输出码）四个方面，如图1-1所示，清晰描绘了汉字从输入、处理到输出的编码转换流程。

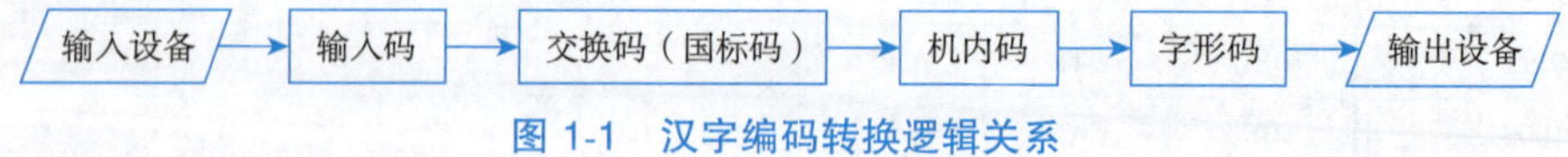

图1-1　汉字编码转换逻辑关系

其中：

汉字输入码：由于汉字与计算机键盘并无直接的对应关系，因此需要设计专门的编码方案，即汉字输入码，以实现汉字的输入操作。常见的汉字输入码包括字音编码（如全拼、简拼等）、字形编码（如五笔字型、五笔画等）以及数字编码（如电报码、区位码等），这些编码方案根据不同的输入习惯与效率需求，提供了多种汉字输入方式。

汉字交换码（国标码）：国标码，即GB/T 2312编码，是汉字在计算机信息交换中的通用标准。共收入了一级汉字3 755个（在字符集中，按拼音字母顺序排列），二级汉字3 008个

(在字符集中，按部首顺序排列)，其他非汉字图形符号 682 个，共 7 445 个。在 GB/T 2312 编码方案中，所有字符放置在一张二维表中（共 94 行×94 列，每行称为一个区，一个区分成 94 个位)，表中的行号和列号形成一个二维坐标系，每个字符对应唯一的行号和列号，这两个号码各用一个字节编码，用每个字节的低 7 位（b0～b6）编码，取值范围是 33～126，第一个字节记录所在行，第二个字节记录所在列，字符所在位置的行、列坐标值即汉字的区位码，为了得到国标码，需要将区位码的区码与位码分别加上 20H（即 32 的十六进制表示）。

汉字机内码：汉字机内码是汉字在计算机内部进行存储、交换、检索等操作时所采用的信息代码。为了避免与 ASCII 码混淆，汉字机内码以国标码为基础，通过将国标码的每个字节编码未用到的最高位（b7）置为 1，即在国标码的基础上加上 8080H，从而得到汉字的机内码。例如，对于汉字“计算”二字，其十进制区位码分别为 2838 与 4367，通过转换，可以得到相应的国标码与机内码。

汉字符号	区位码（二进制形式）	国标码（二进制形式）	机内码（二进制形式）
“计”	0001 1100 0010 0110	0011 1100 0100 0110	1011 1100 1100 0110
“算”	0010 1011 0100 0011	0100 1011 0110 0011	1100 1011 1110 0011

汉字输出码：汉字的字形码用于显示或打印汉字时产生字形，通常用点阵、矢量等方式表示。

用点阵表示字形时，汉字字形码称为这个汉字的字形点阵码。这种编码方式将汉字的形状处理成一个方阵中的若干点，一个点用一个二进制位来表示，如图 1-2 所示的“中”字。由于汉字的字体不同、字形不同、字号不同，其点阵的多少也不同。

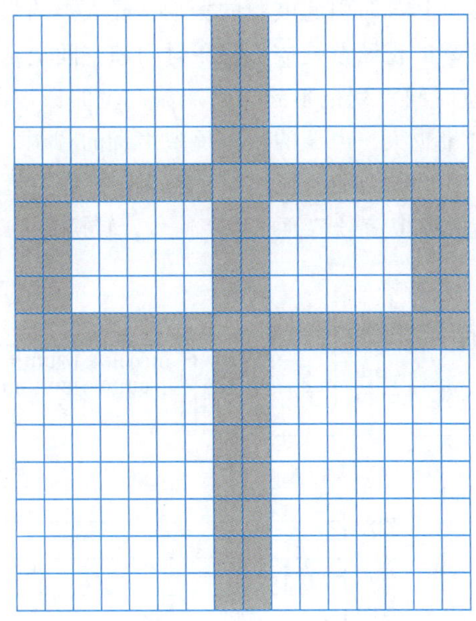

00000001	10000000
00000001	10000000
00000001	10000000
00000001	10000000
11111111	11111111
11000001	10000011
11000001	10000011
11000001	10000011
11111111	11111111
00000001	10000000
00000001	10000000
00000001	10000000
00000001	10000000
00000001	10000000
00000001	10000000
00000001	10000000

图 1-2 “中”字的 16×16 点阵构成及二进制字库信息

汉字输出码是用二进制数对字形进行信息化处理的结果。据汉字输出的要求不同，点阵的大小不同，点阵越大，描述的字形越清晰美观。通常简易型汉字为 16×16 点阵，提高型汉字为 24×24 点阵、32×32 点阵、48×48 点阵等。

点阵字模的数据量大，所占存储空间也大。例如，16×16 点阵码，每个汉字占 32 字节，其中每个字节的一位代表一个点，当该位为 0 时，对应的点为白色，为 1 时，对应的点为黑色。

点阵汉字放大时会产生边缘锯齿、马赛克化现象，即失真。矢量字库方式是以向量方式来描述记录汉字“像”，如一个笔画的起始、终止坐标，以及半径、弧度等。在显示、打印这一类字库时，要经过一系列的数学运算才能输出结果，但是这一类字库优势是理论上可以被无限地放大，并且笔画轮廓仍然能保持圆滑。

汉字编码体系不仅解决了汉字在计算机系统中的编码问题，还为中文信息处理技术的发展奠定了坚实的基础。通过上述编码方案的巧妙设计，汉字得以在计算机内部以有序、高效的方式存储与处理，为中文数字化、网络化提供了有力支持，同时也促进了全球范围内汉字文化的传播与交流。

③UTF-8 编码：UTF-8(unicode transformation format-8 bits)是一种可变长度的 Unicode 字符编码方案,它用 1 到 4 个字节表示一个字符。UTF-8 编码兼容 ASCII 编码,即 ASCII 字符在 UTF-8 编码中的表示与 ASCII 编码相同。UTF-8 编码具有广泛的应用,是互联网上最常用的字符编码之一。

④Unicode 编码：Unicode 其实是国际标准字符集，它将世界各种语言的每个字符定义一个唯一的编码，以满足跨语言、跨平台的文本信息转换。Unicode 编码使用 16 位或 32 位二进制数表示一个字符，能表示非常丰富的字符集，几乎所有现代和古代的文字系统都可以涵盖。在计算机中，Unicode 编码方案中的字符存储时常用的编码有 UTF-8、UTF-16 和 UTF-32 等。

(3) 其他媒体信息编码方案

对音频、图像、视频等媒体信息，均需经过采样、量化再进行编码。

① 音频编码：音频编码是将声音信号转换为数字信号的过程。生活中人们听到的声音是以空气作为媒质传播的一种连续波，当波传到耳朵时引起鼓膜的振动，经人类的听觉系统感知就形成了声音。声波由许多不同振幅和频率的正弦波构成，它在时间和空间上是连续变化的模拟信号量，用计算机来记录声音就是按时间序列把不同时间声波产生的振幅记录下来。声波的振幅表现为音量的大小，振幅越大音量越大，声波的频率反映声音的音调。人类可以听到的声音频率为 20 Hz~20 kHz，低于 20 Hz 的称为次声波，高于 20 kHz 的称为超声波。

计算机处理音频信息，先要将声音对应的模拟信号转换成数字信号，转换时要经过采样、量化和编码等步骤，如图 1-3 所示。

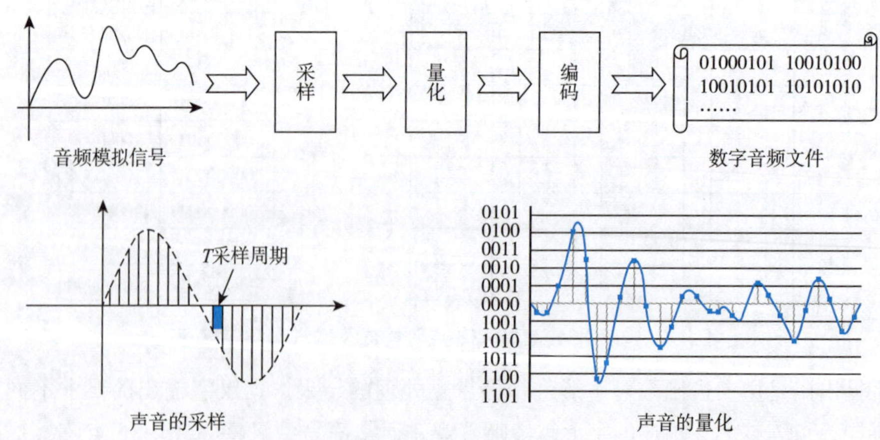

图 1-3　声音的处理过程

声音的采样：声音的“采样”首先要确定采样频率，即从声波中每隔多长时间取一个点(将连续变换的模拟量转变为离散量)，这个间隔周期又称取值频率，采样时把该点的振幅记录下来。通常，这个周期值分别为 8 kHz、11 kHz、22 kHz 和 44 kHz，也就是说一秒取几万个样本点。这个数值越大越接近声波的连续波形，声音的质量就越好。根据奈奎斯特（Nyquist）采样定理，用两倍于一个正弦波的频率进行采样就能完全真实地还原该波形，因此一个数码录音的声波采样频率直接关系到它的最高还原频率指标，例如，用 44.1 kHz 的采样频率进行采样，则可还原最高为 22.05 kHz 的频率（略高于人耳的听觉极限）。

声音的量化：采样得到的数据是一些离散值，这些离散值可用计算机中的若干二进制位来表示，这一过程称为量化，用到的二进制位数称为量化精度。将离散数据量化为二进制表示时一般要损失一些精度，这主要是因为计算机只能表示有限的数值。例如，用 8 位（1 字节）二进制数表示十进制整数，只能表示出-128～127 的整数值，也就是 256 个量化级。如果用 16 位二进制数，则具有 65 536 个量化级。量化级对应量化精度（位数），有时也直接称为采样位数或抽样位数。显然量化位数越多，音质越好，声音的保真度越高。量化精度一般有 8 位、12 位、16 位或 32 位。量化精度越高，数据量也就越大。

声音的编码：将声波采集量化后的数据按某种格式记录在文件中称为声音的编码。声音的编码方法有多种，如基于音频数据的统计特性进行编码，基于音频的声学参数进行编码，基于人的听觉特性进行编码等。其中基于音频数据统计特性的典型技术是波形编码，其目标是使得重建的语音波形保持原始波形的形状。脉冲编码调制是最简单最基本的编码方法，它直接对采样点进行编码，不进行压缩，因而所需的存储空间较大，但它抗干扰能力强，失真小。数字激光唱盘就采用了这种编码方式。为了减少存储空间，数字声音往往要用到压缩编码技术。

数字声音的技术指标：数字声音有 3 个主要技术指标，除了前面介绍的采样频率和量化位数外，还有声道数。声道数是指声音通道的个数，一个声道对应一个波形，声道数越多声音的空间感、定位感、层次感越强，所以我们听到的双声道音乐比单声道的好听。但随着声道数的增加，声音文件所占用的存储空间也成倍增加。

三个指标决定了记录声音文件容量的大小：

$$\text{每秒数据量(字节)} = \text{采样频率} \times \text{采样位数} \times \text{声道数} \div 8$$

例如，44.1 kHz、32 位采样位数、立体声音乐 1 秒所用的存储空间为：

$$44\,100 \times 32 \times 2 \div 8 = 344.53(\text{KB})$$

这样的一首 4 min 的歌曲需要 80.75 MB 的存储空间。

常见音频文件的格式：常用的音频文件存储格式有 WAV、MIDI、MP3、WMA、RA、FLAC 等。这些格式通过不同的算法对声音信号进行压缩和优化，以适应不同的应用场景。

② 图形和图像编码：图形（graphics）和图像（image）是有区别的两个概念（见图 1-4 和图 1-5）。

图 1-4 图形示例

图 1-5 图像示例

图形是指由点、直线、圆、弧线等基本图元构成的画面，是一种抽象化的图像。一般以矢量图形文件来存储，文件中借助数学方法存储描述各个图元的位置、大小以及形状等。这种方法使得图形文件表示的内容进行缩放、旋转不易失真。

图像的基本元素是像素，通常是由数码照相机、扫描仪、摄像机等输入设备捕捉实际的画面，产生的是数字图像，由像素点阵构成位图。位图图像变换会发生失真，例如，当图像放大时边界会产生阶梯效应，即通常说的锯齿。

图像在计算机中表示需通过采样、量化之后再进行编码表达成数字形式。

图像的采样：图像的采样是指将二维空间上的图像信息转换成离散点阵信息的过程，用若干像素点来描述图像，将图像分解成由若干行和列组成的像素点，再把每一个像素点以数字形式记录下来。分解的行数和列数越多，记录下的图像原始信息越多，图像就越清晰，所需要的存储空间也越大，“水平像素数×垂直像素数”称为图像的分辨率。

图像的量化：图像的量化是指将采样得到的像素点颜色以整数值来表示，该整数值所需的二进制位数称为量化位数（又称图像的深度），一般可用 8 位、16 位、24 位或更高的量化字长，如果以 4 位存储一个点，就表示图像只能有 16 种颜色；若采用 16 位存储一个点，则有 $2^{16}=65\,536$ 种颜色。可见，量化位数越大，则越能真实地反映原有图像的颜色，图像效果越细腻逼真，但得到的数字图像的数据量也越大，生成的图像文件对存储空间的需求也就越大。有的计算机系统中用 RGB 色彩模式来表达图中像素点的颜色，即用红（R）、绿（G）、蓝（B）三种基色的不同比例混合得到色彩，如果分别用一个字节（共 24 位）来表示 R、G、B 的灰度，混合得到的颜色种类可以达到 16 777 216 种，即通常所说的 24 位真彩色。

图像的编码：将图像采样、量化后每一个像素点对应的整数值以二进制形式记录在文件中，即图像的编码。得到的数字图像文件的大小与采样的分辨率和量化的字长相关，计算公式为：文件大小（字节数）= 行数×列数×量化位数÷8。例如，一幅分辨率为 1 024×768 的图像，采用 32 位进行量化，则该图像对应的文件大小为 1 024×768×32 ÷ 8 = 3 145 728(B) = 3(MB)，可见直接记录量化得到的编码数据量很大，在实际应用中必须采用压缩编码技术来减小其数据量。从一定意义上讲，编码压缩技术是实现图像传输与存储的关键。

常见的图像编码格式有 BMP、JPEG、GIF、PNG、WMF、TIF、TGA 和 PSD 等。这些格式通过不同的压缩算法对图像进行编码存储，以减少文件大小并保持图像质量。

③视频编码：视频编码是将组成视频的若干图像序列转换为数字信号的过程。常见的视频编码格式有 AVI、MOV、MPEG、RM、ASF、FLV 和 MKV 等。这些格式通过去除视频图像中的冗余信息（包括视觉冗余、空间冗余、时间冗余、结构冗余等）、利用帧间预测等技术进行压缩，以实现高效的视频存储和传输。

（4）多媒体数据的压缩

由于多媒体数据量大，为节省存储空间、降低传输带宽、方便数据备份和归档，通常会进行压缩编码。压缩可以消除冗余信息、人类不敏感信息。压缩可利用数据的统计特性实现。常见的数据压缩算法包括无损压缩和有损压缩。

① 无损压缩。是指在压缩数据的同时保持数据的完整性和准确性，它主要是通过算法消除数据中的冗余和重复部分来压缩数据，压缩后的数据可以完全还原。常见用于无损压缩算法的编码方案包括哈夫曼编码、字典编码、预测编码。

② 有损压缩。有损压缩指通过舍弃数据中的一些细节和冗余信息来实现更高的压缩率，

它会丢失一部分信息，这些信息在实际应用中不会对结果产生明显影响。有损压缩算法主要应用于图像、音频和视频等多媒体数据的压缩。

1.2 算法与计算思维

在人类社会的持续进化与发展中，面对各学科、各行业涌现的复杂问题，培养与训练计算思维能力显得尤为重要。计算思维，作为人类智慧与技术进步的结晶，不仅为我们提供了全新的问题求解视角，更是在跨学科领域内展现出其独特的价值与潜力。它并非倡导人类像计算机那样进行思考，而是强调通过学习与实践，掌握对问题本质与特征的深刻洞察，学会如何运用抽象化、逻辑推理与分解等策略，构建问题求解方案与模型，设计高效算法，从而在复杂多变的世界中寻找创新的解决方案。

算法，作为计算思维的核心载体，不仅是其实现与表达的工具，更是连接抽象思维与具体行动的桥梁。计算思维为算法设计提供了方向与框架，引导我们如何将复杂的现实问题转化为计算机可处理的形式，而算法则将这一抽象思维具体化为一系列可执行的步骤，使得问题求解过程变得清晰、高效。算法的设计与优化，不仅考验着人类的逻辑推理与创造力，也是计算思维在实践中的生动体现。

计算思维的影响力远远超出了计算机科学的范畴，它如同一把万能钥匙，打开了数学、工程、艺术、经济学乃至日常生活的宝库。在数学领域，计算思维可以帮助构建模型，解决复杂的方程与函数问题；在工程领域，它可以指导系统设计，优化流程；在艺术创作中，计算思维可以启发人们探索新的表现形式，创造出前所未有的视觉与听觉盛宴；在经济学分析中，它助力预测市场趋势，制定更合理的投资策略。更重要的是，计算思维渗透到了人们的日常决策中，无论是规划行程、管理财务，还是解决社会矛盾，它都能提供理性思考与有效行动的指导。

1.2.1 算法概述

算法是实现任务自动化和提升效率的关键，它们被广泛应用于各种计算系统、机器学习和人工智能应用中。

1. 算法的概念

现实生活中，完成任何一件事情都需要经过若干个操作步骤，例如，乐队演奏乐曲、教师按教学计划授课、工程师设计施工方案等，都必须按照一定的步骤进行。以从图书馆借书为例，其过程可以描述为以下 6 个步骤：

① 进入图书馆。

② 从图书管理系统终端机上查找书目信息。

③ 根据查找结果决定采取的行动，若查到书目并且图书在馆，则转到步骤④；若查到图书但不在馆，则转到步骤⑤；若无所需图书，直接转到步骤⑥。

④ 进入书库取书，办理借书手续，完成后转步骤⑥。

⑤ 办理图书预约手续。

⑥ 离开图书馆。

以上对解决问题的步骤描述其实就是“算法”。此处的算法不等于数学中的计算方法，它包括对数值计算问题的解决方法和对非数值计算问题的解决方法。非数值计算问题强调的是数据处理过程，如对数据进行查找、排序、存储等。

例 1-1 用算法描述辗转相除法求两个数的最大公因子。两个数 m 和 n，能同时整除 m 和 n 的最大正整数即为它们的最大公因子。

① 用 m 除以 n 并令所得余数为 r，r 必小于 n。

② 若 $r=0$，算法结束，输出结果 n，否则继续步骤③。

③ 用 n 置换 m，r 置换 n，转步骤①继续算法的执行。

例 1-2 用算法描述求数列 A（a_1，a_2，…，a_{10}）中的最大值。

求最值问题常用到擂台法，即首先让第一个数“当”擂主，再让其余的数分别和擂主比较，赢的一方留在擂台上等待和其他数比较，当所有数比较完后，最终留下来的即最值。

① 令 $\max=a_1$，$i=2$。

② 若 $i>10$，转步骤④，否则判断 max 是否小于 a_i，成立则令 $\max=a_i$ 并执行下一步，不成立则直接执行下一步。

③ 令 $i=i+1$，转步骤②。

④ 输出最大值 max，算法结束。

求解问题的算法在计算机中通过程序来表达，也即程序是按算法步骤来设计的，它是计算机可以执行的指令序列，如例题 1.3。

例 1-3 用 Python 语言编写一个求给定 10 个数平均值的程序。

```
sum=0                                         #和的初始值为零
for count in range(1,11):                     #重复做 10 次输入及累加求和
    x=eval(input("input"+str(count)+":")      #提示并输入数据
    sum=sum+x                                 #输入数据加到累加和中
aver=sum/10                                   #求平均值
print(aver)                                   #打印平均值
```

总之，算法是一种明确的、用于解决特定问题的具有有限长度的步骤序列。它定义了一种方法，这种方法通过制定一系列明确的、逻辑上连贯的操作，来得出问题的解。

2. 算法的特征

算法是对问题求解过程的一种描述，不同的问题可能需要用不同的算法来求解，同一问题也可能有不同的求解算法。通常一个算法必须具有以下五个特性：

① 有穷性。一个算法总是执行有限个操作步骤并且在可以接受的时间内完成其执行过程。也就是说，对于一个算法，要求其在时间和空间上均是有穷的。

② 确定性。算法中的每一步都必须有明确的含义，算法执行或阅读者都不会产生二义性理解，并且在任何情况下，算法只有一条执行路径。

③ 有效性。算法中描述的每一步操作都应该能有效地执行，都可以通过已经实现的基本操作，在运算有限次后得到确定的结果。

④ 有输入。一个算法应该有一个或多个输入数据，它是算法的操作对象。输入的数据不一定都是通过输入设备来实现的，它可以是内嵌在算法中，或者是算法运行中自己产生的。

⑤ 有输出。一个算法工作后会得到结果。执行算法的目的是求解结果，“解”就是输出，没有输出的算法是无意义的。

3. 算法的评价

“好”的程序需要“好”的算法作为基础，解决同一个问题的算法可以有多种，不同人员的设计不尽相同，其效率也存在差别，一个不好算法可能导致程序要运行几天、几个月甚至更长时间。

在设计算法时，应当遵循原则有：①保证算法的正确性，对任何正确的输入数据能够得到正确的结果；②要具有良好的可读性，因为软件开发涉及很多人员，一个算法要易于被他人理解，同时也易于将来调试；③算法应具有健壮性，对于非法的输入数据算法应进行处理或响应；④高效性，算法执行时间应尽可能短、对硬件设施（如存储空间）的需求应尽可能小。

只完成指定任务的算法并不一定是个好的算法。评价一个算法的优劣是件相当复杂的事情，通常在保证算法正确性的基础上，以执行算法时所占用的空间大小、消耗时间的多少作为衡量算法优劣的标准，即算法的分析评价主要包括时间效率和空间利用率两个方面，又称时间复杂度和空间复杂度。一个算法要同时满足时间上的高效率和空间上的高利用率是困难的，这两者在算法设计中通常是一对矛盾。

下面一个有趣的故事说明了这个问题：

从前，有一个酷爱数学的年轻国王向邻国一位聪明美丽的公主求婚。公主出了这样一道题：求出 48 770 428 433 377 171 的一个真因子（除 1 和自身外的因子），若国王能在一天之内求出答案，公主便接受他的求婚。国王回去后立即开始逐个数地进行计算，他从早到晚，共算了三万多个数，最终还是没有结果。国王向公主求情，公主说：“我再给你一次机会，如果还求不出，将来你只好做我的证婚人了。”国王立即回国，并向时任宰相的大数学家求教，大数学家在仔细地思考后认为这个数为 17 位，则一个真因子不会超过 9 位，他给国王出了一个主意：按自然数的顺序给全国的老百姓每人编一个号发下去，让每个老百姓用自己的编号去除这个数，除尽了立即上报，赏金百两。最终国王如愿以偿，得到了真因子 223 092 827，也娶回了美丽的公主。

这个故事里国王使用的是一种顺序算法，其复杂性表现在时间方面，而宰相提出的是一种分而治之的并行算法，其复杂性表现在空间方面。

1.2.2 算法表示方法

当人们经过思考设计出来的算法需要表达时，常用的表达方式有自然语言、流程图、伪代码、计算机语言等。

1. 自然语言

自然语言就是人们日常使用的语言，可以是中文、英文等。

例 1-4 求 1+2+…+100 的和。算法描述如下：

① 将 1 赋值给 sum。

② 将 2 赋值给 i。

③ 将 sum 与 i 相加，结果存放在 sum 中。

④ 将 i 加 1，结果存放在 i 中。

⑤ 若 i 大于 100，则输出结果 sum，算法结束，否则转步骤③，算法继续执行。

另一种描述：

① $i \leftarrow 1$，sum←0（即将 1 赋值给 i，0 赋值给 sum）。

② sum←sum + i（即将 sum + i 的结果保存到 sum 中）。

③ $i \leftarrow i+1$。

④ 判断是否 $i > 100$，如果是，转到步骤⑤，否则，转到步骤②。

⑤ 输出 sum 的值，算法结束。

以上方法通俗易懂，但对于较复杂的分支，循环结构的逻辑流程表达不够清晰直观，有时甚至产生二义性。因而，更多的人喜欢用图形化工具来表示事务的算法处理流程。

2. 流程图

流程图是用规定的一组图形符号、流程线（见图 1-6）和辅助文字来表示算法中各个操作步骤的方法。

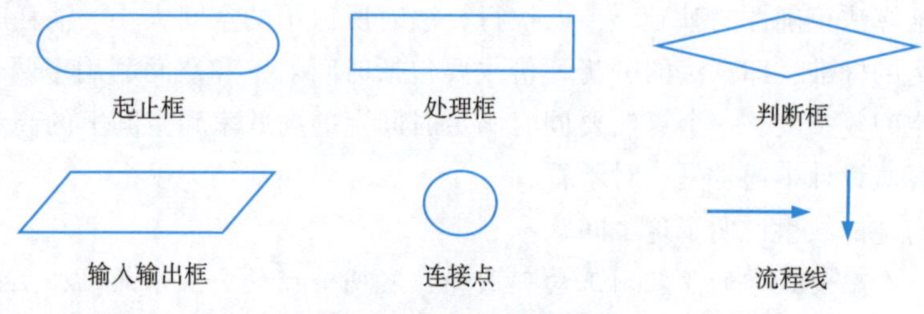

图 1-6　流程图常用符号

这种图在表达上直观、形象，易于阅读者的理解与交流，使用非常广泛。

在算法设计中常用到三种基本流程控制结构，即顺序、分支和循环结构，它们对应流程图表达如图 1-7 所示。

① 顺序结构。每一个基本的处理单位顺序地被执行，如图 1-7（a）所示。

② 分支结构。又称选择结构，根据逻辑条件的成立与否，选择执行不同的处理，如图 1-7（b）所示，当逻辑条件成立时，执行处理 A，否则执行处理 B。

③ 循环结构。当逻辑条件成立时，反复执行处理 A，直到逻辑条件不成立时结束，如图 1-7（c）、图 1-7（d）所示。

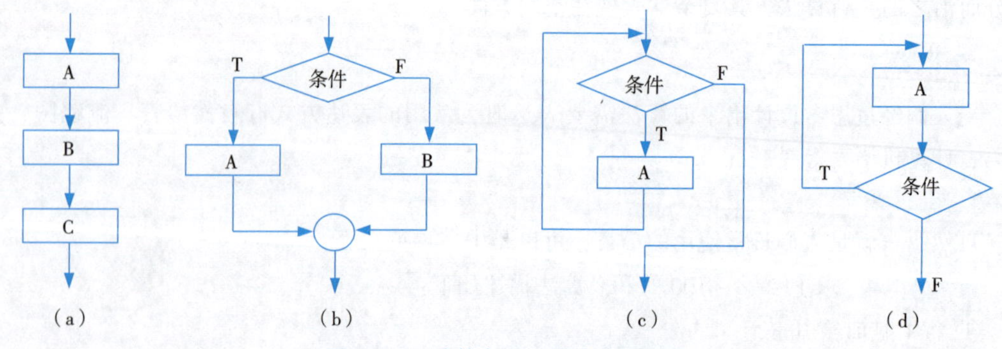

图 1-7　三种基本结构的传统流程图

用流程图表示算法，虽然画起来比较费时，但直观易懂。例如，图 1-8 是例 1-4 算法第二种描述对应的流程图。

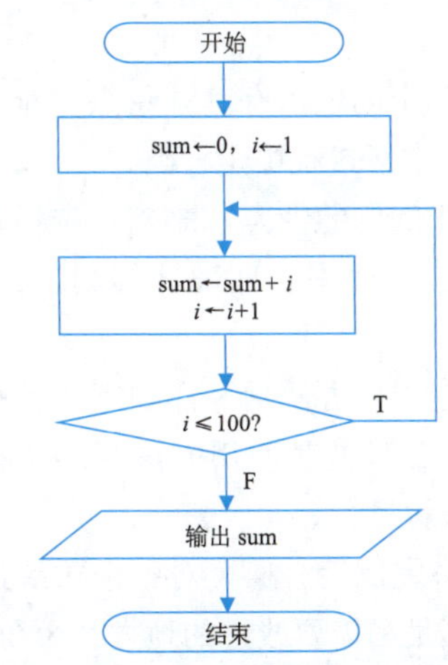

图 1-8 求 1 到 100 间自然数之和的流程图

3. 伪代码

表达算法时也常常用到伪代码形式。伪代码是一种介于自然语言和计算机高级语言之间的一种代码。它的表示形式灵活自由，而且与计算机高级语言比较接近，用它表达的算法比较容易转换为计算机程序代码。

例如，对于例 1-3 中求平均数问题，用类似于 C 语言的伪代码描述如下：

```
average(){
    sum=0;
    count=1;
    while count <=10{
        scanf(x);            /* 输入 x 的值* /
        sum=sum+x;           /* 将输入的值加到和中* /
        count=count+1;       /* 计数器加 1* /
    }
    aver=sum/10;             /* 求平均值* /
    printf( aver );          /* 打印平均值* /
}
```

1.2.3 问题求解与算法举例

问题求解是指在面对复杂问题时，通过思考、分析、推理、规划解决方案和实施方案，来寻求问题解决方案或达到预期目标的过程。问题求解过程是一个复杂过程，算法设计是其环节之一。

1. 问题求解

如何有效地求解问题，不仅是技术层面的操作，往往要经过明确目标、理解问题、分析难点、选择方法、确定执行步骤和分析总结等环节。

① 要明确问题的背景和具体需求。求解之前，需要对问题有一个全面的了解。这包括了解问题的来源、背景、目的以及具体要求。这是后续的分析和求解的基础。

② 要深入理解问题的本质。仅仅了解问题的背景和需求是不够的，还需要深入挖掘问题的本质。包括分析问题的结构、特点、影响因素等，从而明确问题的核心和关键点。为后续

的求解提供明确的指导。

③ 分析问题的特点和难点。每个问题都有其独特点和难点，通过对问题的深入分析，找出其关键点和难点所在，减少后续求解过程中走弯路。

④ 确定合适的求解方法。基于问题的特点和难点，选择合适的数学模型、算法、软件工具等。在选择时需要考虑其适用性、效率、准确性等因素，确保所选方法能够有效地解决问题。

⑤ 详细阐述求解步骤。在确定求解方法后，详细阐述求解步骤，包括所使用数学模型的具体形式、算法的实现过程、软件工具及其使用方法等。在阐述时需要做到步骤清晰、逻辑严密，以便他人能够理解和复现求解过程。

⑥ 对求解过程进行总结。求解完成后，通过对整个求解过程的总结，探寻解题思路及方法在实际应用中的价值，并分析不足和需要改进的地方，为今后其他问题的求解提供参考。

下面举例说明如何有效地求解问题。

例 1-5 问题求解过程实例。

问题：某制造企业要制订生产计划，需要在满足原材料限制的情况下，优化产品生产组合，以最小化总成本实现利润的最大化。已知三种产品的生产数据如下：

产品 A 每天最多可生产 100 个单位，每个单位消耗 2 单位 X 和 3 单位 Y，利润为 5 元。

产品 B 每天最多可生产 80 个单位，每个单位消耗 1 单位 X 和 4 单位 Y，利润为 7 元。

产品 C 每天最多可生产 120 个单位，每个单位消耗 3 单位 X 和 1 单位 Y，利润为 6 元。

每日原材料 X、Y 的供应量分别为：

X 原料新增库存 50 单位，现有库存 300 单位。

Y 原料新增库存 40 单位，现有库存 200 单位。

存储每单位原材料的成本分别是：

每存储一个单位 X 的成本是 0.5 元。

每存储一个单位 Y 的成本是 0.4 元。

请帮助该企业建立最优的生产计划。

依据前面叙述的问题求解流程，该问题的求解过程描述如下：

① 明确问题背景和具体需求：在本例中，企业需要制定每日的生产计划，以实现利润最大化，并在原材料供应有限的情况下最小化总成本。企业可以生产的三种产品分别是 A、B 和 C，每种产品的生产量受到限制且消耗不同比例的两种原材料 X 和 Y。此外，存储剩余原材料也产生额外的成本。因此，该企业的具体需求是建立一个线性规划模型来决定每天应该生产各产品多少单位。

② 深入理解问题本质：问题的本质在于资源的有效配置和利用效率优化。这意味着要通过合理安排产品组合，使得在满足原材料约束条件下，产出的产品组合能带来最高的净收益（即扣除原材料使用和存储成本后的利润）。这是一个典型的线性整数规划问题，目标函数反映了利润与成本之间的权衡关系，约束条件则体现资源（原材料）的可用性和消耗规律。

③ 分析问题特点和难点：该问题的特点是多个决策变量（每个产品的产量），约束条件复杂，不仅要满足产品生产的最大限额，还需保证原材料消耗不超过库存总量；目标函数具有双重性质：既要减少原材料存储带来的额外成本，又要增加通过生产产品获得的利润。问题的难点在于要在资源受限下找到全局最优解，平衡不同产品的生产以实现整体成本最低和利润最高。

④ 确定合适的求解方法：

针对这个问题，可以采用运筹学中的线性规划方法来求解。线性规划是一种数学优化方法，适用于需要在离散的选择中寻找最优解的问题。

设定决策变量为产品 A、B、C 每天的生产单位数，构建目标函数以反映总成本与总利润之间的关系，并根据原材料消耗和现有库存情况设置约束条件。

⑤ 详细阐述求解步骤：

步骤一：定义决策变量。设 X_A、X_B、X_C 分别表示产品 A、B、C 的生产数量，均为非负整数。

步骤二：构建目标函数。构造反映利润减去原材料存储成本的目标函数：

$$Z=5X_A+7X_B+6X_C-0.5(300+50-2X_A-X_B-3X_C)-0.4(200+40-3X_A-4X_B-X_C)$$

步骤三：列出约束条件，包括产品生产上限约束，以及原材料消耗总量不超过库存新增和现有库存之和的约束：

$$0\leqslant X_A\leqslant 100$$
$$0\leqslant X_B\leqslant 80$$
$$0\leqslant X_C\leqslant 120$$
$$2X_A+X_B+3X_C\leqslant 300+50$$
$$3X_A+4X_B+X_C\leqslant 200+40$$

步骤四：求解整数规划模型。使用线性规划求解工具（如 CPLEX、Gurobi 等）或编写程序，输入上述目标函数和约束条件进行计算，得到各产品的最优生产数量。

步骤五：解读结果并实施计划。根据求解结果分析最佳生产组合，并将其应用到实际生产过程中，监控执行效果并根据实际情况调整模型参数。

以上求解过程基于给定的数据和约束条件，能够帮助企业科学合理地制订生产计划。然而，在实际操作中还需考虑市场动态、订单需求变化、库存成本变化等因素，所以该模型在应用中还需要根据实际情况进行调整优化，确保模型具备一定的灵活性和适应性，通过定期回顾和更新模型参数来保持其有效性，才能起到优化企业的生产管理及资源分配策略的作用。

2. 算法举例

对于程序员来说，常常喜欢通过编程来实现问题求解的算法，编程中常用到的方法基本方法有穷举法、迭代与递推法、分治法等。

（1）穷举法

穷举法又称枚举法。所谓穷举就是根据已知条件确立问题的解空间，然后对解空间所有可能解一一测试，经验证只要符合条件的就是一个（一组）解，这样的解可能有多个，当然，也可能无解。显然，穷举法非常耗时，人有时可能无法完成，但计算机的高速使得穷举求解能得以实现。

破译密码时就常用到穷举法（俗称暴力破解）。比如，有的系统设计 6 位阿拉伯数字作为密码，6 位数字所有的排列组合共有 1 000 000 种，这意味着最多只需尝试一百万次就可得到密码，对计算机来说这是一个非常小的值，可以说是“秒破”。这也就是为什么绝大多数系统对用户设置了密码验证的次数，一旦超过限值用户账户就会被锁定。

例 1-6 猜车牌号问题。一辆卡车违反交通规则，撞人后逃跑。现场有三人目击事件，但都没有记住车号，只记下车号的一些特征。甲说：牌照号是 4 个数字，前两位数字是相同的，但不是零；乙说：牌照的后两位数字是相同的，但与前两位不同；丙是位数学家，他说：四位的车号刚好是一个整数的平方。请根据以上线索求出车牌号。

① 问题分析。按目击人所述，车牌号应是 AABB 式样，其中 A 不是 0，A 与 B 不相等，并且 AABB 是另一整数的完全平方。因为整数的完全平方根如果是整数，则平方根的整数部分一定与平方根相等，平方根的平方一定与原数相等。根据以上分析，只要枚举 A 与 B 的每一种组合，再验证平方根，就可以得到问题的解。

② 算法程序设计。下面是根据前面的分析所编写的 Python 语言程序。

```
import math
for A in range(1,10):                          #A:车号前两位的取值,A 的步长为 1
    for B in range(0,10):                      #B:车号后两位的取值,B 的步长为 1
        if A!=B:                               #判断 A, B 是否不等
            k=A* 1000+A* 100+B* 10+B           #计算得到可能的车号
            c=int(math.sqrt(k))                #求车号的平方根并取其整数部分
            if c* c==k:                        #若 k 是完全平方数,则打印结果
                print("Lorry-No. is",k)
```

该程序运行结果如下：

```
Lorry-No. is 7744
```

一个类似的问题：求具有 $abcd=(ab+cd)^2$ 性质的四位数。读者可以自己试着写出算法(提示，穷举所有四位数，将之截为两部分后，进行计算判断)。

例 1-7 百钱买百鸡问题。中国古代数学家张丘建在他的《算经》中提出了一个著名的“百钱百鸡问题”：鸡翁一，值钱五，鸡母一，值钱三，鸡雏三，值钱一，百钱买百鸡，问翁、母、雏各几何?

① 问题分析。设鸡翁、鸡母、鸡雏的个数分别为 x，y，z，题意给定共 100 钱要买百鸡，若全买公鸡最多买 20 只，显然 x 的值在 0~20 之间；同理，y 的取值范围在 0~33 之间，可得到下面的不定方程：

$$\begin{cases}5x + 3y + z/3 = 100 \\ x + y + z = 100\end{cases}$$

所以此问题可归结为求这个不定方程的整数解。

由程序设计实现不定方程的求解，与手工计算不同。在分析确定方程中未知数变化范围的前提下，通过对未知数可变范围的穷举，验证方程在什么情况下成立，从而得到相应的解。

② 算法程序设计。

```
#下面是用 Python 语言编写的程序
j=0;                        #j 用于表示第几组解* /
print("Following are possible plans to buy 100 fowls with 100 Yuan.")
for x in range(21):         #外层循环控制鸡翁数 x 在 0~20 变化
    for y in range(34):#内层循环控制鸡母数 y 在 0~33 变化
        z=100-x-y;          #内外层循环控制下,鸡雏数 z 的值受 x, y 值的制约
        if z% 3==0 and 5* x+3* y+z/3==100:      #两个条件:z 为 3 的倍数且共花费 100 钱
            j=j+1;          #当验证到 z 取值合理且总花费是 100 时,则得到一组解,j 值增 1
            print(j,": cock=",x," hen=",y," chicken=",z)        #打印一组解
```

该程序的运行结果如下：

```
Following are possible plans to buy 100 fowls with 100 Yuan.
    1: cock=0 hen=25 chicken=75
    2: cock=4 hen=18 chicken=78
    3: cock=8 hen=11 chicken=81
    4: cock=12 hen=4 chicken=84
```

问题的进一步讨论：这类不定方程问题的求解方法，常常采用对未知数的取值范围穷举、组合的方法来覆盖可能得到的全部各组解。算法设计时，当循环的执行次数与方程未知数相关，设计者在分析问题时，应据题意设置更合理的循环控制条件，以减少穷举和组合的次数，从而提高程序的执行速度。

例 1-8 谁在说谎问题。张三说李四在说谎，李四说王五在说谎，王五说张三和李四都在说谎。现在问：这三人中到底谁说的是真话，谁说的是假话？

① 问题分析。

分析题目，每个人都有可能说的是真话，也有可能说的是假话，这样就需要对每个人所说的话进行分别判断。假设三个人所说的话的真假用变量 a、b、c 表示，等于 1 表示该人说的是真话；等于 0 表示该人说的是假话。由题意可以得到分析表（见表 1-5）。

表 1-5 语义逻辑表达分析表

话 语	状 态	逻辑表达
张三说李四在说谎	真话	a= =1 and b= =0
	假话	a= =0 and b= =1
李四说王五在说谎	真话	b= =1 and c= =0
	假话	b= =0 and c= =1
王五说张三和李四都在说谎	真话	c= =1 and a= =0 and = =0
	假话	c= =0 and（a！ =0 or b！ =0）

每个人说的话真假状态都是唯一确定的，如张三说真话，则式子（a= =1 and b= =0 ）的值为真，说了假话，则式子（a= =0 and b= =1）的值为真，因而（a= =1 and b= =0 ）or（a= =0 and b= =1）的值一定是真。三个人说的话都是这样分析，他们之间是“与”关系。将分析得到的各个表达式进行综合整理，得到 Python 语言表达式：

```
(a==1 and b==0 or a==0 and b==1)
and (b==1 and c==0 or b==0 and c==1)
and (c==1 and a==0 and b==0 or c==0 and (a!=0 or b!=0))
```

穷举每个人说真话或说假话的各种可能情况，代入上述表达式中进行推理运算，使上述表达式均为“真”的情况就是正确的结果。

② 算法程序设计。

```
#下面是用 Python 语言编写的程序
for a in range(2):
    for b in range(2):
```

```
        for c in range(2):      #下面 if 条件中的字符'\'表示续行
            if (a==1 and b==0 or a==0 and b==1) \
                and (b==1 and c==0 or b==0 and c==1) \
                and (c==1 and a==0 and b==0 or c==0 and (a!=0 or b!=0)):
                  a="truth" if a==1 else "lie"
                  b="truth" if b==1 else "lie"
                  c="truth" if c==1 else "lie"
                  print("Zhangsan told a ",a)
                  print("Lisi told a ",b)
                  print("Wangwu told a ",c)
```

程序的运行结果如下：

```
Zhangsan told a lie.      (张三说假话)
Lisi told a truth.        (李四说真话)
Wangwu told a lie.        (王五说假话)
```

通过以上的举例，应该注意到利用穷举法解决问题时，既要穷举所有“可能解”，又要避免重复测试，初学者要多加思量。

(2) 迭代与递推法

迭代与递推是数学中常用的一种方法。它是利用问题本身具有的递推关系来求解问题，常常是利用变量已经得到的旧值去推导新值，反复推导演绎从而最终得到问题的解。

在算法设计时，问题的状态用变量进行描述，当新旧状态用同一变量来表示时称为迭代法，而新旧状态用不同的变量描述，且新变量的值是在旧变量的值的基础上推出来的，就称为递推。

例 1-9 存钱问题。假设银行一年整存零取的月息为0.63%。现在某人手中有一笔钱，他打算在今后的五年中每年的年底取出1 000元，到第五年时刚好取完，请算出他存钱时应存入多少。

① 问题分析。

分析存钱和取钱的过程，可以采用倒推的方法。若第五年年底连本带息要取1 000元，则要先求出第五年年初银行存款的钱数：

第五年年初存款=1 000/(1+12×0.006 3)

依此类推，可以求出第四年、第三年……的年初银行存款的钱数：

第四年年初存款=(第五年年初存款+1 000)/(1+12×0.006 3)

第三年年初存款=(第四年年初存款+1 000)/(1+12×0.006 3)

第二年年初存款=(第三年年初存款+1 000)/(1+12×0.006 3)

第一年年初存款=(第二年年初存款+1 000)/(1+12×0.006 3)

通过以上过程就可以容易地求出第一年年初要存入多少钱。

② 算法程序设计。

由上面的分析，假设第 n 年初的存款为total，则第 $n-1$ 年的年初存款可以通过迭代公式：

$$total_{n-1} = (total_n + 1\,000)/(1 + 12 \times 0.006\,3)$$

来进行求解，下面是根据分析所写的Python程序，因为第5年底取光了钱，所以total初始值为0（相当于是第6年初的款额）。

```
total=0
for i in range(5,0,-1):
    total=(total+1000)/(1+0.0063* 12);
    #累计算出年初存款数额,第五次的计算结果即为题解
print("He must save",format(total, ".2f"),"at first")
```

上面程序中的format(total, ".2f")表示将total的值格式化为含有两位小数（会进行四舍五入）的数字字符串，运行结果如下：

```
He must save 4039. 44 at first.
```

例 1-10 求数列和问题。有一数列1，2，3，5，8，13，21……试打印这个数列的前20项，并求它们的和。

① 问题分析。

从观察数列的各项可以得到规律：第三项开始，每一项的值等于前两项的和。根据数学知识可以得到该数列的通项公式 $a_1=1$，$a_2=2$，$a_n=a_{n-1}+a_{n-2}$（$n>2$），也就是由已知的连续两项可以递推出后一项。既然能推得各项的值，其和的求解通过累加就可以得到了。

② 算法程序设计。

在程序设计时可以利用计算机语言中的数组（或列表）来实现数列各项的存储（数组与数学中的数列有着相似之处，也是通过下标来区分不同元素）。本题中用一个有20个元素的列表 *a* 来表示数列，用 *s* 来表示和，*a* 的第一、二项已知，其余各项通过递推关系来求得，*s* 则通过累加来求。以下是用Python编写的程序代码：

```
s=0                              #初始时和为 0
a=[0 for i in range(20)]
'''存储数列的列表 a 有 20 个元素,
下标从 0 号到 19 号,值初始化为 0'''
a[0]=1;a[1]=2                    #给数列第一项和第二项赋值
s=a[0]+a[1]
i=2;
while i<20:                      #从第三项开始递推求解
    a[i]=a[i-1] + a[i-2]         #递推得数列下一项
    s=s+a[i]                     #将新的项值累加求和
    i=i+1
print(a)                         #打印数列每一项
print("sum is:",s)               #打印和值
```

讨论与思考 求分数序列2/1，3/2，5/3，8/5，13/8，21/13……的前20项之和。

提示：用迭代法，从观察各项的分子与分母变化规律得到，第二项开始，每一项的分母等于前一项的分子，分子则等于前一项分子和分母之和。设前一项为 a/b，则求后一项时，先令 $t=a+b$，求出前一项分子分母之和，再令 $b=a$ 求得下一项分母，最后令 $a=t$，求得下一项的分子。

（3）分治法

分治法是指将复杂问题进行分解，各个击破、分而治之，最后综合起来，得到整个问题的解，这是分治法的基本思想。这种策略是我们学习、工作及生活中常用到的一种方法，如足球世界杯比赛中分区、分组进行，以及连锁销售商店、搜索引擎公司的数据服务器的设置、多核 CPU 技术发明等。其实早在我国的《孙子兵法》中就有阐述，“十则围之，五则攻之，倍则战之，敌则能分之，少则能守之，不若则能避之”，这段话中提到当兵力与敌人势均力敌，就分散敌人，这就是分治。

例 1-11　寻找钻石问题。某人不小心将一粒钻石混入了一堆玻璃仿制品中，这些仿制品共有 99 粒，其质量均相同，但比真钻石要轻一些，现在要求用最快的时间将真钻石找出来，而能用到的工具只有一台天平秤。

① 问题分析。

要挑出真钻石显然只能通过天平来比较质量，而比较的次数决定寻找时间的长短。

② 算法的设计。

下面给出了两种思路。

其一：将 100 颗真假钻石用天平秤两个、两个地比较质量，如果一样重，说明都是假钻石，则换上另外两颗来比较，如果不一样，则重的一颗就是要找的真钻石。用这种方法，幸运时比较一次就可以完成任务，而最坏情况下则可能要比较 50 次才能找到真钻石。显然在概率相等时平均比较约 25 次。

其二：将 100 颗真假钻石按 50 颗一份分成两堆，用天平找到重的一堆（真钻石一定位于重的一堆），再次将重的一堆（如果这一堆是奇数颗，则从另一堆中取一颗凑成偶数）平均分成两份，用天平比较质量，又找到重的一堆，重复进行，一直到最后两颗，则一定可以找到真钻石，完成任务。这种方法共要进行 7 次比较。这里运用的就是分治思想。

很显然，考虑概率时，方法二比方法一比较的次数少得多，自然耗用的时间就少。这也意味着解决问题时我们要多思考，找到一种最合适的解决方案。

讨论与思考　现有 n 个数，要用分治法的思想找出其中的最大数。

提示：如果 n 等于 1，显然可以直接给出解；当 n 等于 2 时，经过一次比较就可以得到结果；当 n 大于 2 时，该问题可以分解成两个子问题，将 n 个数对半分成两组，分别从中找出最大数，得到结果后再从两个最大数中挑出最大数（这就回到了 $n=2$ 的情形），如果分成的两组中的数仍然超过两个，就继续分解，直到一组中数的个数小于或等于 2，后面就是逐层返回合并求解的过程。

1.2.4　计算思维

处于信息“爆炸”的大数据时代，人们要学会科学思维，科学思维包括理论思维、实验思维和计算思维三种方式。

理论思维是通过推理、假设和逻辑演绎等方法来探索事物的本质、原理、规律和普遍性。它强调从抽象到具体的过程，不依赖于具体的经验或观察。例如，在物理学中，爱因斯坦提出的相对论是一个典型的理论思维的产物。他没有依赖于当时的实验数据，而是通过逻辑推理和深邃的数学分析，预测了时间和空间的相对性以及质能关系，这一理论后来得到了实验验证。

实验思维是通过设计实验、观察现象、收集数据和分析结果来验证或推翻假设，从而探究事物的本质和规律。它强调实证和可重复性。例如，在化学领域，门捷列夫的元素周期表是通过实验思维得出的。他通过对大量元素的原子量、化学性质和电子排布进行系统的实验观察和数据分析，发现了元素之间的周期性规律，并据此制定了元素周期表。

计算思维可以利用计算机科学的基本概念和方法来解决问题、设计系统和理解复杂现象。它强调对数据的处理、算法的设计以及计算机系统的运用。例如，在生物学中，基因测序和分析是一个典型的计算思维的应用。研究人员通过收集大量的基因数据，利用计算机算法进行序列比对、基因表达和变异分析，从而揭示基因与疾病之间的关系，为疾病的预防和治疗提供指导。

此外，科学思维还包括一些具体的思维方法，如比较、分类、分析、综合、归纳和演绎等。这些方法在科学研究中发挥着重要的作用，帮助人们更好地理解和解释自然现象，发现新的科学规律，推动科学的进步。

1. 计算思维概念解析

计算思维（computational thinking）这一概念最早由周以真教授在2006年提出，她认为计算思维不仅仅是计算机科学家的专利，它是一种适用于所有领域的通用技能。计算思维是一种解决问题的思维方式，它涉及问题分解、模式识别、抽象化、算法设计等一系列过程。

计算思维的核心概念包括以下几个方面。

① 抽象：将问题或现实世界的实体转化为计算机可以理解和处理的形式。通过抽象，可以忽略一些细节，关注问题的核心，从而更好地解决问题。

② 分解：将复杂的问题分解为更小、更简单的子问题，便于逐步解决。通过分解，可以将大问题化解为多个小问题，分别进行分析和解决。

③ 模式识别：通过观察和分析问题中的规律和模式，找出问题的共性和重复性。通过发现模式，可以更高效地解决问题，并且在类似问题中可以复用已有的解决方法。

④ 算法设计：设计和实现解决问题的具体步骤和方法。算法是计算思维的核心，它描述了问题的解决过程，通过合理的算法设计可以高效地解决复杂的问题。

⑤ 自动化思维：利用计算机和自动化技术来解放人类的思维和劳动力。计算思维鼓励将重复和烦琐的任务交给计算机来完成，从而让人类能够更专注于创新和高层次的思考。

计算思维的核心目标是培养人们的逻辑思维能力、问题求解能力和创新能力。它不仅仅是为了应对计算机科学领域的挑战，更是为了提高个人解决问题的能力和思维水平，以适应日益复杂和快速变化的社会环境。

计算思维的应用范围非常广泛，不仅限于计算机科学领域。在日常生活、工作、学习等各个方面，人们都可以运用计算思维来解决问题。例如：在规划旅行路线时，可以运用计算思维中的优化算法，选择最短、最快或最省钱的路线；在处理大量数据时，可以运用计算思维中的数据处理和分析方法，提取有用的信息，发现数据背后的规律。

2. 计算思维的特征

计算思维是一种独特的思维方式，它源于计算机科学但不仅限于该领域。以下是计算思维的几个主要特征。

① 概念化：计算思维强调对问题的概念化理解，而非仅仅关注具体的实现细节。计算思维更关注问题的本质和结构，而不是具体的编程语言或技术。例如，在解决一个排序问题时，计算思维会关注如何设计一个有效的排序算法，而不是使用哪种编程语言来实现这个算法。

② 根本性：计算思维是一种根本性的思维方式，它关注的是问题的核心和本质。计算思维不应受到表面现象或特定环境的束缚，而应深入探索问题的内在规律。例如，在网络安全领域，计算思维会关注如何从根本上保障网络的安全性，而不仅仅是应对当前的安全威胁。

③ 人的思维：尽管计算思维与计算机科学紧密相关，但它仍然是人的思维方式。计算思维强调的是如何利用计算机科学的原理和方法来辅助人类的思考和决策，而不是让计算机完全取代人类。例如，在数据分析中，计算思维会帮助我们设计出有效的算法和模型来提取数据中的有用信息，但最终的解释和决策仍然需要人类的参与。

④ 数学与工程的互补融合：计算思维融合了数学和工程两种思维方式。它既关注数学理论的严谨性，也注重工程实践的应用性。这种互补融合使得计算思维既能够应对理论问题，也能够解决实际问题。例如，在人工智能领域，计算思维既需要利用数学理论来建立模型，也需要考虑如何将这些模型应用到实际场景中。

⑤ 面向所有人：计算思维并不仅仅局限于计算机科学专业人士，而是一种可以应用于各个领域的通用思维方式。无论是科学家、工程师、医生还是普通人，都可以通过培养计算思维来提高自己的问题求解能力。例如，在日常生活中，我们可以利用计算思维来优化购物清单、规划出行路线或者管理个人财务等。

通过以上特征的叙述，可以发现计算思维具有独特的价值，它可以帮助我们更好地理解和应对现代社会中计算信息技术的挑战。同时，培养计算思维也是提高个人综合素质和解决问题能力的重要途径之一。

1.3 信息素养

当今社会，人们每天都要与海量的数据和信息打交道，每个人都应培养自身的信息素养。信息素养是一种能力，更是一种思维方式，它关乎人们在数字化时代生存和发展，关系到科技创新和社会发展。

1.3.1 信息素养的概念

1. 信息素养的定义

信息素养通常被定义为个体在获取、评估和使用信息过程中所展现出的能力，包括识别何时需要信息、知道在哪里找到信息，以及如何有效地使用信息。在数字时代，信息素养还包括了处理和解析大量数字数据的能力。

2. 信息素养的内涵

信息素养包括多个方面的内容。首先，它要求人们能够有效地获取信息。这需要掌握一定的搜索技巧，能够快速地找到所需的信息。在现代社会，人们通常使用各种数字工具和平台，如搜索引擎、数据库和社交媒体等来快速寻找和检索信息。其次，信息素养要求人们能够评估信息的质量和可靠性。这需要人们具备批判性思维能力，对来自未知或不可信的信源信息能够进行甄别筛选。此外，信息素养要求人们能够有效地使用信息。通过对获取到的信息进行数据分析、信息整合、创新思考，并做出决策。最后，在处理和使用信息时，需要理解并遵守道德规范，尊重他人的知识产权和隐私。

随着社会的变革和信息技术的不断发展，信息素养的内涵也有了一些新变化，体现在三个方面：

① 技术变革与信息处理能力。在大数据和云计算时代，信息素养意味着高效处理和分析海量数据的能力。例如，在医疗领域，医生利用电子病历系统快速检索和分析患者数据，以便更准确地诊断疾病；医生在处理患者的复杂病例时，通过大数据分析技术，整合了患者历年的体检数据、家族病史以及生活习惯等信息，诊断是否患有遗传性疾病，从而为患者的及时治疗提供了关键依据。

② 技术融合与多元技能。随着技术的不断融合，信息素养要求个人掌握多种技能。例如：智能家居的普及需要用户具备网络通信、设备控制等方面的技能；居民家中的智能门锁可以与手机 App 相连，通过简单的设置就能实现远程开锁功能，既方便了亲友访问，也增强了家庭的安全性。

③ 技术伦理与信息安全。在信息技术广泛应用的今天，保护个人隐私和数据安全至关重要。金融从业者需要掌握加密技术、访问控制等技能，以确保客户信息安全。例如，银行工作人员在处理客户金融信息时始终遵循严格的保密规定，利用先进的加密技术保护客户数据，有效防止了信息泄露事件的发生。

1.3.2 信息素养与社会发展

信息素养与社会的发展密切相关。在数字化社会中，信息成为推动社会进步的重要力量。而信息素养则是人们参与社会活动、实现个人发展的重要工具。只有具备了良好的信息素养，才能更好地适应社会的发展，把握时代的机会。

1. 信息素养与个人成长

在信息化、数字化、智能化的今天，信息素养不仅仅是一个技能或工具，更是每个人成长过程中的关键伙伴。具备良好的信息素养能够帮助个人更好地获取、利用和传递信息，提高问题分析和解决能力，培养创新思维和创造力，促进个人的学习、发展和成长。随着人工智能的兴起，数据已成为驱动创新的关键要素，具备信息素养的人才能够有效地挖掘、分析和利用数据，推动科技进步和社会变革。

首先，信息素养对于个人自我提升与终身学习有着深远的影响。

在信息爆炸的时代，如何有效地获取、筛选、整理和使用信息，已成为学习的关键。信息素养高的人，能够更快地找到所需的学习资源，更准确地判断信息的真伪和价值，更高效地整合知识，从而提高学习效率和质量。例如，一个信息素养较高的学生，在面对一个复杂的研究课题时，能够迅速地从各种学术数据库、网络资源中找到相关的研究资料，并通过对比、分析，形成自己的见解和观点。科研工作者和教师们因为具有较好的信息素养，所以能够在技术不断创新的时代，通过自我学习和提升，跟上时代潮流而不至于被淘汰。

其次，信息素养可以提升职业竞争力。

在许多职业领域，信息素养已成为从业者的基本要求。在现代社会，无论是哪个行业，都需要与信息打交道。信息素养高的人，能够更好地适应工作环境，更有效地与同事、客户沟通，更出色地完成工作任务。例如，一个信息素养较高的职场人士，能够熟练地使用各种办公软件和工具，高效地完成工作任务；同时，他也能够敏锐地捕捉到行业内的最新动态和趋势，为自己的职业规划和发展提供有力的支持。在 IT 行业，掌握编程和数据分析技能的求职者更具竞争力。

此外，信息素养还有助于个人的社交和人际关系。

在信息社会，人们通过社交媒体、网络平台等方式进行沟通和交流。具备信息素养的人，能够更好地理解和利用这些平台，拓宽自己的社交圈子，增强人际交往能力。例如，一个信息素养较高的人，能够熟练地使用社交媒体，与不同领域的人进行交流和互动，从而拓宽自己的视野和人际关系网。

最后，信息素养能促进个人创新，也是个人未来发展的重要保障。

信息素养可以帮助人们利用新技术进行产品或服务创新，如开发新应用、设计新工具等。曾有设计师利用 3D 打印技术将自己的设计作品转化为实物，再通过线上线下销售获取收益，不仅实现了个人价值的最大化，又推动了创意产业的发展。

随着科技的进步和社会的发展，信息素养将成为越来越重要的能力。具备信息素养的人，将更容易适应未来的社会环境和职业需求，实现个人的持续发展和成长。

2. 信息素养与社会发展

信息素养不仅影响个体的生活和工作，更影响着整个社会的创新能力和发展潜力，体现在以下几个方面：

① 推动产业转型升级。信息素养的普及和应用有助于传统产业的数字化转型。例如，制造企业引入工业互联网技术实现生产过程的智能化和自动化，提高了生产效率和产品质量。一家传统家具制造企业通过引入智能制造系统，实现了生产流程的自动化和智能化，大大提高了生产效率和产品质量，同时降低了能耗和废弃物排放，实现了绿色可持续发展。

② 提升社会治理能力。政府利用大数据、AI 等技术手段可以更精准地进行社会治理。例如：某大型城市实施了智能交通管理系统，通过实时监测和分析交通数据，有效优化了交通信号灯的控制策略，减少了交通拥堵现象，提高了城市交通的运行效率。

③ 促进社会文化交流。信息素养的提升使得信息传播更加便捷，促进了不同文化之间的交流和融合。社交媒体平台为人们提供了分享生活、交流观点的平台，增进了彼此的了解和尊重。例如，某部关于中国传统文化的纪录片在国际社交媒体平台上引起了广泛关注，通过精美的画面和深入的解读，让世界各地的人们更加了解和欣赏中国的传统文化，促进了国际文化交流的深入发展。

3. 信息素养与社会发展相关案例

数字化时代，信息素养对社会的发展促进已经凸显，未来必将进一步深远影响着人们的生活，以下介绍几个改变人们生活的实例：

① 智慧医疗。在某大型医院中，医生通过电子病历系统实现了病历信息的数字化管理。医生可以快速查看患者的病历资料、检查结果等信息，提高了诊疗效率。同时，该系统还支持远程会诊功能，使得不同地区的医生可以共同讨论疑难病例，提高了诊疗质量。例如，一名偏远地区的患者因罕见疾病需要专家会诊，通过远程会诊系统，患者得到了来自全国顶级专家的联合会诊，为患者的及时治疗提供了有力支持。

② 智慧城市。在某智慧城市建设项目中，政府通过引入大数据、物联网等技术手段实现了对城市运行状态的实时监测和预测。例如，智能交通系统可以实时监测交通流量和路况信息，为市民提供实时交通信息和最佳路线建议。同时，政府还利用大数据分析社会问题和民生需求，制定更加科学合理的政策和措施。该智慧城市的居民可以通过手机 App 实时查看交通信息、公共服务设施使用情况等，方便了居民的生活出行和规划。政府还通过大数据分析精准投放公共服务资源，提高了公共服务的质量和效率。

③ 金融科技。在某交易平台中，平台利用区块链技术实现了去中心化的交易和清算过程，确保了交易的安全性和透明性。同时，该平台还提供了丰富的数据分析工具，帮助用户更好地了解市场趋势和投资机会。这种金融科技的应用不仅提升了金融行业的创新能力和服务水平，也为投资者提供了更加便捷和安全的投资渠道。

综上所述，信息素养是人们在数字化时代生存和发展的必备技能，也是个人和社会发展的关键要素。

习题 1

1. 简述信息编码的目的，并阐述生活中信息编码与计算机中信息编码的差别。
2. 举例说明生活中需要编码的场景，并为其设计一套编码方案。

3. 计算完成以下数制间的转换。

$(101011.00101)_B=(\quad\quad)_O=(\quad\quad)_H$

$(123.875)_D=(\quad\quad)_B=(\quad\quad)_O=(\quad\quad)_H$

4. 谈谈你对算法的认识，并就一个具体问题进行举例，说明你是如何设计其求解算法的。

5. 请画流程图来表示以下问题的求解算法：

(1) 从键盘输入 x 的值，根据以下函数求 y 的值（a 为常数）

$$y=\begin{cases}0 & (x=a \text{ 或 } x=-a)\\ \sqrt{a^2-x^2} & (-a<x<a)\\ x & (x<-a \text{ 或 } x>a)\end{cases}$$

(2) 书中例 1-7 和例 1-10 描述的问题。

6. 通过查找文献资料，阐述多媒体信息为什么要进行编码压缩，压缩有哪些技术方法。

7. 论述计算思维的培养对数字时代生活及未来工作的影响。

8. 阐述你对信息素养的认识。

9. 论述信息素养对社会发展及个人成长的影响。

10. 查阅资料并开展讨论：应从哪些方面提升我国公民的信息素养。

11. 讨论：WPS 文字中如何对字符进行编码表示？要考虑字符本身及排版时的字体、字号、颜色、字形、下画线和特殊效果等。

第2章
计算机系统

学习目标

本章主要介绍计算机软硬件组成，阐述计算机的基本工作原理，讲述计算机网络和云计算的相关知识。通过本章学习，要求：

◎ 掌握计算机的硬件基本构成及构成部件的主要功能。

◎ 掌握常用系统软件的基本功能。

◎ 理解计算机的基本工作原理。

◎ 掌握网络的基本概念、基本组成。

◎ 理解网络常用协议。

◎ 深入理解云计算的基本概念，掌握云的基本架构，深入了解云及云计算的应用领域和运用场景。

本章导引

在人类漫长的文明进化过程中，发明了许多用于计算的工具，如原始人的刻木结绳，我国春秋时期的算筹、唐代的算盘，西欧的计算尺、加法器、差分机和分析机等。这些手动或机械计算工具虽然部分提高了计算速度，但对复杂海量计算问题的贡献却很有限，人们一直渴望发明辅助计算的高速“计算机器”，直到20世纪中叶，伴随着电子技术的发展发明了电子计算机，这一“渴望”才逐渐被满足。

第一台电子计算机ENIAC，又称电子积分计算机，它完全采用电子线路进行算术和逻辑运算，运算速度达到了5 000次/s加减法运算，这在当时有着质的飞跃，但它的体积庞大，占地170 m^2，使用了18 000个电子管，功率为160 kW，在它服役9年后被切断电源，终止了运行。

从ENIAC诞生后，计算机技术的发展突飞猛进，但直到现在计算机仍基本上采用存储程序结构，即冯·诺依曼体系结构。冯·诺依曼是美籍匈牙利人，他在图灵机的基础上提出了“存储程序”的思想。冯·诺依曼与同事在分析研究ENIAC的不足的基础上，提出了制造EDVAC（electronic discrete variable automatic computer，离散变量自动电子计算机）的思路，并于 1945 发表了《关于 EDVAC 的报告草案》，在报告中广泛而具体地介绍了制造电子计算机和程序设计的新思想，其主要内容有以下几点：

① 把程序和待要处理的数据存放在机器的存储器中，机器按照程序自动计算数据。

② 计算机硬件由五个部分组成，包括运算器、控制器、存储器、输入和输出设备。

③ 计算机内部采用二进制形式表示数据和程序。

这种系统结构一直沿用至今，也是现今通用计算机采用的结构。一个完整的计算机系统由硬件系统和软件系统两大部分组成，如图 2-1 所示。

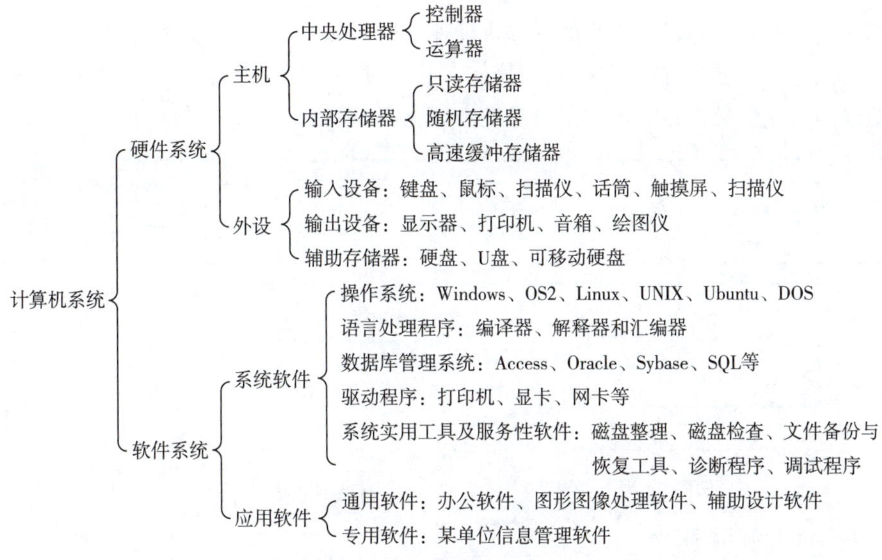

图 2-1　计算机系统的组成

计算机硬件系统指的是构成计算机的各种看得到、摸得着的物理器件，主要由中央处理器、内部存储器以及各种输入输出外围设备组成，它们是计算机工作的物质基础。软件系统是运行在计算机硬件系统层之上的各种软件的总称，它们通常被安装保存在计算机的外围存储系统中。软件指的是计算机中保存、运行、处理的各种程序、数据及文档的集合。它们是计算机系统的“灵魂”，没有安装任何软件的现代计算机无法为用户提供服务。

2.1　计算机硬件系统

自从第一台电子计算机问世以来，计算机的发展非常迅速，其体积不断变小，性能速度不断提高，应用领域也越来越广泛。通常根据计算机所采用的主要电子逻辑器件的不同，把计算机的发展分为四个阶段，又称四个时代。

第一代计算机：电子管计算机（1946—1957 年），主要电子元件是电子管，这代计算机体积庞大、耗电量大、运算速度低、价格昂贵，只用于军事研究和科学计算机。

第二代计算机：晶体管计算机（1958—1964 年），主要电子元件是晶体管，用晶体管代替电子管作为元件，计算机运算速度提高了，体积变小了，同时成本也降低了，并且耗电量大为降低，可靠性大大提高了。这个阶段人们还创造发明了多种程序设计语言。

第三代计算机：中小规模集成电路计算机（1965—1970 年），随着半导体工艺的发展，成功制造了集成电路，计算机也采用了中小规模集成电路作为计算机的元件，速度快、体积小，开始应用于社会各个领域。

第四代计算机：大规模超大规模集成电路计算机（1971年至今），集成电路技术的飞速发展使得单个芯片上能集成更多的电子元件，它让计算机体积变得更小、运行速度更快、能耗更低，以及拥有更高的可靠性。这一时期个人计算机开始兴起，工作站、服务器、移动设备和各种嵌入式系统快速发展，极大地促进了信息技术的普及和应用。

2.1.1 计算硬件的主要构成

由冯·诺依曼的思想设计出来的计算机硬件结构如图2-2所示，其各部件之间通过一组组的排线（称为总线）连接成一个有机的整体，并通过一个时钟来驱动各部分硬件协同工作。下面对组成冯·诺依曼机各部件的主要功能进行介绍。

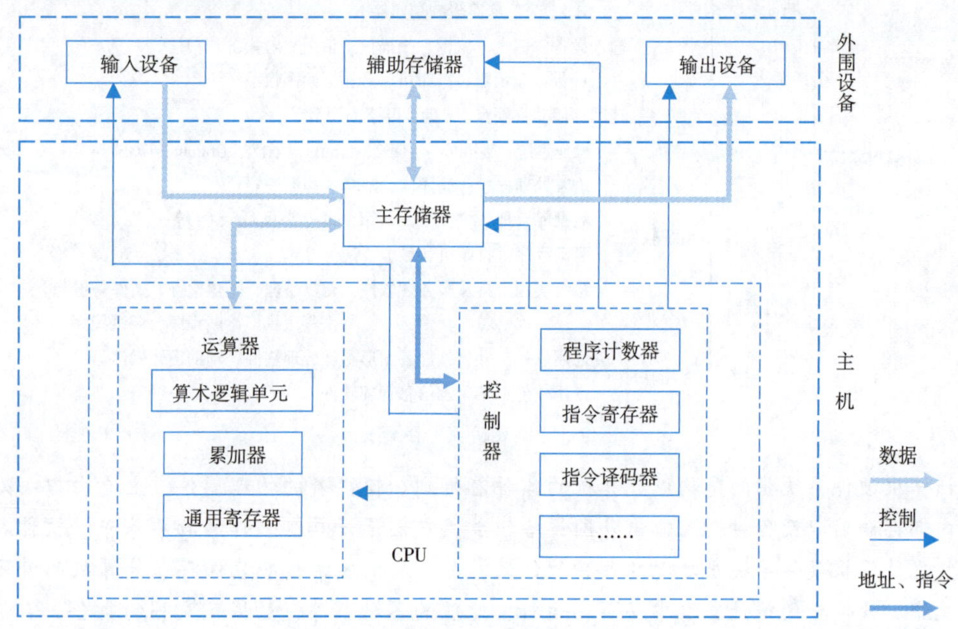

图2-2 冯·诺依曼机硬件结构图

1. 运算器

运算器主要由算术逻辑单元（arithmetic and logic unit，ALU）、累加寄存器、一组通用寄存器组成，其功能是进行各种算术和逻辑运算。运算器接收控制器的命令而进行动作，在控制器的控制信号指挥下，不断从存储器中取出要加工的数据，经过运算处理后将结果送回存储器或暂存在运算器的通用寄存器中。

运算器一次运算二进制数的位数，称为字长。它是计算机的重要性能指标。常用的计算机字长有8位、16位、32位及64位。寄存器、累加器的长度应与ALU的字长相等。

2. 控制器

控制器是计算机的指挥中心，它与运算器一起组成中央处理器（central processing unit，CPU）。用于控制机器的各部件按指令协同工作。它保证了计算机运行过程的自动化及程序的正确执行，并且能对异常事件进行处理。控制器由一组寄存器［指令寄存器（IR）、程序计数器（PC）、指令译码器（ID）、地址寄存器（AR）、状态/条件寄存器、时序产生器等］构成，主要完成取指令、分析指令及向其他部件发送信号执行指令等功能。

程序计数器：当程序顺序执行时，每取出一条指令，程序计数器的值自动加一，指向下一条要取的指令。

指令寄存器：用于寄存当前正在执行的指令。

指令译码器：用于对当前指令进行译码，识别要完成的操作。

地址寄存器：保存当前 CPU 所访问的内存单元的地址。

状态/条件寄存器：用于保存指令执行完成后产生的条件码。另外，还保存中断和系统工作状态等信息。

时序产生器：用于生成指定时序信号，为每条指令按时间顺序提供应有的控制信号（时钟脉冲）。

3. 存储器

存储器的主要功能是存放程序和数据。不管是程序还是数据，在存储器中都是用二进制的形式表示，统称为信息。

计算机中的最小信息单位称为位（bit，一个二进制位）。通常，CPU 向存储器送入或从存储器取出信息时，不能存取单个的“位”，而是用 B（字节）和 W（字）等较大的信息单位来工作。一个字节由 8 位二进制位组成，而一个字则由一个或多个字节组成。通常把组成一个字的二进制位数称为字长。

在存储器中把保存一个字节的 8 位触发器称为一个存储单元。存储器是由许多存储单元组成的。每个存储单元对应一个编号，用二进制编码表示，称为存储单元地址。向存储器中存数或者从存储器中取数，都要将给定的地址进行译码，找到相应的存储单元。存储单元的地址只有一个，固定不变，而存储在存储单元中的信息是可以更换的。

存储器所有存储元的总数称为存储器的存储容量，通常用单位 KB、MB、GB、TB 表示。它们之间的关系是：$1\ \text{KB}=2^{10}\ \text{B}=1\ 024\ \text{B}$；1 MB = 1 024 KB；1 GB = 1 024 MB；1 TB = 1 024 GB。存储容量越大，表示计算机记忆存储的信息就越多。

半导体存储器称为内存储器，简称内存。内存又分为只读存储器和随机存储器。只读存储器（read only memory，ROM）是指 CPU 只能从中读取数据，不能写入。在微型计算机系统中一般用来存放 BIOS、字符字形库等固定不变的程序或参数。随机存储器（random access memory，RAM）即通常所说的计算机主存，CPU 对它既可读出又可写入数据，但停电时其中的信息立刻丢失。

由于半导体存储器的存储容量有限，计算机中又配备了存储容量更大的磁盘存储器和光盘存储器，称为外部存储器。外部存储器中保存的信息不会因为断电而消失，所以常用来保存需长期或永久性保存的程序和数据。

4. 输入设备和输出设备

计算机通过输入输出设备从外部世界接收信息和向外部世界反馈计算处理的结果。

输入设备是接收用户输入程序和数据的部件。它将信息形式变换成计算机能接收并识别的形式。目前常用的输入设备是键盘、鼠标、数字扫描仪以及模数转换器等。

输出设备是将计算机处理结果（二进制信息）转换成用户可以接收的信息表达形式的部件。如字符、文字、图形、图像、声音等。目前广为使用的输出设备有打印机、绘图仪、显示器、音箱等。

计算机的输入输出设备作为系统的外围组件，种类繁多且运行速度各不相同。鉴于它们的工作速率往往远低于中央处理器，直接与主机相连会导致效率低下，甚至引发数据传输错误。为了解决这一问题，人们研制出了适配器（又称接口卡或控制器），其功能类似于一个智能转换器，它能够调节外围设备与主机之间的通信差异，确保两者间的无缝对接。一方面，适配器可以将外围设备的数据格式和信号类型转换为主机所能识别的形式，实现数据的有效传递；另一方面，它还能控制数据传输的速率，防止高速主机向低速设备发送过多数据，避免造成堵塞或数据丢失。此外，适配器还具备错误检测和纠正的能力，能够监测数据传输过程中的异常情况，并采取相应措施加以解决。

外部存储器在计算机系统中兼具输入与输出设备的双重特性。当主机读取存储在外部存储器上的数据进行处理时，它作为输入设备发挥作用；而当主机将处理结果写回外部存储器保存时，它则转变为输出设备。

2.1.2 计算机的基本工作原理

计算机硬件组成是其工作基础，这些部件之间是协同开展工作的，其互相配合完成工作的过程大致描述如下：用户通过输入设备发出指令或提供数据，CPU 从内存中获取指令并执行，期间可能还会从外部存储设备加载更多数据、读取更多程序指令到内存中，指令被逐一执行，当处理完成后，结果被暂时存回内存，最后通过输出设备显现给用户或存储到外部存储设备的数据文件中。这个循环不断地进行，使得各种复杂的计算和信息处理任务得以完成。

1. 协同工作

此处以修改并打印一份文档为例，来阐述计算机各组成部分是如何协同工作的：

① 输入设备：直接从外部存储设备（如磁盘或固态硬盘）存放该文档的指定数据文件中读取数据存放到内存缓冲区中；或者在修改该文档时，使用键盘（输入设备之一）输入需修改的文字。每当敲击一个键时，键盘会将该按键对应的字符编码成二进制信号，通过接口传送给计算机。

② 中央处理器：中央处理器接收到键盘发送的信号后，识别这些信号代表的字符，并在内存缓冲区中为这些字符分配空间进行临时存储。同时，中央处理器调用执行文本编辑软件（如 WPS）的程序指令（这些指令也同样从外部存储设备的程序文件中读取并存储在内存中），随着输入的继续，处理器不断执行编辑软件的代码进行处理，比如进行自动拼写检查、格式设置、自动保存等。

③ 内存：在编辑文档的过程中，文档内容以及文本编辑软件的代码和处理状态都暂时存储在 RAM 中。处理器能通过总线直接访问内存，读取和修改内存缓冲区中的这些数据，由于 RAM 的存取速度快，能保证编辑过程流畅进行。

④ 存储设备：当要保存文档时，处理器将文档内容从内存缓冲区回写到外部存储设备（如磁盘或固态硬盘）中，以数据文件的形式存储。

⑤ 输出设备：在完成编辑后，要打印文档时，发布“打印”命令（通过选择编辑软件的打印功能），处理器接收到打印指令，将文档数据从内存缓冲区读出，通过系统中的打印驱动程序转换为打印机可以理解的格式，然后发送给打印机将文档内容印刷在纸张上。

通过以上步骤，从输入开始，经过数据处理、存储，再到输出结果，计算机的各个部分紧密合作，共同完成了从修改到打印文档的任务。

2. 程序的工作方式

计算机能自动、连续开展工作其实是在事先编制好的程序指挥下实现的，其工作过程，是执行程序的过程。根据冯·诺依曼的“程序存储”思想，由程序员事先把程序编制好，通过输入设备送到外部存储器以程序文件的方式保存起来，计算机工作时再将它读入到内存，再将内存中的程序指令交给 CPU 去执行。

程序由一条条计算机可执行的指令构成，所以执行程序又归结为逐条执行计算机指令。一条计算机指令由操作码和地址码两部分组成，操作码指示指令要完成的功能（如算术运算加、减、乘、除，逻辑运算与、或、非，数据传送，控制转移及输入输出等），地址码指示操作数或操作数的地址（位置）。一个计算机系统所能执行的所有指令集合称为指令系统，不同类型计算机系统的指令系统一般有所差异。

一条指令的执行又细分为以下 4 个基本操作，即：

① 取出指令：从存储器的某个地址中取出要执行的指令送到 CPU 内的指令寄存器暂存。

② 分析指令：把保存在指令寄存器中的指令送到指令译码器，译出该指令对应的微操作。

③ 执行指令：根据指令译码器对指令中的操作码字段进行分析解释，识别该指令规定的操作，再向各个部件发出相应控制信号，控制它们工作，完成指令规定的功能。

④ 程序计数器加 1，为执行下一条指令作好准备，即取出下一条指令地址。

图 2-3 中①~④指示了操作执行的时机。计算机的工作过程就这样按照程序规定的步骤有条不紊地执行每条指令，直至遇到结束指令。随着硬件技术的提高、科技人员的不断研究，计算技术已取得了一些新发展，如流水线技术和多核技术等。其中流水线技术通过将指令执行的多个单元进行并行处理，使得 CPU 在单位时间里能够执行更多的指令。而多核技术是通过在硬件上构造更多的处理中心，进而通过操作系统的合理调度，将不同的线程交由不同的内核执行，使得计算机在特定时间内能够处理更多的任务。这二者都有效提高了计算机的性能。

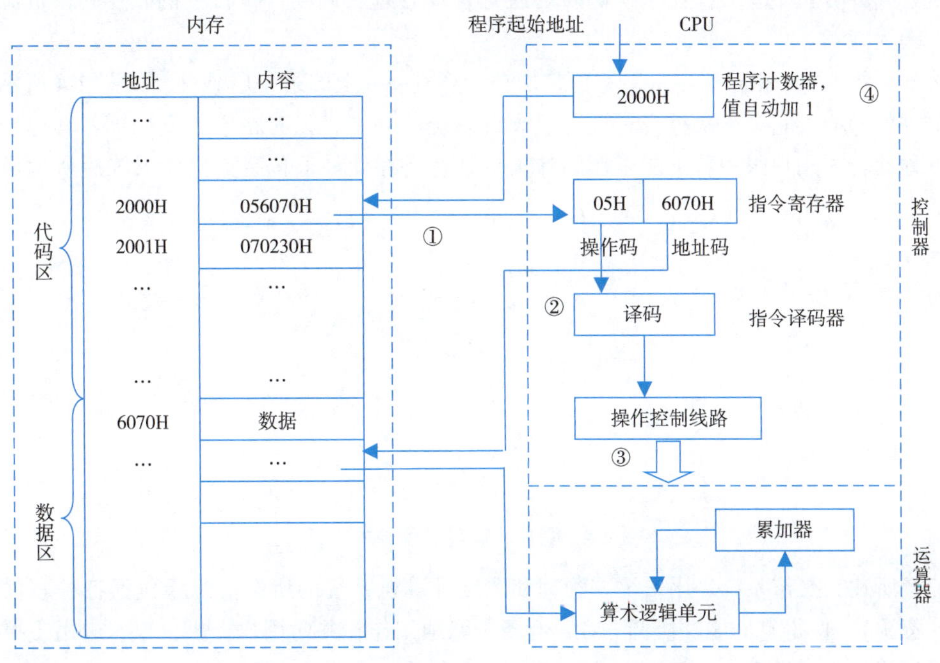

图 2-3　计算机指令执行的 4 个基本操作

2.2 计算机软件系统

广义地说，软件泛指程序、运行时的数据以及与之相关的文档资料。计算机软件系统主要有两大类：系统软件和应用软件。

系统软件是指控制计算机运行、管理计算机各类资源，并为应用软件提供支持和服务的一类软件，它是计算机系统中不可或缺的一部分。系统软件的主要功能是调度、监控和维护计算机系统，确保硬件和软件的协同工作。

常用的系统软件有操作系统、数据库管理系统、语言处理程序、设备驱动程序等。

2.2.1 系统软件

1. 操作系统

现代计算机系统无一例外都会安装配置相应的操作系统，人们无法利用“裸机”（指没有安装任何软件的计算机）开展工作，这与生活中的一些事务的处理相似，例如，一家旅游公司在组织团队出游时，会制定一份详细的计划书，其会考虑以下几方面：

① 选择合适的交通工具。

② 选择运行最短的线路。

③ 选择合适酒店及行程中的就餐点。

④ 酒店房间的分配等。

当然，这些都会依据客户的需求进行适当的调整，但影响到该公司决策的一个重要因素是如何得到最大利益回报。

这里，公司的决策层的工作其实就像操作系统充当的角色，不正确的决策会将工作弄得一团乱麻，计算机中安装操作系统的目的就是合理管理、调度计算机中的软、硬件资源，使之发挥最大效益。

操作系统（operating system，OS）是加在计算机硬件上的第一层软件，如图 2-4 所示，是系统软件的核心。它第一次扩充了计算机硬件系统的功能，只有在它的支持下，其他软件才能更好地运行。用户眼中看到能工作的计算机其实是在硬件上包裹上操作系统后所构成的虚拟机。

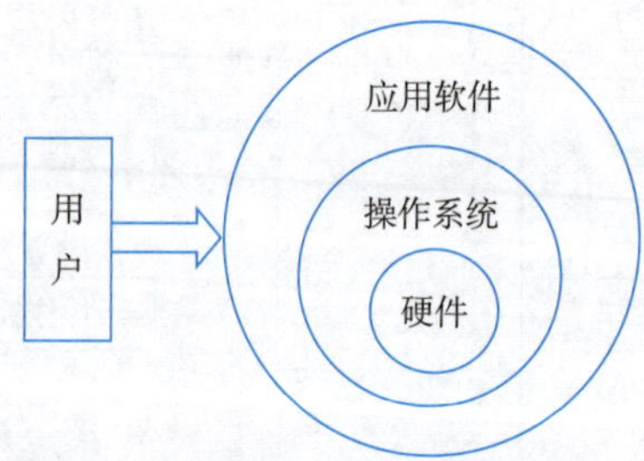

图 2-4　用户、软件和硬件的关系

综上所述，操作系统是用来统一管理和调度计算机系统的所有资源（包括各种硬件资源和软件资源），使得它们能够协调一致、有条不紊地工作，并向用户提供接口、应用支撑平台和工作环境的程序集合。

操作系统紧靠计算机硬件，提供了庞大的对计算机硬件以及软件资源进行管理控制的功能，使得用户可以方便高效、安全可靠地操纵计算机来开展工作。从管理的角度看，操作系统是由一组管理程序组成的程序集合，不管是哪种类型的操作系统，它们都提供了处理机管理、存储管理、I/O设备管理、文件管理和用户接口五个方面的管理功能。

(1) 处理机管理

处理机是计算机硬件的核心部件，所有程序的运行和数据的处理都是靠它来实现的，所以它的使用效率关系到整个计算机系统的效率。在早期的单道程序系统中，一个程序运行时占用系统的所有资源，但并非所有资源在程序运行期间时时刻刻都用到，这使得系统的资源利用效率非常低下，大量资源在很多时刻是空闲的。为了提高系统资源的使用效率，人们提出了多道程序系统的概念，引入了前面所提及的多道批处理系统。多道程序共享系统的资源，有效地提高了资源的利用率。但随之而来的是如何去解决多道程序对资源的竞争问题。

处理机管理的主要功能就是解决如何合理分配处理机的时间，如何调度不同的程序使用处理机，使得不同程序在运行时不会互相发生冲突，它的管理方法的优劣关系到整个系统的吞吐量和系统运行的质量。

处理机管理以进程为单位，因此有的图书中又称处理机管理为进程管理。进程与程序的关系为：进程是某个程序片段及其相关数据在某一台计算机上的一次执行，可以简单地理解为进程是正在运行的程序片段，程序没有执行或执行完毕，也就不存在进程，因此进程是有生命期的。Windows用户可以通过任务管理器查看到系统中已有的进程。

一个进程在生命周期内（从程序开始运行到运行结束）具有三种基本状态：就绪态、执行态和等待态。

① 就绪态。一个进程已获得除CPU外的所有资源，一旦获得CPU就可以执行。

② 执行态。进程获得CPU，正在运行。对于单处理机来说，任何时刻只能有一个进程处于执行态。

③ 等待态。进程因为等候某个事件的发生而暂停执行。

这三种状态可以相互转换，如图2-5所示。

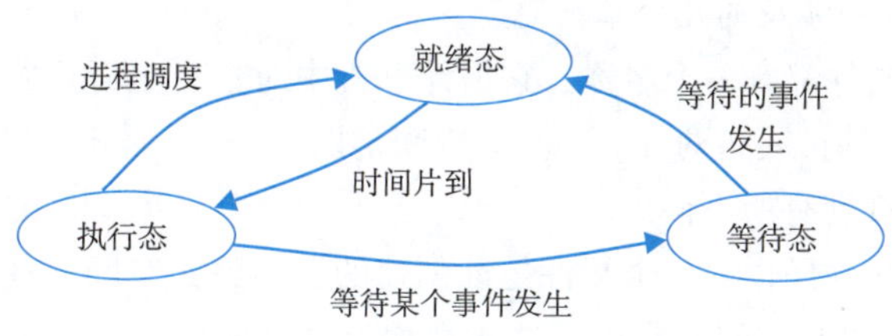

图2-5 进程状态转换示意图

(2) 存储管理

存储器是计算机系统的重要资源。任何要被执行的程序代码和数据都要全部或部分驻留内存，操作系统本身也要占据部分存储空间。合理管理存储空间，提高其利用率，关系到整个系统的性能。存储空间的管理主要包括内存分配、内存保护、地址映射及内存扩充。

① 内存分配。多道程序环境下，内存为多个进程所共享，每个进程都须拥有不同的存储空间，内存管理根据每个进程的需求合理地给它们分配内存资源，这是内存管理的基本功能。

② 内存保护。内存管理要保证每个进程在各自的内存空间互不干扰，并防止一个进程对

其他进程空间内的代码和数据进行非法访问。

③ 地址映射。在程序员进行程序设计时，并不知道将来程序在内存空间存放的位置，所以程序中使用的是逻辑地址。程序对应的进程被创建时，会被装入内存，操作系统必须将程序中的逻辑地址映射（转换）为内存中对应的物理地址。映射机构可以使得程序员不必关心内存物理空间的分配问题，为编程带来方便。

④ 内存扩充。由于物理内存空间有限，有时难以满足程序的需求，内存管理能够将部分外部存储空间模拟成内存空间，借以扩大内存空间。这种从逻辑上扩大物理存储空间的技术称为虚拟存储技术。

（3）I/O设备管理

在计算机系统中除CPU与内存外，其他大部分硬件称为外围设备，主要包括输入输出设备、外存设备以及终端设备。

设备管理的主要工作是控制设备和处理器（CPU）之间进行I/O操作。由于设备的多样性和复杂性，设备管理成为操作系统中最复杂的一种管理，它的功能主要分为以下几个方面：

① I/O设备的分配。

② 控制I/O设备与内存（或CPU）间的数据交换。

③ 为用户提供友好的透明接口，又称I/O设备的无关性（独立性）。它将设备的物理特性和用户分开，用户使用逻辑设备。例如，某台计算机配备了一台激光打印机和一台喷墨打印机，用户在打印时只要选择打印机的逻辑名称，而不用关心打印机是如何实现打印的。

④ 实现设备缓冲管理。I/O设备、内存、CPU之间速度的差异非常大，引入缓冲技术可以缓和速度不匹配的问题，提高它们之间操作的并行能力，进而提高CPU及设备的利用率。

（4）文件管理

文件是逻辑上具有完整意义的并进行了命名的信息集合体。计算机中的所有程序和数据都是以文件的形式存放在外部存储器上，所以文件也是计算机中的重要资源。

文件管理的主要功能是实现文件的按名存取、文件存储空间的分配与回收、目录管理、文件存取控制、文件的安全与维护以及文件的逻辑地址与物理地址的映射等。

这里介绍文件管理中涉及的几个基本概念。

① 文件名。每个文件都有一个名称，它是计算机中对信息集合进行存取的依据。一般文件名分成文件主名和文件扩展名两部分，它们中间常以“.”分隔开，如realplay.exe。不同的OS对文件进行命名的规则有所不同。

② 文件的属性及文件操作。一个文件是谁创建的、创建的时间、在磁盘上占用多大的存储空间、其本身的大小以及访问权限等，这些都称为文件属性。文件是用户使用计算机的过程中产生并被保存下来的，针对文件的操作主要有创建、打开、读、写、删除以及修改。

③ 卷和磁盘分区。外部存储设备种类很多，如硬盘、移动盘等，为了便于管理，操作系统将外存空间分为卷，一个卷可以是一个物理硬盘，也可以是物理硬盘上的一个逻辑分区。一个新的硬盘可以从逻辑上划分成几个独立的区域，每一个区域称为一个分区。

大多数OS允许在每一个卷上使用不同的文件系统，例如，Windows中一个逻辑分区可以选择使用FAT文件系统或NTFS文件系统。这也使得在同一台计算机上选择不同卷来安装多个操作系统成为可能。

④ 文件目录结构。为方便文件的统一管理，实现对文件的共享，提高查找、访问文件的

速度，将相关文件组织到一起，便构成了文件目录。在 Windows 中目录被称为文件夹。

在一个系统中有许许多多目录，它们记录了有关文件的存储信息，所以每一个目录本质上是一个文件，称为目录文件，因此，目录可以当作一种特殊文件来管理。像文件一样，每个目录都有一个名字，称为目录名。

目录从结构上可分为单级目录、二级目录、多级目录等。为更好地反映系统中众多文件的不同用途以及体现现实世界的层次关系，大多数操作系统采用多级目录结构（允许在一个目录下面建立子目录），多级目录的层次结构很像一棵树，所以又称树状目录结构，如图 2-6 所示。

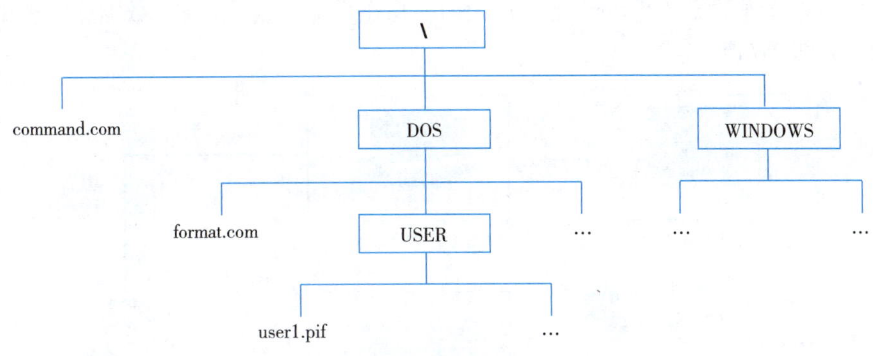

图 2-6　某磁盘的目录结构示意

在树状目录结构中，树根节点称为根目录（一个卷只能有一个根目录，它是磁盘格式化时系统生成的），以反斜线“\”表示。根目录下可以有子目录和文件，每级目录下可以包含下一级子目录和文件。每一级的子目录都有一个名字，在同一个目录中不允许有相同的文件名和子目录名。

用户当前正在进行文件操作的目录称为当前目录。从根目录或当前目录出发，到所要查找的文件的通路称为目录路径。路径由用反斜线“\”分隔开的目录名组成。按照开始查找位置的不同，路径又分为绝对路径和相对路径。

“绝对路径”是指从磁盘根目录出发，到所查找文件对应的路径。在图 2-6 中，文件 user1. pif 的绝对路径为：\ DOS \ USER \ user1. pif。

“相对路径”是从当前目录出发，到所要查找的文件的通路。例如，当前目录是 \ DOS，则文件 user1. pif 的相对路径为：USER \ user1. pif。

(5) 用户接口

操作系统为用户提供了一组灵活、方便地操作计算机的接口。通过这些接口用户可以方便调用操作系统提供的功能，有效组织要完成的工作及其处理流程。

操作系统提供的接口分为三类：命令行接口、图形用户接口和程序接口。其中命令行接口和图形用户接口主要是提供给一般操作人员，通过与操作系统交互方式来实现任务。程序接口主要面向程序设计人员，提供一组操作系统调用，方便程序员在程序中访问操作系统的功能。

2. 数据库管理系统

在瞬息万变的信息社会，每时每刻都有大量的数据信息需要处理，数据处理在计算机的应用中占非常大的比重。为了有效地利用、保管、处理、管理这些大量的数据，20 世纪 60 年代后期产生并发展了数据库管理系统（data base management system，DBMS）。DBMS 是由一个相互关联的数据的集合和一组用以访问、管理和控制这些数据的程序组成。通常，将这个相互关联的数据集合称为数据库（database，DB），其中包含了关于某个企业信息系统的所有信息；并狭义地将一组访问、管理和控制数据库的程序称为数据库管理系统，它是一个系统软件。DBMS是计算机科学中发展最快的领域之一，特别是20世纪80年代随着微机的普及，数据库管理系统得到了更广泛的应用。

（1）数据库系统的组成

数据库系统（database system，DBS）是指在计算机系统中引入数据库后的系统，一般由数据库、数据库管理系统（及其应用开发工具）、操作系统、应用系统、数据库管理员和最终用户构成，如图2-7所示。

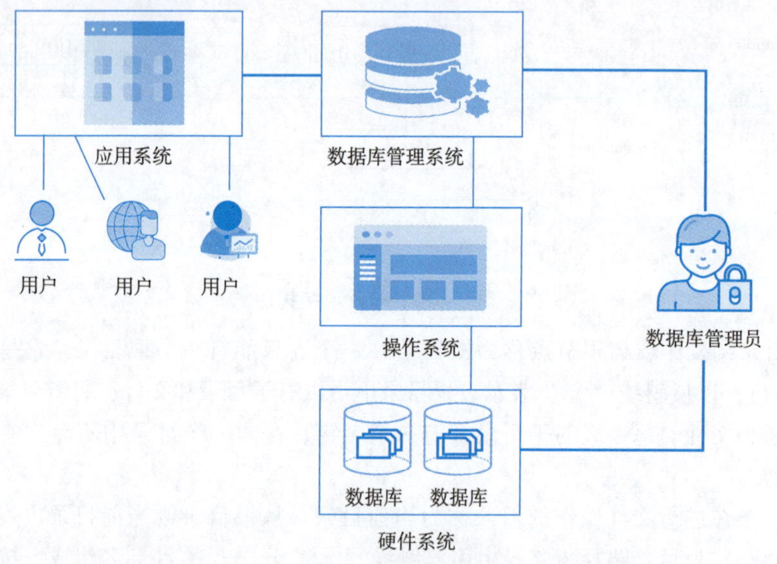

图2-7　DBS的组成

① 硬件系统：硬件系统是存储和运行数据库系统的硬件设备，包括CPU、内存、大容量的存储设备（如硬盘）、输入输出设备等。

例如，一个电子商务网站需要一个数据库来存储用户信息、商品信息、订单数据等。为了支持这个数据库，需要一个高性能的服务器，该服务器配备了强大的CPU、足够的内存和高速的硬盘驱动器，以确保数据库的快速响应和稳定运行。

② 数据库：它是存储在计算机内、有组织的、可共享的数据和数据对象的集合。这些数据按照特定的数据模型或结构进行组织、描述并长期存储，同时能以安全和可靠的方法进行数据的检索和存储。

例如，在上述电子商务网站中，数据库是一个集合，其中包含了所有用户的数据（如姓名、地址、电子邮件等），商品数据（如产品名称、描述、价格等）以及订单数据（如购买日期、商品详情、支付信息等）。

③ 数据库管理系统：是位于用户和操作系统之间的一层数据管理软件，为用户提供访问数据库的方法，包括数据库的创建、查询、更新、各种数据控制等，它是数据库系统的核心。

例如，为了管理和查询数据库，需要安装和配置一个数据库管理系统（如MySQL或Oracle）。

④ 数据库用户：使用数据库的人员，他们对数据库进行存储、维护和检索等操作。其中

包括一类特殊的人员，即数据库管理员（database administrator，DBA），主要从事管理和维护数据库管理系统，负责业务数据库从设计、测试到部署交付的全生命周期管理。

例如，上述电子商务网站的管理员、卖家和买家都是数据库用户。他们通过网站界面与数据库进行交互（管理员管理商品信息、卖家发布新商品、买家浏览商品并下单等）。

⑤ 其他软件系统：主要包括操作系统、应用程序开发工具和数据库应用系统等。

例如，为网站开发的前端和后端软件，这些软件与数据库进行交互，以显示数据和接收用户输入。

（2）数据库管理系统的主要功能

数据库管理系统的工作主要包括以下内容：

① 承担数据的组织和管理：数据库管理系统首先将数据以特定的数据模型（如关系模型、层次模型、网状模型等）组织存储在物理存储介质上。数据被结构化为表、记录、字段等，以方便管理和查询，并实现数据的高共享、低冗余和易扩充。数据库管理系统负责在磁盘上高效地物理存储这些数据，并通过数据字典维护数据的逻辑结构与物理存储之间的映射关系。

例如，在电子商务网站中，商品信息被组织成表格形式，表中的一行代表一种商品，包含商品ID、名称、描述、价格等属性的取值。这些表格存储在数据库中，通过数据库管理系统进行组织和管理。

② 负责数据的访问和操作：数据库管理系统提供数据定义语言和数据操纵语言，用户或应用程序通过数据库管理系统提供的接口或工具，能够方便地定义数据库及各种对象（如基本表、索引、约束等），以及对数据库进行各种操作，如查询、插入、删除、修改等。

例如，当买家在网站上搜索特定商品时，网站后端软件会向数据库发送查询请求。数据库管理系统根据查询请求在数据库中查找匹配的商品信息，并将结果返回给后端软件，最终在前端展示给买家。

③ 实现数据的并发控制：在数据库系统中，多个用户或应用程序可能会同时访问和修改数据库。为了保证数据的正确性和一致性、防止数据冲突，DBMS需要对并发操作进行控制和管理。

例如当多个买家同时浏览和购买同一件商品时，数据库管理系统需要确保每个买家的操作都被正确处理，并且数据保持一致性。

④ 实现数据的完整性和安全性保障：数据库管理系统通过实施数据约束（如唯一性、外键约束等）和事务管理机制，来保障数据的准确性、一致性和完整性。事务管理确保一系列操作（如银行转账）要么全部完成，要么全部不执行，以维持数据的一致状态；通过身份验证、权限控制和审计等手段保护数据免遭未授权访问或授权下的非法访问，系统既要验证访问者的身份、识别其访问权限，又要确保经过授权的用户进行合法的数据访问。

⑤ 完成数据的备份和恢复：为了防止数据丢失、应对系统故障对数据的损坏，数据库管理系统通过日志文件来记录事务对数据库的操作，包括事务的开始和结束、数据的修改等，以便在发生故障或意外情况时进行数据恢复；此外，系统还提供备份和恢复工具，可以定期将数据库进行备份，并在需要时恢复到备份的状态。

总的来说，数据库管理系统是一个复杂的系统，其构成和工作原理涉及多个方面，它通过硬件和软件的结合，实现了对数据的高效组织、存储、访问和管理，为各种数据库应用软件提供了强大的数据管理支持。

3. 语言处理程序

计算机语言处理程序包括编译器、解释器及汇编器等，其功能是将高级语言或汇编语言编写的源代码转换为计算机能够执行的机器代码，编译器将源代码一次性转换为机器码，而解释器则逐行解释并执行源代码。常见的编译器和解释器有 GCC、Java 虚拟机等。

（1）计算机语言

计算机语言用于编写计算机程序，是人与计算机进行信息交流的工具，计算机语言一般可分为机器语言、汇编语言、高级语言（前两者都是低级语言）。

① 机器语言。机器指令是由二进制代码构成的，每条指令都与 CPU 中相应的电子线路相对应，它能被计算机直接识别，执行起来速度快。但用其写的程序通用性差、可读性差、编程工作量大、有错误难修改的缺点，因为指令会随“机”而异。

② 汇编语言。又称符号语言，它用接近人类语言的助记符来替代机器指令。它克服了机器语言的一些缺点。但机器不能直接识别，汇编语言编写程序必须汇编（翻译）成机器能识别机器指令形式才能执行，程序可移植性较差。

③ 高级语言。为了克服低级语言的缺陷，从 20 世纪 50 年代中期开始，人们陆续发明了许多高级算法语言，这些语言比较接近人类的自然语言和数学语言，因此称为高级语言。高级语言具有较好的通用性，语言易学、写的程序易读、便于维护，极大地提高了程序设计的可靠性和效率。目前国内外使用的高级语言有几百种之多，每种语言都有各自的特点，适用于不同的应用范围，其中常用的高级语言有 C、C++、Java、Python 等。

（2）编译和解释

编译器和解释器都包含“翻译”功能，所谓“翻译”指的是将高级语言编写的“源程序”变换成能被机器执行的指令。翻译的过程存在一些差别。

编译方式是将源程序一次性全部翻译成目标程序，再经过连接程序的连接，成为可被执行程序。其过程如图 2-8 所示。

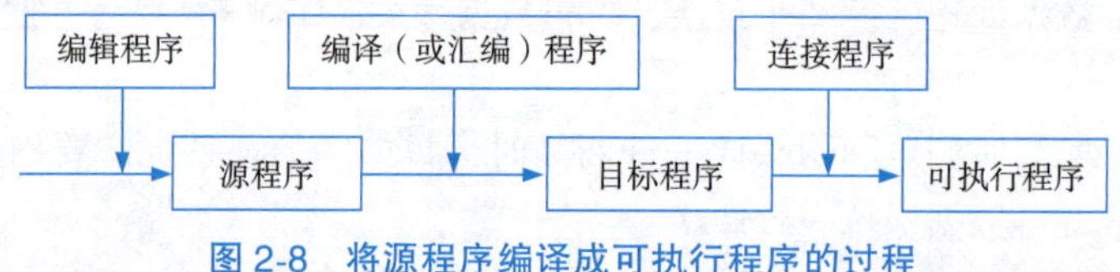

图 2-8　将源程序编译成可执行程序的过程

其中：编辑程序用来输入和编辑源程序；连接程序又称为连接编译程序，它可以把一个或几个分别编译的目标程序，按内在的逻辑关系合成到一起，组成一个可执行程序。

解释方式是将源程序逐句地翻译，译出一句立即执行，边解释边执行，出现错误可立即修改源程序，适合用户与机器之间以交互方式执行程序。这种方式需要消耗更多的机器时间，但能减少目标代码对机器内存的占用。

4. 设备驱动程序

设备驱动程序是系统软件的一种，用于控制和管理计算机硬件设备的操作。它允许操作系统与硬件设备进行通信和交互，并提供了对设备的控制、配置和数据传输等功能。

设备驱动程序通常由硬件设备的制造商编写或提供，常与操作系统紧密集成。它们提供了一系列的接口和功能，使操作系统能够识别、初始化、操作和监控硬件设备。各种硬件设备（如声卡、显卡、网络适配器、打印机、存储设备等）都需要设备驱动程序的驱动。

设备驱动程序的主要功能可以概括为以下几点：

① 设备初始化和配置：驱动程序负责在系统启动时初始化设备并进行必要的配置，以确保设备能够正常工作。

② 设备通信和数据传输：驱动程序通过与设备进行交互，实现数据的输入和输出。它负责将操作系统的指令转换成设备可理解的格式，并将设备生成的数据传递给操作系统。

③ 设备状态监控：驱动程序可以监测设备的状态，包括设备的连接、断开、错误等情况，并向操作系统提供相应的通知。

④ 错误处理和故障排除：驱动程序可以检测和处理设备的错误和故障，包括设备故障、通信错误等，并提供相应的错误处理和故障排除功能。

⑤ 性能优化：驱动程序可以对设备进行性能优化，以提高设备的性能和响应速度。

2.2.2　应用软件

应用软件是为了满足用户在不同领域、不同问题上的应用需求而设计的软件。例如，日常办公、科学计算、数据处理、计算机辅助设计等方面的问题。应用软件通常分为应用软件包和用户程序两类。应用软件包是为解决某类问题而设计的程序集合。

应用软件一般拥有满足特定需求、用户友好、良好扩展性和可定制性、跨平台兼容性等特点。

常用的大众应用软件有文字处理软件、电子表格处理软件、计算机辅助设计软件、图形图像处理软件等。

WPS：这是一款广受欢迎的办公软件，主要包括 WPS 文字、WPS 表格、WPS 演示等组件。它满足了人们在日常工作和学习中的文档处理、数据分析、演示制作等需求。

Adobe Photoshop：这是一款专业的图像处理软件，广泛应用于平面设计、摄影后期处理、网页设计等领域。通过 Photoshop，用户可以对图片进行裁剪、调色、添加特效等操作，以满足创意和设计需求。

Foobar 2000：这是一款以模组化设计的免费音乐播放器，模组化让它增加新功能变得更容易。它支持 Windows、Android 和 iOS 操作系统，能播放多种音乐格式，包含 MP3、AAC、WMA、OGG、FLAC、WAV、Opus 和 Speex 等。同时支持自动歌单导入、CD 歌曲导入，甚至还能直接播放压缩文件中的音乐文件。

腾讯会议：这是一款视频会议软件，支持多人在线会议、屏幕共享、实时聊天等功能，是远程办公和在线学习的重要工具，满足了人们远程沟通和协作的需求。

随着移动技术的不断发展和用户需求的变化，应用软件也在不断演进和创新，涌现了许多移动平台上的应用软件，如以下产品：

微信：微信是一款非常流行的社交软件，除了提供基本的聊天功能外，还包括朋友圈、公众号、小程序等多元化的社交和信息服务。用户可以通过微信与朋友保持联系、获取新闻资讯、进行在线支付等。

抖音：抖音是一款短视频分享软件，它风靡全球，在它上面用户可以创作和分享 15 s 到 1 min 的短视频。拥有丰富的音乐库和特效工具，使得用户可以轻松制作出有趣、有个性的短视频，满足用户的娱乐和创作需求。

美团：美团是一款提供本地生活服务的应用软件，包括外卖、酒店预订、旅游门票、电影票等。用户可以通过美团方便地查找附近的商家和服务，进行在线预订和支付，满足日常生活需求。

这些应用软件都是针对特定需求而设计的，提供了方便、快捷的服务，使得用户可以更加高效、舒适地生活和工作。同时，它们也推动了技术的发展和创新，为人们的生活带来了更多的便利和乐趣。

2.3 计算机网络与云计算

计算机网络与云计算是计算机科学中对当代社会最具影响的技术之一，已成为支撑社会进步和技术革新的重要基石。计算机网络将全球各地的设备、系统和人员紧密地连接在一起，实现了信息的传输和资源的共享利用。

云计算借助于网络，以其弹性可扩展、按需付费的特性，为企业和个人提供了强大的计算能力和数据存储空间，推动了各行业的数字化转型。

从社交媒体到在线购物，从远程办公到大数据分析，日常生活和工作已经离不开计算机网络和云计算的支持。它们不仅改变了人们的沟通方式和工作模式，更在推动社会经济发展、提升生活质量方面发挥着至关重要的作用。

2.3.1 计算机网络概述

计算机网络的产生可以追溯到20世纪60年代初，当时，美国国防部高级研究计划署（defense advanced research project agency，DARPA）实施了一个ARPANET项目，其目的是克服单点故障、增强军事通信能力，该项目首次实现了不同地理位置的远程计算机之间的互联，它是计算机网络的雏形，标志着计算机网络的诞生。

计算机网络的出现极大地提高了人们的工作效率和通信上的便利，也提升了计算机系统的性能和可靠性。随着技术的不断进步，计算机网络逐渐发展成为覆盖全球的互联网，成为现代社会信息交换和资源共享的主要平台。

1. 计算机网络的定义

计算机网络是指一组相互连接的、具有独立功能的计算机系统集合，集合中的系统之间通过特定的通信协议和物理介质（如电缆、光纤、无线信号等）进行信息交换与资源共享。它旨在实现数据传输、协同工作、远程访问、资源共享以及分布式处理等功能，从而提升工作效率并拓展计算机的应用范围。在现代信息技术环境下，计算机网络不仅包括硬件设备之间的连接，还包括操作系统、网络软件、安全机制及各种应用层服务在内的复杂系统。

2. 计算机网络的发展历程

计算机网络诞生后，研究人员对它的研发热情高涨，涌现出了许多重要的技术和协议，如以太网技术、TCP/IP协议等，它们为计算机网络的快速发展奠定了基础。

随着技术的进步，计算机网络经历了从面向终端的批处理系统到分布式计算环境的发展，其发展大致可分为以下几个阶段：

（1）计算机互联

ARPANET的建立和发展，它采用分组交换技术，并逐步发展出TCP/IP协议簇，奠定了互联网的基础。

（2）体系结构形成

为了实现计算机在物理层面上的互联，不仅需要借助专用的通信线路与设备，还需要一套软件体系来确保数据通信的准确性和有效性。1974 年，美国 IBM 公司引领潮流，首次发布了其研究的系统网络体系结构（system network architecture，SNA）。随之而来的是，其他企业纷纷推出了各自独有的体系架构，但这些架构之间缺乏兼容性，形成了信息孤岛。为了打破这一壁垒，让不同架构下的产品能够实现信息互通，国际标准化组织（international organization for standardization，ISO）于 1977 年成立了一个专项小组展开研究。经过不懈努力，终于在 1984 年正式推出了开放系统互连参考模型（open systems interconnection reference model，OSI/RM）以及广受推崇的 TCP/IP 协议簇。这些标准的出台，为全球范围内的计算机互联提供了统一的框架，促进了信息的自由流动和高效交换。

（3）局域网盛行、三级结构互联网的形成

进入 20 世纪 80 年代，随着超大规模集成电路技术的成功研发，微型计算机开始广泛普及，从一间办公室到一个家庭，乃至一栋楼或一所学校，都能看到多台计算机的身影。面对这一趋势，人们迫切希望将这些局部区域内的计算机连接起来，以便实现资源共享和信息交流，局域网（LAN）因此应运而生。特别是在以太网技术的推动下，局域网得到了迅猛发展，三级结构的互联网模型逐渐成形，即由主干网、地区网和校园网构成的层次化网络体系。这种结构不仅使得局域网内部的资源共享更为便捷，还极大地丰富了人们的数字生活体验，如局域网游戏、即时聊天、电子邮件（E-mail）收发以及电子公告牌（BBS）交流等，成为日常沟通与娱乐的重要方式。

（4）商业化与全球化

20 世纪末，网络进入商业化和全球化阶段，越来越多的公司和组织开始提供互联网服务，如电子邮件、万维网（WWW）等。物理宽带通信技术 DSL、光纤等出现，大大提高了数据传输速度，使得流媒体、在线游戏等应用成为可能，互联网开始走向繁荣。利用 TCP/IP 协议构建的因特网是世界上最大的国际性互联网，它走出了学术和军用领域，进入民用和商业市场，并在全球范围内迅速普及，是一个覆盖全球的信息海洋，其上的资源已深入地影响到人们工作、学习和社会生活的各个方面。

（5）移动与无线网络

进入 21 世纪后，移动网络开始兴起，随着移动设备、智能手机的普及，3G/4G/5G 移动通信技术和 Wi-Fi/WiMAX 无线局域网技术发展迅猛，使得人们可以随时随地接入互联网，极大地推动了计算机网络向移动化方向转变。

（6）新兴技术融合时代的开启

当前，云计算、大数据分析、物联网（Internet of things，IoT）、边缘计算、区块链和人工智能等新技术的融入，正持续推动着计算机网络向更智能、更安全、更高效、更具弹性的方向发展。云计算技术的发展，使得计算和存储资源可以按需分配，大大提高了资源利用效率。而物联网技术的兴起又使得各种设备可以连接到互联网，实现了设备之间的互联互通，推动了智能化和自动化的发展。

3. 网络的基本组成

（1）功能结构

从功能组成上看，计算机网络通常可以划分为资源子网和通信子网两大部分，如图 2-9 所示。它们在计算机网络中承担着不同的分工。

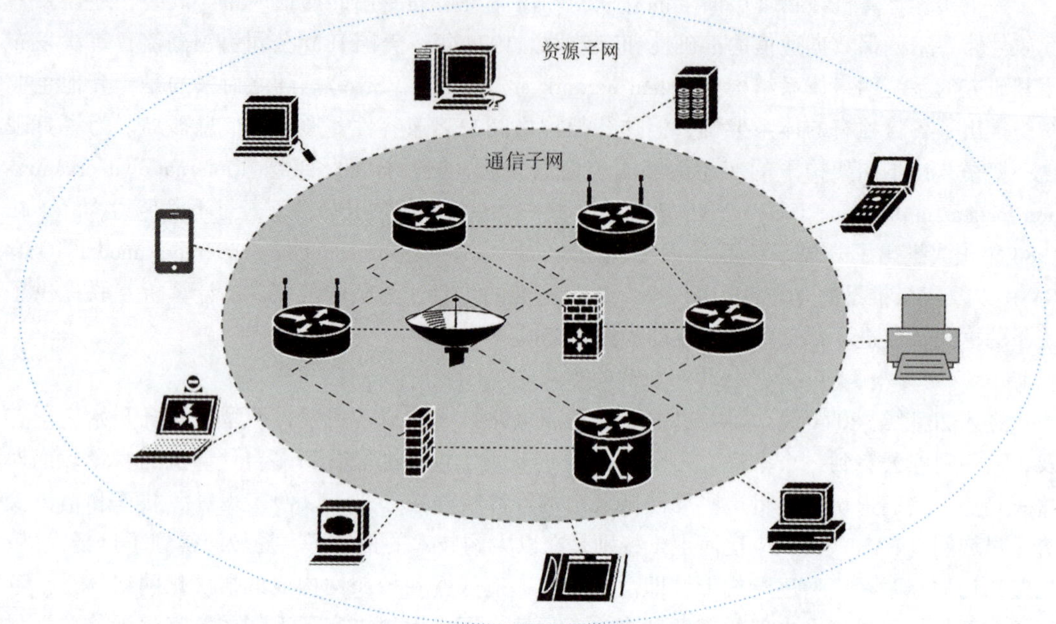

图 2-9 网络按功能分层示意图

资源子网主要提供给用户访问各种共享资源的功能。它由联网的主机、终端设备、外围设备以及相关的网络软件组成。资源子网的主要任务是提供用户访问共享资源的服务，如文件、数据库、打印机服务、应用程序等。同时，资源子网还支持用户之间的协同工作，使用户能够方便地共享和协同处理信息。

通信子网主要负责连接网络中的各个节点，并进行数据传输和通信处理。通信子网包括通信线路（传输介质）、网络连接设备（如路由器、交换机、集线器、调制解调器等）、网络协议栈和通信软件。通信子网的主要任务是实现数据的传输、加工、变换、路由选择和交换等通信处理任务。它通过各种通信设备和协议来确保数据在网络中的正确传输，并提供高效的数据传输和通信服务。

（2）组成部件

从组成部分上看，一个完整的计算机网络主要由硬件、软件、协议三大部分组成。硬件主要由主机（也称端系统，如个人计算机、智能手机、服务器）、通信介质（如双绞线、光纤）、网络连接设备（如路由器、交换机、网卡）等组成。软件主要包括各种实现资源共享的软件和方便用户使用的各种工具软件（如网络操作系统、邮件收发程序、FTP 程序、聊天软件等）。协议规定了网络传输数据时所遵循的规范（如 TCP/IP）。

基本组成中的网络设备、通信协议以及传输介质是网络的核心组件，它们彼此之间相互配合，确保数据能够准确、快速地传输和共享。

网络设备负责数据的转发、存储和处理。例如，路由器负责将数据包从一个网络段转发到另一个网络段，确保数据能够正确地到达目的地；交换机则负责在局域网内部快速转发数据包，提高数据传输的效率；服务器则提供各种网络服务，如文件存储、数据库管理和应用程序执行等。这些设备共同协作，实现了数据在网络中的高效传输和处理。

通信协议是计算机网络中另一个重要的组成部分。它们规定了数据在网络中传输的规则和方式，使得不同设备之间能够相互通信和协作。通信协议包括各种层次化的协议栈，如物理层、数据链路层、网络层、传输层和应用层等。每个层次都负责处理不同类型的数据和通信任务，从而实现了数据从源地址到目的地址的可靠传输。

传输介质则是计算机网络中数据传输的物理基础。它们负责将数据从一个设备传输到另一个设备，包括光纤、双绞线、同轴电缆等。不同的传输介质具有不同的传输速度、传输距离和传输质量等特点，因此需要根据具体的网络需求和应用场景选择合适的传输介质。

除了以上核心组件外，计算机网络还需要各种网络管理系统和安全机制来保障网络的稳定运行和数据的安全性。网络管理系统负责监控网络状态、诊断网络故障、优化网络性能等；而安全机制则负责保护网络免受攻击和非法访问，确保网络数据的安全性和完整性。

2.3.2 网络通信协议与网络结构

网络通信协议与网络结构是构建网络基础设施的两大核心要素，它们共同决定了数据在网络中的传输方式、效率和安全性。网络通信协议定义了数据传输的规则和标准，确保信息在不同节点间准确无误地交换；而网络结构则指网络中各节点的物理或逻辑连接方式，影响着网络的性能、可靠性和可扩展性。下面将对这两个关键概念进行介绍。

1. 网络通信协议

网络通信协议是一系列严格定义的规则集，用于规范网络设备间的数据交换过程。它如同网络世界的“法律”，确保信息在不同的硬件平台、操作系统和应用软件之间实现无缝、可靠且有序地交换。协议涉及多个层面，从物理层的数据编码和传输，到应用层的数据解析和处理，每一层都有其特定的协议来指导操作。其中，最著名的协议栈莫过于TCP/IP协议簇，它包括传输控制协议（TCP）、互联网协议（IP）、用户数据报协议（UDP）等，构成了互联网通信的基础，在全球范围内得到了广泛应用和认可。

(1) TCP/IP协议

该协议全称为transmission control protocol/internet protocol，即传输控制协议/互联网协议，是互联网架构中最为基础和核心的协议集，负责在网络中实现数据的可靠传输和寻址。TCP/IP协议并非单一协议，而是一个协议簇，它由多个协议组成，涵盖了网络通信的多个层次，从数据的封装、传输、路由选择到接收确认，确保了数据在网络中的高效、有序和安全传输。其包含的主要协议功能如下：

传输控制协议（transmission control protocol，TCP）：负责将数据分割成小的数据包，并确保它们在网络上的可靠传输；使用序列号和确认应答机制来确保数据被正确地接收，如果某个数据包丢失或损坏，TCP将重新发送该数据包；另外还负责处理数据包的重组和排序，以确保数据的完整性和正确性。

互联网协议（internet protocol，IP）：将数据封装成数据包，并添加源地址和目标地址；负责寻址和路由，将数据包从发送方传输到接收方，并确保数据包按照正确的路径到达目的地；使用IP地址来标识和定位网络中的设备，IPv4是曾广泛使用的IP地址版本，而IPv6是新一代IP地址版本，旨在解决IPv4地址不足的问题。

用户数据报协议（user datagram protocol，UDP）：提供无连接的服务，相比TCP，UDP不

保证数据的可靠传输，但具有更低的延迟和更高的传输效率，适用于实时通信、广播或多播等场景。

(2) TCP/IP 协议簇分层模型

TCP/IP 协议簇采用了分层模型，通常划分为应用层、传输层、网络层、网络接口层和四个层次。每一层都有明确的职责，完成不同层面的信息处理任务，共同协作实现数据从源端到目标端的传输。

应用层：应用层是最高层，面向用户和应用程序，负责提供各种网络应用服务，如 HTTP 协议（用于网页浏览）、FTP 协议（用于文件传输）、SMTP 协议（用于电子邮件发送）、DNS 协议（用于域名解析）等。这一层协议处理的是应用程序与网络之间的数据交互，确保应用数据能够正确地发送和接收。

传输层：传输层位于应用层之下，主要功能是提供端到端的数据传输服务。这一层主要通过 TCP 协议提供面向连接、可靠的字节流服务，确保数据的顺序发送和接收，以及错误检测和重传机制；通过 UDP 协议提供无连接服务，不保证数据的可靠传输，由于具有较低的延迟和更高的传输效率，适合实时性较高的数据报服务，如实时通信和广播。

网络层：位于传输层之下，主要负责数据包的寻址和路由选择。IP 协议在此层起主导作用，负责将数据包从源主机传送到目标主机。

网络接口层：此层兼并了物理层和数据链路层，所以，网络接口层既是传输数据的物理媒介，也可以为网络层提供一条准确无误的线路。采用的协议有以太网协议（Ethernet）、Wi-Fi 协议等。

(3) OSI 模型

OSI（open systems interconnection）模型是一个概念性的网络通信框架，由国际标准化组织（ISO）提出，旨在为网络协议的设计和实现提供标准化指南。该模型将网络通信过程抽象为七层，从最高层的应用层到最低层的物理层，每一层都有其特定的职责，共同协作以实现数据的传输。该模型通过分层的方式，实现了将复杂的网络通信过程分解为一系列相对独立的、可管理的部分，使得网络设计和协议开发变得更加模块化和系统化，有利于不同厂商和系统的互操作性和兼容性。

2. 网络结构

网络结构是对网络内各种组件的组织形式和互联模式的抽象描述。根据规模、地理分布、拓扑结构以及管理需求的不同，计算机网络结构可以被划分为多种。从作用范围上，计算机网络可以根据覆盖地理区域的大小分类为局域网、广域网和城域网三种。

(1) 局域网（local area network，LAN）

局域网是一种覆盖有限地理范围（如办公室、家庭、校园等）的计算机网络，其主要特点包括高速率传输、低延迟以及设备间连接距离较短。

局域网络的基本拓扑结构主要有以下几种：

① 星状结构：这种结构的网络是以中央节点为中心，把若干外围节点连接起来的辐射式互联结构。各节点与中央节点通过点与点方式连接，中央节点执行集中式通信控制策略。因此，中央节点相当复杂，负担也重。这种结构的优点是数据传输速度快、网络构造简单、建网容易、便于控制和管理。然而，它的缺点是网络可靠性低、网络共享能力差，并且一旦中心节点出现故障则导致全网瘫痪。星状拓扑结构如图 2-10 所示。

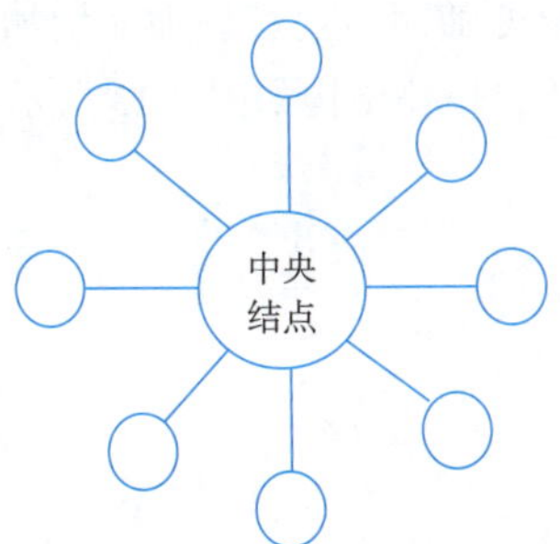

图 2-10　星状网络结构

② 环状结构：环状网中各节点通过环路接口连在一条首尾相连的闭合环形通信线路中，就是把每台 PC 连接起来，数据沿着环依次通过每台 PC 直接到达目的地，环路上任何节点均可以请求发送信息。请求一旦被批准，便可以向环路发送信息。环状结构的优点是各个节点通过环路接口连在一条首尾相连的闭合环形通信线路中，环路上任何节点均可以请求发送信息。然而，它不利于扩充；当节点过多时，会影响传输效率，延长网络的响应时间；某个节点发生故障将会导致全网故障。环状拓扑结构如图 2-11 所示。

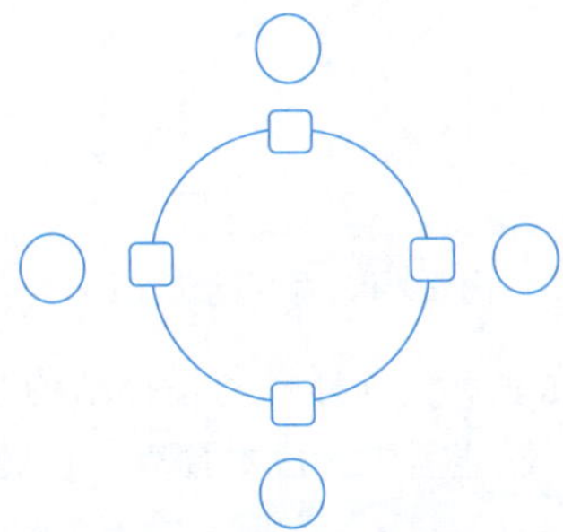

图 2-11　环状网络结构

③ 总线结构：总线拓扑结构通过一条高速主干电缆对周围节点进行连接。多个节点共用一条总线进行通信，采用广播通信方式，一个节点发出的信息可以被网络上的其他节点所接收，但只有目标地址匹配的节点会接收并处理数据。其优点是结构简单灵活，成本较低；易于扩充，增减节点相对容易。然而，这种结构数据冲突的可能性高，需要使用 CSMA/CD（载波监听多路访问/冲突检测）等协议来管理；故障定位和隔离较为困难；如果总线产生故障，将影响整个网络。总线网络结构如图 2-12 所示。

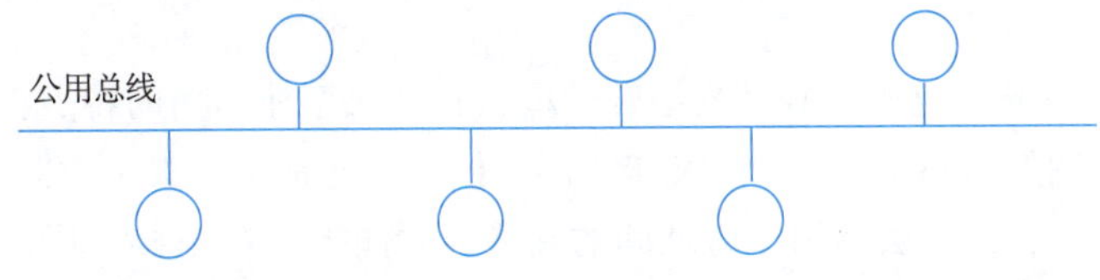

图 2-12　总线网络结构

④ 树状结构：树状拓扑是从星状拓扑演变而来，是一种多级星状结构的网络，其形状像一棵倒置的树，顶端是树根，树根以下带分支，每个分支还可再带子分支。网络的最高层是中央处理器，最底层是终端，而其他各层可以是部门交换机、工作组交换机、多路转换器或集线器等。该结构的优点是易于扩展，可以构建大型网络；故障隔离相对容易，局部问题不

会影响整个网络。缺点是结构复杂度随网络规模增加而增加，中心节点或关键链路的故障可能影响大范围节点的正常运行。树状拓扑结构如图 2-13 所示。

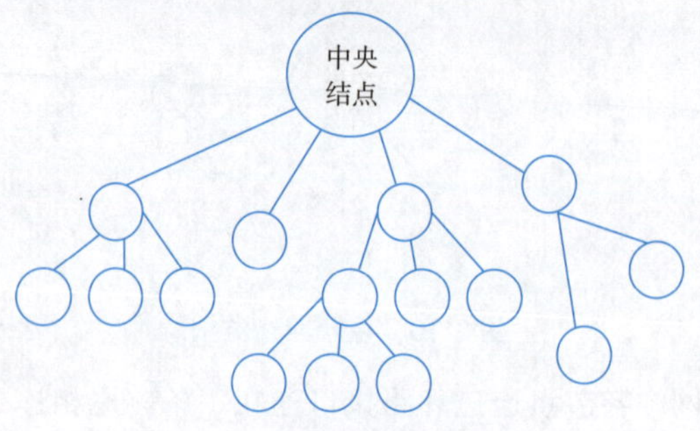

图 2-13　树状网络结构

⑤ 网状结构：网状拓扑结构中，每个节点都与其他多个节点直接连接，形成了高度冗余的连接结构。该结构的优点是高可靠性，即使部分节点连接失效，数据仍可通过其他路径传输。缺点是布线复杂，建造成本高昂，网络配置和管理复杂。网状网络结构如图 2-14 所示。

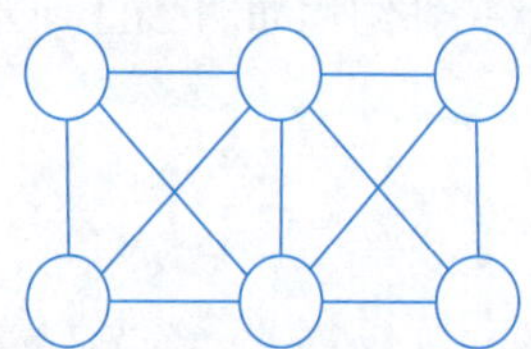

图 2-14　网状网络结构

不同的拓扑结构具有不同的优缺点，选择哪种拓扑结构主要取决于具体的应用场景和需求，决策时应综合考虑网络规模、性能需求、成本预算、扩展性和安全性等因素。

(2) 广域网

广域网（wide area network，WAN）覆盖较大的地理区域，可以连接跨越多个城市或国家，通常包含多个局域网并通过各种传输媒介（如光纤、卫星、微波等）互联，广域网的建立和维护通常由互联网服务提供商（ISP）负责。

广域网主要采用的拓扑结构有以下两种：

① 网状结构。在网状拓扑结构中，每个网络节点都与其他多个节点直接相连，形成一个互连的多路径网络。这种结构提供了高度的冗余性和可靠性，因为任何两个节点之间通常有多条连接路径，可以有效避免单点故障导致整个网络中断的问题，但构建和维护成本较高。

② 层次化网状结构。这种拓扑结构结合了星状和网状拓扑结构的特点，将大型广域网划分为不同的层次，例如核心层、汇聚层和接入层。核心层通常是高级路由器组成的网状结构，负责主要的数据交换；汇聚层则用于区域间的互联，并向下连接至接入层，接入层包含大量分布广泛的终端用户或小型网络，形成一个多级网络架构。这样的设计既保留了网状拓扑的部分优点，又降低了总体成本和复杂性。

(3) 城域网

城域网（metropolitan area network，MAN）介于 LAN 和 WAN 之间，服务于城市范围内较大规模的用户群体。MAN 常采用混合型拓扑结构，即结合多种基本拓扑结构的特点，根据不同的区域特性和业务需求设计出灵活且适应性强的混合拓扑。例如，核心层可能采用网状或环状结构保证高可靠性，接入层则采用星状或树状结构以方便管理与维护。

2.3.3　云与云计算

20世纪末、21世纪初互联网迅速普及，在计算领域，分布式计算与网格计算的理论得到长足的实践，它展示了解决复杂问题时网络协同计算的巨大资源潜力。特别是虚拟化技术的成熟，使得网络中的计算资源能够像水电一样被灵活分配和高效利用，云及云计算的概念应运而生，它提出了“按需付费、弹性扩展”的服务模式。

在全球信息化、经济一体化的背景下，企业面临着日益增长的数据处理需求与成本控制压力，寻求更加灵活高效、低成本的IT解决方案。云计算和云服务可谓及时雨，它可以大幅降低企业的IT成本，提升企业的业务响应速度和创新能力。此外，随着互联网原住民成长为消费主力，他们对即时在线服务有着强烈需求，这些都催生了各类组织对云计算的拥抱，为用户提供无缝、个性化的服务体验。

在技术上，软件即服务、平台即服务和基础设施即服务三种服务模型的提出，标志着云计算开始全方位覆盖企业和个人的不同层次需求，从应用软件到开发平台乃至底层硬件设施，均可通过云服务获得。云存储技术的飞跃，尤其是海量、低成本存储解决方案的出现，为数据的集中管理和分析提供了可能，是云计算得以承载大数据应用的关键。

政策方面，各国政府意识到云计算对促进产业升级、数字经济发展的战略意义，纷纷出台政策扶持云计算基础设施建设，推动数据开放共享，为云计算产业营造了良好的外部环境。因此，云计算不仅是计算技术的演进，更是经济社会发展模式转变的体现，它在全球范围内推动了信息技术与传统产业的深度融合，加速了数字化转型的进程。

1. 云与云计算基本概念

（1）云

云（cloud）是指通过互联网提供的各种资源和服务。在计算机网络和技术领域，“云”通常指的是“云计算”中的虚拟化资源池或服务环境。这里的“云”是一个抽象的概念，它代表了一个由大量分布式计算资源（如服务器、存储设备和网络设施等）组成的集合体，这些资源通过互联网以高度可用、弹性和可扩展的方式进行连接和管理。

从用户的角度看，云就像一个无限的资源库，用户可以按需获取和使用其中的计算能力、存储空间以及应用程序服务，而无须关心底层硬件的具体细节和位置。

（2）云计算（cloud computing）

云计算是一种基于互联网的计算模式，通过该模式，共享的远程计算资源和服务能够被动态配置、管理和维护，从而提供给终端用户。云计算的核心理念是将IT资源作为一种服务来交付给用户，用户根据实际需求支付相应的费用，并且可以根据需要快速增加或减少资源量。类似于公共设施（如水、电）供应给用户一样，用户可以根据需要使用这些资源和服务。

云计算一般包括三个步骤：① 用户将计算所需的数据传送给云，计算方法（表现为软件程序）可能由用户传送给云，也可能由云提供；② 云识别用户的身份，并使用分配给该用户的计算、存储和软件资源计算出结果；③ 云将结果通过网络返回给用户。云计算的工作过程如图2-15所示。

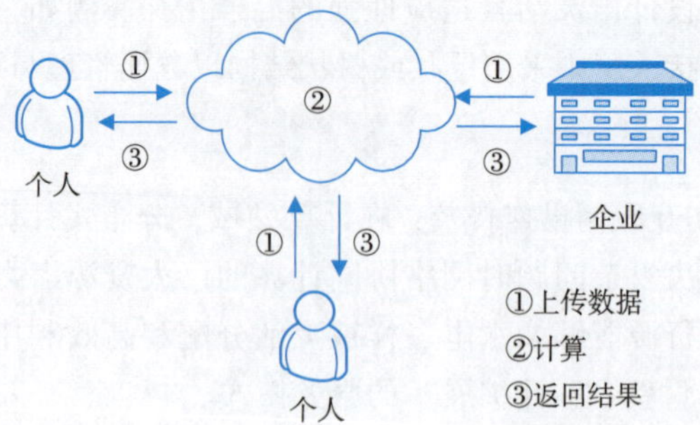

图 2-15　云计算的工作过程

（3）云计算的特征

① 资源共享：在云计算平台，通过虚拟化技术，物理资源被分割重组为多个独立的逻辑资源单位，不同用户可以同时访问和使用云中的计算资源，实现资源共享和协同工作，提高了资源利用率和工作效率。

② 弹性伸缩：云计算平台可以根据用户的需求来扩展或缩减计算资源。用户可以根据业务需求快速调整计算资源的数量，无须进行烦琐的硬件升级或更换，使得用户可以快速适应业务的变化和需求的增长，保持业务的高效运行。

③ 快速部署广泛接入：云计算平台为用户提供了快速部署和配置硬件，以及应用程序的功能，使得用户可以更加迅速地推出新的产品和服务，提高了业务的创新和竞争力。同时用户可以使用各种终端设备通过互联网随时随地访问和使用云服务，实现了全球覆盖，打破了地域限制，提高了业务的灵活性和可达性，方便用户在全球范围内进行业务扩展和合作。

④ 按量付费：云计算采用按量付费模式，用户根据实际使用情况支付费用，避免了传统计算环境中的高额投资和维护成本。并且用户可以根据实际需求灵活调整计算资源的使用量，避免了资源的浪费和不必要的成本。

2. 云计算的服务架构

云计算的服务架构是一种多层结构，旨在为用户提供不同层次的 IT 资源和服务。这种架构通常分为三层：基础设施即服务（IaaS）、平台即服务（PaaS）和软件即服务（SaaS），每层提供不同的功能和抽象级别。图 2-16 展示了三种服务的层次和服务举例。

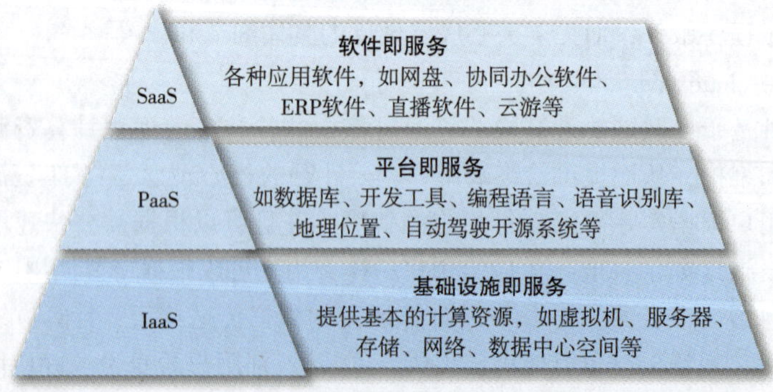

图 2-16　三种层次的服务及服务内容举例

SaaS 通常提供各种类型的应用软件；PaaS 则包括数据库和各种中间件等平台软件，它们为不同的应用软件提供统一的服务接口；IaaS 将网络和各种硬件资源，在虚拟化技术的支持

下弹性地提供给用户，使他们能够按需使用。

（1）基础设施即服务（infrastructure as a service，IaaS）

IaaS是最底层的云服务模式，它提供了计算资源、存储空间、网络带宽等基础设施级别的服务。用户可以通过云平台租用虚拟服务器、存储空间和其他硬件资源，自行安装操作系统、中间件和应用程序，进行开发、测试和部署。IaaS模式给予用户较高的灵活性和控制权，用户根据实际需求购买并管理这些资源，无须购买和维护物理硬件设施。但用户需要承担更多的运维和管理责任。

常见提供服务的公司有：阿里云、亚马逊云、华为云、微软云、中国电信的云等。典型产品如AWS EC2（Amazon elastic compute cloud）、Microsoft azure virtual machines和华为云弹性云服务器ECS等。

（2）平台即服务（platform as a service，PaaS）

PaaS在IaaS的基础上进一步抽象，为开发者提供了一个完整的开发和部署环境，包括操作系统、数据库、中间件和开发工具等。用户无须关心底层的基础设施，可以直接在平台上开发、测试、部署和管理应用程序。这使得开发者能够更加专注于应用的业务逻辑开发，缩短产品上市时间，提高开发效率，简化了软件开发和部署的流程。

其代表性服务有Heroku（一个支持多种编程语言的云平台，它使得开发者可以在没有服务器管理知识的情况下，快速部署、管理和扩展应用程序，适合小型到中型的应用项目）、Dokku、Microsoft azure的App Service和阿里云容器服务等。

（3）软件即服务（software as a service，SaaS）

SaaS层位于最高层，可为用户提供完整的、已经配置好的应用程序，用户通过浏览器或其他客户端界面访问。应用程序由云服务提供商进行管理和维护，用户只需注册账号、订阅服务并按照使用量付费即可。用户不需要关心软件的安装、更新、备份或安全性等问题，直接享用经过封装和优化的服务功能，如包括Microsoft Office 365、Salesforce CRM、Zoom会议服务和钉钉办公套件等提供的服务。

此外，在云服务架构中还有其他相关的服务和技术支持，例如安全防护服务、数据处理与分析服务、API网关服务、内容分发网络（CDN）等，共同构成一个完整的云服务体系，以满足企业和个人用户的多元化需求。

云计算服务的三层架构图如图2-17所示。

从服务的对象来看，SaaS面向的服务对象与普通单机应用程序的客户并无明显区别。PaaS提供的是平台服务，因此使用对象是开发人员，他们需要了解平台提供环境下应用的开发和部署；而IaaS提供的是最底层的IT基础设施服务，因此它面对的用户是IT管理人员，即先由IT管理人员来进行配置和管理，然后才能在上面进行应用程序的部署等工作。因此，从与终端用户连接的紧密程度来看，SaaS、PaaS和IaaS这三种服务模式分别处于不同层次。

云计算服务的三层架构指明了云服务三种模式间有一定的依赖关系，但不代表它们之间就一定有依赖关系。因为这三者任何一种都可以独立对外提供服务，而云计算服务提供商也可以直接从底层硬件平台开始构建自己要提供的服务。SaaS既可以独立存在，也可以在拥有PaaS和IaaS支持的情况下存在；PaaS同样既可以独立存在也可以在拥有IaaS支持的情况下存在。在提供SaaS服务时，一个服务提供商可以自己建造数据中心、搭建服务运行环境，也可以选择其他服务提供商的PaaS平台，然后开发应用服务提供SaaS。区别在于，后一种情况下，该服务提供商可以把精力集中于构建应用服务的业务逻辑上面。同样，最终用户、SaaS 提供商和 PaaS 提供商都可以直接选择 IaaS 服务，获得应用所需要的计算能力。

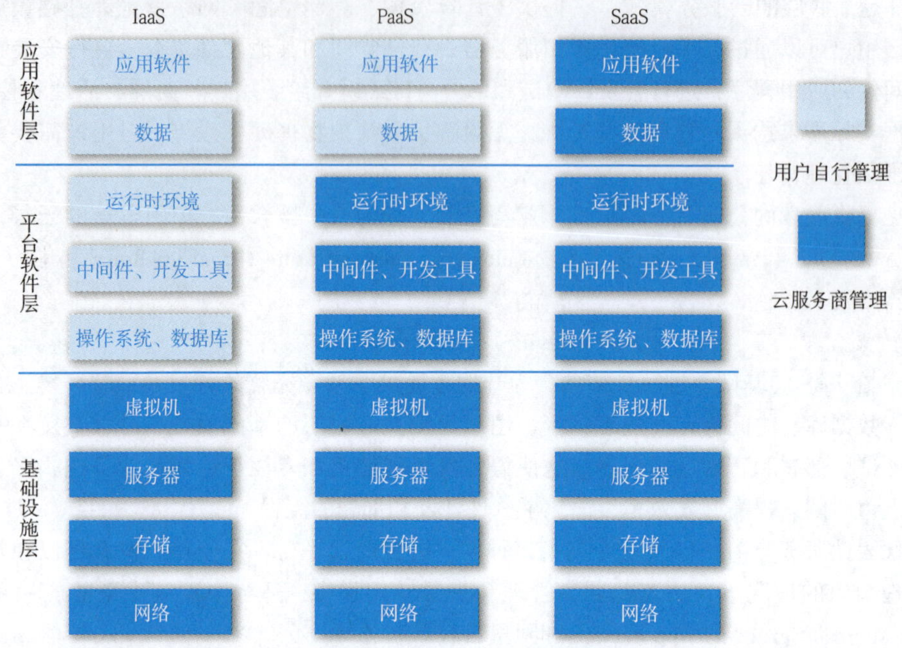

图 2-17　云计算服务的三层架构图

另外值得注意的是，虽然人们习惯上会根据服务商所提供的内容对服务进行划分，但这三种服务模式之间并没有绝对清晰的界限。一些实力比较雄厚的云计算服务提供商可能会提供一些兼具 IaaS 与 PaaS 特征的产品，还有一些厂商尝试提供一整套云计算服务，进一步模糊三种服务模式在层级上的差异。

3. 云和云计算案例

云计算已经广泛应用于各个领域和行业，为企业和个人提供了许多创新的解决方案和服务。下面介绍了一些云和云计算的案例。

（1）提供云和云计算的服务商案例

① 百度云。百度云是百度公司倾力打造的云计算品牌，提供从个人用户到企业级的一站式云计算服务。它融合了云计算、大数据分析、人工智能等先进技术，为用户提供安全、稳定、便捷和智能化的数据存储、计算和应用开发平台。其提供的主要服务如下：

计算服务。百度云的计算服务是其核心服务之一，为用户提供了丰富的计算资源。其中，云主机是百度云的基础组件之一，为用户提供了弹性的虚拟机实例。用户可以根据自身需求调整云主机的配置和规模，同时选择适当的存储和带宽。此外，云主机支持多种操作系统，如 Linux、Windows 等，并提供了弹性公网 IP 和安全组等功能，以满足用户的不同业务需求。

对于需要更高性能和资源隔离的用户，裸金属服务器是一个理想的选择。这种服务器提供了与物理服务器相似的性能和资源隔离，适用于大数据处理、高性能计算等场景。与云主机相比，裸金属服务器更为贴近裸机的资源管理，提供了更高的性能和灵活性。

此外，针对深度学习、人工智能等计算性能要求较高的场景，百度云还提供了 GPU 服务器。这种服务器配备了强大的 GPU 加速卡，提供了高性能的计算和图形处理能力，加速了计算过程。

存储服务。百度云的存储服务提供了稳定和高可用性的数据存储服务，确保了数据的安全性和可靠性。用户可以在百度云服务器中创建和管理数据存储和备份。百度云支持主流的存储服务，包括分布式文件系统、网络存储等。用户可以根据自身业务需求选择合适的存储方案，其中，百度网盘拥有广泛的用户群体。

网络服务。百度云提供了多角度的网络互联功能。用户可以基于百度云创建虚拟网络，实现程序服务器之间的互联和通信。此外，百度云还支持网络隔离、虚拟专用网络（VPN）直接连接等，用户可以根据需求灵活配置和管理网络连接，确保数据的安全和通信的稳定性。

安全服务。百度云为用户数据的安全提供了一系列安全措施。这些措施包括数据加密、访问控制、防火墙等，以保护用户数据免受恶意攻击和非法访问。同时，百度云还提供了高可用性和自动备份等功能，确保用户应用和数据的安全和完整性。

监控与管理服务。为了帮助用户更好地管理和监控其服务器和应用程序，百度云提供了详细的监控和管理功能。这些功能包括实时自动的性能监控、日志分析和故障诊断等，帮助用户及时排查和解决问题，提高系统的可用性和稳定性。

人工智能服务。结合百度在人工智能领域的深厚积累，百度云还提供了一系列人工智能服务，如语音识别、图像识别、自然语言处理等。其中"文心一言"是目前国内具有巨大影响力的大模型之一。这些服务可以帮助用户实现智能化的应用开发和数据分析。

② 华为云。华为云是华为技术有限公司推出的云计算服务品牌，华为云基于华为三十多年在信息与通信技术领域的深厚积累和强大的研发实力，构建了覆盖 IaaS（基础设施即服务）、PaaS（平台即服务）以及 SaaS（软件即服务）的全栈云解决方案。华为云的产品和服务主要有以下内容：

基础云服务。在计算服务上，提供弹性云服务器（ECS）、裸金属服务器（BMS）等服务，用户可以按需获取并配置虚拟机或物理服务器资源。存储服务上提供包括对象存储服务（OBS）、块存储服务（EVS）、文件存储服务（SFS）等，满足不同场景下的数据存储需求。网络服务方面提供负载均衡、虚拟私有云（VPC）、弹性公网 IP 等服务，确保网络连接的安全性和高效性。

平台级服务。提供了丰富的数据库服务，如华为云 GaussDB 系列数据库产品，支持关系型、分布式、时序等多种类型数据库服务。提供了涵盖消息队列、分布式缓存、微服务引擎等中间件服务，方便企业快速搭建高可用、高性能的应用架构。大数据与 AI 服务上包含数据库探索 DLI、机器学习服务 ModelArts、智能语音交互等，为企业智能化转型提供强大支持。

应用开发与部署。通过 Kubernetes 等技术实现容器器集群管理，方便开发者进行微服务化应用部署。通过函数计算服务，让用户无须关心服务器运维，只需编写核心业务代码即可完成应用部署和执行。另外 DevOps 工具链提供了一站式集成开发环境以及持续集成/持续交付（CI/CD）工具，提升软件开发生命周期效率。

行业解决方案。为众多行业提供解决方案，例如，为教育行业提供在线教学、智慧校园等解决方案，赋能教育信息化建设。为医疗健康行业提供云技术，推动远程诊疗、影像分析等应用场景落地。在政务及公共安全上协助政府机构实现数字化转型，提高政务服务质量和安全性。

个人与中小企业服务。提供华为云空间，面向个人用户提供照片、文档、联系人等数据备份和同步功能，同时针对企业推出企业网盘服务，便于团队协作和文件共享。云桌面服务提供灵活高效的云上办公环境，降低设备投入成本，支持移动办公和远程工作。

百度云与华为云都是国内领先的云计算服务品牌，它们在提供基础的 IaaS、PaaS 和 SaaS 服务方面有很多共同点，但各自也有独特的优势和服务特点。此处对两者从五个关键维度进行了对比，详见表 2-1。

表 2-1　云计算服务品牌对比表

服务类型	百度云	华为云
基础服务	提供包括云服务器、存储、网络、数据库、CDN 等在内的基础设施服务，并以其强大的搜索引擎技术和 AI 能力闻名	提供弹性计算、对象存储、虚拟私有云等，依托华为深厚的通信技术背景，在网络优化、数据中心建设等方面具有较强实力
人工智能与大数据	依托百度在人工智能领域的领先地位，提供自然语言处理、图像识别、智能客服等 AI 解决方案，大数据分析工具	基于昇腾系列芯片推出了 ModelArts 一站式 AI 开发平台，同时也提供大数据处理及分析服务，支持企业进行数据驱动的决策
行业解决方案	针对教育、医疗、媒体等行业定制化解决方案，特别是对于互联网内容分发、在线教育平台搭建以及智能营销等领域拥有丰富的实践经验	聚焦于智慧城市、智能制造、金融科技等多个领域，尤其在政务、交通、能源等传统行业的数字化转型上有深度布局，利用 5G、物联网等新技术推动产业创新
生态构建与合作伙伴关系	依托百度开放平台吸引了大量开发者和合作伙伴，构建广泛的生态系统，覆盖众多企业和个人用户	依托全球化的业务布局和技术优势，通过华为云 Marketplace 等方式汇聚了众多 ISV（独立软件开发商）和合作伙伴，打造了一个多元共生的云生态
客户服务与品牌影响力	百度旗下产品，国内互联网市场知名度较高，尤其是在个人用户市场中，百度网盘市场份额较大	凭借品牌的强大影响力和技术积累，在政企客户及海外市场拓展上有着突出表现，尤其在安全合规、稳定可靠方面得到了广泛认可

（2）应用云服务的企业案例

美图秀秀是由厦门美图科技有限公司研发、推出的一款免费图片处理软件。该软件拥有图片特效、人像美容、可爱饰品、文字模板、智能边框、魔术场景、自由拼图、摇头娃娃等功能，可以为用户在短时间内处理照片提供帮助，其使用比 Adobe Photoshop 简单很多，并且还支持一键分享。美图秀秀主要包括 PC 版、网页版、移动终端版，根据美图公司发布的财报数据，截至 2023 年 12 月 31 日，美图秀秀的月活跃用户数达到了 2.5 亿。

美图秀秀能够取得今天的成功，很大程度上得益于它与百度个人云存储服务的合作，这使得美图的亿级用户可以通过多平台，更方便地存储和输出图片。

百度针对个人用户的云存储服务在得到用户授权后，可以通过调用百度的 Open API 方式为用户提供文件和数据管理服务，完成用户文件和数据的存储、管理、备份、同步等功能。在百度服务器端提供高可靠的安全认证机制，以及数据冗余备份保护机制保障用户的数据安全。因此，开发者可以毫无顾虑地将应用推荐给用户使用，不必担心用户数据泄露或者丢失；开发者无须负担巨大的存储成本，就能获得高速、高可用、高稳定、高安全性的百度服务。在此基础上，开发者能够轻松快速地开发出有创意的应用，并间接为用户提供云存储服务。

在这个案例中，百度是个人云存储服务的提供者，美图秀秀的用户是服务的最终使用者。美图秀秀充当了中介角色，通过调用相关接口实现用户与百度云存储中心的数据传输，如图 2-18 所示。

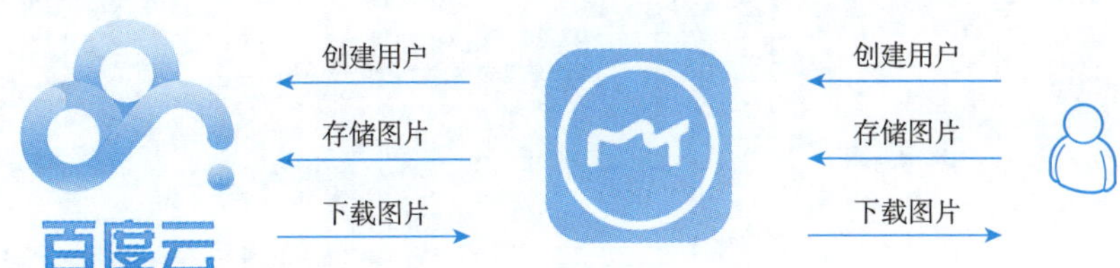

图 2-18 美图秀秀、百度云与用户的关系

其实，美图秀秀网页版实际上是该公司提供的一种 SaaS 服务，此项服务背后有两位服务提供者：一是网页服务器及网络带宽的提供者，二是图片存储服务的提供者百度。

云计算提供的强大计算和存储能力，为人工智能（AI）和大数据分析提供了支持。云平台可以承载和运行复杂的机器学习和深度学习算法，帮助企业分析和挖掘海量数据。

习题 2

1. 简述计算机硬件的五大部分组成及各组成部分的功能。
2. 结合你所使用的移动设备，谈谈系统软件和应用软件的主要区别。
3. 简述操作系统主要功能。谈谈你使用过的操作系统，并通过查找文献了解它们的各自的特点。
4. 简述计算机网络的基本组成及网络的分类。
5. 论述计算机网络对人们社会生活、工作、学习的影响。
6. 阐述你对云及云计算的认识。
7. 请列举三个云计算在个人领域的产品，阐述你可以怎样来使用它。

第3章 信息检索与搜索引擎

学习目标

随着信息技术的不断发展，信息已经成为我们生活中不可或缺的一部分。在信息时代，信息检索已经成为基本技能之一，每个大学生都应该“会”信息检索。通过本章的学习，读者应该：

◎ 了解信息检索在日常生活和学术研究中的关键作用，培养信息意识。

◎ 熟悉信息检索的各个环节，如确定检索需求、选择检索工具、构造检索式等。

◎ 熟练地运用百度等搜索引擎以及知网等专业数据库进行信息检索。

本章导引

在当今信息爆炸的社会环境下，学习和掌握信息检索技能具有重要意义。它不仅能提高知识获取和更新的效率，支持决策的科学性，还能增强个人和组织的竞争力，适应快速变化的数字化时代。此外，信息检索是终身学习和信息素养的核心，能够帮助我们从海量信息中筛选出有价值的内容，推动创新与研究，实现个人和职业的全面发展。

信息检索是根据用户的特定需求，运用某种工具，按照一定的过程，选择合适的方法和技术，从各种各样的信息资源中查出所需的信息，以形成用户所需信息资源的过程。信息检索的实质是，将描述特定用户所需要信息的提问特征与信息存储的检索标识进行比较，从中找出与提问特征一致或基本一致的信息的处理过程。

信息检索包括分析研究用户信息需求、选择检索系统和工具、确定检索方法和途径、实施检索策略、评价检索结果和其他后续工作六个步骤。

按检索内容，信息检索可以分为数据信息检索、事实信息检索和文献信息检索。数据信息检索是将经过选择、整理、鉴定的数值数据存入数据库中，根据需要查出可回答某一问题的数据的检索。事实信息检索是将存储于数据库中的关于某一事件发生的时间、地点、经过等情况查找出来的检索。它既包含数值数据的检索、运算、推导，也包括事实、概念等的检索、比较、逻辑判断。文献信息检索是将存储于数据库中的关于某一主题文献的线索查找出来的检索。

按照处理信息资源的手段，信息检索工具可分为传统检索工具（或手工检索工具）和面向计算机与网络的检索工具。传统检索工具主要是各种类型的工具书。面向计算机与网络的检索工具主要包括联机检索工具、光盘检索工具和因特网检索工具等三种工具。目前，英特网检索工具，特别是基于 Web 的检索工具使用最为广泛。这类检索工具可以分为以下类型：一类是主要检索互联网上发布信息的检索工具，包括搜索引擎与网络资源指南、元搜索引擎和检索代理等；另一类是依托互联网，主要查找自身数据资源（如数据库资源、文件资源等）的检索工具，包括书目检索系统、全文检索系统、多媒体检索系统和其他专题检索系统等。此外，随着以 ChatGPT 为代表的生成式人工智能技术的崛起，生成式人工智能技术正在和信息检索技术相融合，形成新的基于人工智能技术的信息检索工具。

3.1　信息检索

当今社会，信息与空气、水一样重要，及时获取必要、准确的信息是个人、社会存在与发展所必需的。要适应信息社会，就必须充分开发、利用各种信息资源，熟悉信息检索的技术与方法。信息检索是关于获得所需信息的知识，它不仅是一种技能，而且已经发展成为一门学科。信息检索与利用能力的培养已经成为创新能力培养的重要部分。

3.1.1　信息检索概述

信息检索是根据用户的特定需求，运用某种工具，按照一定的过程，选择合适的方法和技术，从各种各样的信息资源中查出所需的信息，以形成用户所需信息资源的过程。信息检索是一个使潜在信息资源显性化的过程。

信息检索的实质是，将描述特定用户所需要信息的提问特征与信息存储的检索标识进行比较，从中找出与提问特征一致或基本一致的信息的处理过程。信息检索包含存储与检索两个部分。所谓存储，是对有关信息进行选择，并对信息特征进行著录、标引和组织，建立信息数据库；所谓检索，则是根据提问制定策略和表达式，利用信息数据库找出用户所需要的信息。

按检索内容，信息检索可以分为数据信息检索、事实信息检索和文献信息检索。数据信息检索是将经过选择、整理、鉴定的数值数据存入数据库中，根据需要查出可回答某一问题的数据的检索。数据检索不仅能查出数据，而且能提供一定的运算、推导能力。例如，它可以回答“911 事件前美国纽约世贸大厦有多高？”“2023 年中国经济增长率是多少？”之类的提问。事实信息检索是将存储于数据库中的关于某一事件发生的时间、地点、经过等情况查找出来的检索。它既包含数值数据的检索、运算、推导，也包括事实、概念等的检索、比较、逻辑判断。例如，数据库中存储的信息有如下事实：张三是 A 校的学生；A 校的学生都学“计算机应用基础”课程。那么，该检索系统能够回答用户提出的“张三学‘计算机应用基础’课程吗”这种问题。事实信息检索比数据信息检索复杂。文献信息检索是将存储于数据库中的关于某一主题文献的线索查找出来的检索。它通常通过目录、索引、文摘等二次文献，以原始文献的出处为检索目的，可以向用户提供有关原文献的信息。例如，它可以回答“近年来国内外有关大语言模型的专著有哪些”的问题。

3.1.2　信息检索过程

信息检索的过程就是根据用户对信息的需求，利用检索工具查找有关信息资料的具体过程。实际上它是信息检索策略的具体化，包括分析研究用户信息需求、选择检索系统和工具、确定检索方法和途径、实施检索策略、评价检索结果和其他后续工作等六个步骤。

1. 分析研究用户信息需求

在进行信息检索之前要分析用户的信息需求，明确检索目标。需求分析是整个信息检索的出发点，也是整个信息检索工作效率高低和成败的关键。信息检索的需求分析主要包括以下四个方面的内容：确定信息检索服务的对象；确定信息检索的内容；确定信息资源采集的范围和数量；确定其他要求，包括所需信息资源的类型（包括对信息资源的语种要求、时间要求、著者要求等）和查全率的要求等。

2. 选择检索系统和工具

根据用户信息需求分析的结果，选择合适的信息检索系统和工具。信息检索工具很多，不可能也没有必要使用所有的检索工具，只需要选择那些与用户信息需求相关的、符合各方面要求（如时间、质量）的检索工具。

3. 确定检索方法和途径

检索方法和途径的确定是检索过程中重要的环节之一。完成任何一项任务，方法都是十分重要的，信息检索也是如此。方法正确，会收到事半功倍的效果。根据信息检索需求和选择的检索系统与工具的不同，可以采用不同的检索方法和途径。检索方法和途径有很多，在实际应用中可以选择其中的一种或者多种。

4. 实施检索策略

在分析用户信息需求、选择检索系统和工具、确定检索方法和途径之后，就可以实施检索了。在实施的过程中，最重要的就是要确定检索策略，构造检索查询请求。检索策略就是具体的执行方案。根据选择的系统不同，可以选择适当的检索策略，例如，对于信息检索中的计算机检索，检索策略具体表现为检索表达式。

5. 评价检索结果

当检索完成后，要进行检索结果的评价。对于检索得到的结果要仔细阅读，判断所检索出的信息是否符合检索的要求。如果检索的结果符合要求，则进入最后一个阶段；如果不符合要求，则要重新选择检索策略，必要时要重新选择检索方法和途径，甚至要重新选择检索系统和工具。这一过程不断进行，直到得到满意的检索结果为止。

6. 进行其他后续工作

当得到满意的检索结果之后，还有必要进行一些后续工作，例如，数据的整理、原始文献的获取、检索报告的编写等。这一步骤对于非原始信息资源的检索来说是非常重要的。只有通过这些后续工作，才可以基于检索到的二次或者高次信息资源进一步获得原始的信息资源。

3.2 信息检索工具

3.2.1 信息检索工具概览

为了从海量信息中及时获得特定需要的信息，解决庞大的信息量和人们特定信息需要之间的矛盾，检索工具应运而生。信息检索工具是随着信息检索技术的不断发展而发展的。按照处理信息资源的手段，可分为传统检索工具（或手工检索工具）和面向计算机与网络的检索工具。

传统检索工具主要是各种类型的工具书。工具书是根据一定的需要、比较完备地汇集了某一方面的资料，并按特定的方法加以编排，专供读者检索查考有关知识、资料或事实的书籍。

面向计算机与网络的检索工具主要包括联机检索工具、光盘检索工具和因特网检索工具等三种工具。

1. 联机检索工具

所谓联机检索，就是指用户使用终端设备，按规定的指令输入检索词或检索参量，通过通信线路或通信网络查找近在眼前或远隔重洋的计算机数据库系统中的信息。它可有两种检索方式：一种是用户远离检索中心，用户的终端通过远程通信线路与检索中心连接，向中心提问并取得检索结果。中国国内用户采用此种方法查找国外机构数据库系统中的信息被称为国际联机检索。另一种是在检索中心所在地，通过终端当场检索（不需要远程通信）。

国际联机检索始于20世纪70年代，30多年来它在世界上有了蓬勃的发展，其中较著名的有美国的DIALOG和ORBIT，德国的国际科技信息网络STN及欧洲的SA等检索系统。1983年，中国科学技术情报研究所（现中国科学技术信息研究所）设立了国际联机检索终端，建立了国际联机情报检索服务部，与世界上四大检索系统联机。目前，中国联机系统已初具规模，其中较大的系统有中国科学技术信息研究所联机检索系统、国家科技图书文献中心联机检索系统、北京市文献信息服务中心信息检索系统、中国化工信息中心联机检索系统等。

2. 光盘检索工具

利用联机检索系统检索到的信息具有较高的使用价值，但是，联机检索费用较高，一般用户难以负担。于是，人们开始努力寻求一种低廉的存储和检索信息的方式，光盘检索技术应运而生。光盘检索即采用计算机作为手段、以光盘作为信息存储载体和检索对象进行的信息检索。光盘检索摆脱了联机检索时主机的约束，不受通信条件的限制，检索途径完善，检索功能强大，能提供题名、著者、主题词、关键词、号码、年代、出处等多种检索途径。另外，光盘检索还有检索速度快，检索成本低，用户界面友好，易学易用，数据转录灵活方便等优点。当然，光盘检索也有一些不尽如人意之处，数据更新周期较长，检索软件不统一造成用户使用上的不便，光盘数据库价格昂贵，如果使用率不高，检索成本或许比联机检索还高。常用的光盘检索工具有《中国学术期刊（光盘版）》全文数据库、《人大复印报刊资料全文数据库》（光盘版）等。

3. 互联网检索工具

互联网构成了人类历史上最大的信息资源和网络系统，为全球范围内快速信息传输提供了有效手段。互联网上的信息资源极其丰富，在数以亿计的信息资源里，寻找对自己有用的信息不是一件简单的事情。因此，需要对互联网上信息资源的分布状况和检索工具有较深入的认识。

传统的互联网信息检索服务工具主要包括远程登录（Telnet）、文件传输服务（FTP）、电子邮件（E-mail）、新闻组（Newsgroup）、电子公告牌（BBS）、Archie、广域消息服务（WAIS）和Gopher等。FTP、Telnet、Archie等检索工具功能单一，操作复杂，使不熟悉计算机的用户查询信息时感到困难重重。基于菜单驱动的Gopher和基于关键词检索的WAIS，在一定程度上提高了互联网检索的友好性和易用性，但仍属于文本的信息检索，提供信息范围非常有限。

在这种情况下，基于 Web 的检索工具应运而生。这类检索工具可以分为以下类型：一类是主要检索互联网上发布信息的检索工具，包括搜索引擎与网络资源指南、元搜索引擎和检索代理等；另一类是依托互联网，主要查找自身数据资源（如数据库资源、文件资源等）的检索工具，包括书目检索系统、全文检索系统、多媒体检索系统和其他专题检索系统等。此外，随着以 ChatGPT 为代表的生成式人工智能技术的崛起，生成式人工智能技术正在和信息检索技术相融合，形成新的基于人工智能技术的信息检索工具。

3. 2. 2　搜索引擎

搜索引擎是互联网上最常见的信息检索工具。互联网上有众多功能强大的搜索引擎，用户使用时需要根据自己的信息检索需求进行合理地选择。选择搜索引擎，一般需要考虑以下几个因素：

① 收录范围。综合性搜索引擎通常以全球的互联网资源为目标，而一些中、小型搜索引擎则致力于某一区域或某一领域的专业资料信息。综合性搜索引擎的范围虽然广泛，但就某一区域或某一领域而言，不一定像某些中、小型搜索引擎那么丰富和完备。搜索引擎包含资源最多的是 WWW 资源，有的搜索引擎除收集 WWW 资源外，还收集 BBS、FTP 等资源。

② 搜索引擎使用数据库的容量。不同的搜索引擎，其数据库的容量相差很大，有的已达几亿个网页，而有的还不到百万个网页。

③ 用户界面。在保证功能齐全的基础上，应尽力保持用户界面的友好，避免过多的广告。

④ 响应速度。通常情况下，响应速度不是由搜索引擎运行速度决定的，而是由网络传输的速度决定的。

⑤ 更新周期。互联网始终处于不断变化发展之中，一个好的搜索引擎，除了内容丰富、查找迅速外，还应该对数据库已有内容进行审核、更新，及时删除坏链接。

⑥ 准确性与全面性。通常用户总是希望搜索引擎反馈的内容是准确和全面的，但实际上，准确性与全面性是搜索引擎的一对矛盾，目前对此还不能过于苛求。

下面介绍几种常用搜索引擎的使用方法。

1. 通用搜索引擎

(1) 百度

百度创建于 2000 年，是目前全球最大的中文搜索引擎。百度提供网页搜索、新闻搜索、音乐搜索、图片搜索、视频搜索等服务。百度提供了初级检索和高级检索功能。

① 初级检索。百度提供的初级检索方法是在搜索框内输入需要查询内容的关键词，然后单击“百度一下”按钮。

② 高级检索。除了可以直接在搜索框中输入查询词搜索外，百度支持以下高级检索：

- “与”运算。增加搜索范围，运算符为“空格”或“+”。
- “非”运算。排除无关资料，运算符为“-”，减号前后必须留一个空格，语法是“A - B”。
- “或”运算。并行搜索，运算符为“|”，使用“A | B”来搜索“或者包含关键词 A，或者包括关键词 B，或者包含关键词 A、B”的网页。
- 精确搜索。使用双引号或书名号进行，引号必须是英文双引号。在百度中，加上书名

号的查询词有两层特殊功能：一是书名号会出现在搜索结果中；二是书名号中的内容不会被拆分。

- 指定文件类型。要搜索指定类型的文档，如 PDF 文档或 Word 文档，可以在普通的查询词后面，加一个"filetype:"文档类型限定。"filetype:"后可以跟以下文件格式——DOC、XLS、PPT、PDF、RTF、ALL，其中，ALL 表示搜索所有这些文件类型。

（2）必应搜索

必应是一款由微软公司推出的网络搜索引擎。必应有很多语言的版本，包括中文版本。

必应搜索的技巧与百度类似，此处不再赘述。必应搜索也有自己的特色，例如每日首页美图，即每天有一张来自世界各地的高质量图片被设置为首页背景，使用户在访问必应搜索的同时获得愉悦体验。

（3）搜狗搜索

搜狗搜索原为搜狗公司产品，后被腾讯公司收购。与百度类似，它也有新闻搜索、网页搜索、图片搜索、视频搜索等功能，这里不再介绍。搜狗独特的功能在于，它支持微信公众号和微信文章搜索。

（4）360 搜索

360 搜索是奇虎 360 推出的一款网络搜索引擎。它提供了传统的网页搜索服务，并且以其安全性作为主要特点，旨在为用户提供一个更安全、更干净的搜索体验。360 搜索利用公司的网络安全技术，对搜索结果进行筛选，以减少恶意网站和钓鱼网站的风险。

（5）其他搜索引擎

神马搜索是由阿里巴巴集团和 UC 优视共同发布的移动搜索引擎。神马搜索专注于移动互联网的搜索需求，为用户提供网页、图片、视频等搜索服务。它依托于 UC 浏览器和阿里系的资源，能够提供较为精准的搜索结果，尤其是在移动端表现较为突出。除了基础的搜索服务，神马搜索还可能提供新闻、小说、购物等垂直领域的搜索。

夸克搜索是阿里旗下优视科技（中国）有限公司开发的一款高速智能浏览器，支持安卓和 IOS 设备，目前暂无 PC 版。其前身为由阿里巴巴收购的 UC 团队推出的极简浏览器，经过不断地优化和升级，现已成为市场上备受欢迎的搜索工具之一。

头条搜索是由字节跳动公司推出的搜索引擎，头条搜索利用其强大的算法推荐技术，为用户提供个性化的搜索结果。

2. 垂直搜索引擎

垂直搜索引擎，即专业或专用搜索引擎，就是专为查询某一学科或主题的信息而产生的查询工具，专门收录某一方面、某一行业或某一主题的信息，对解决某些实际查询问题要比通用搜索引擎更有效。

垂直搜索引擎是相对通用搜索引擎的信息量大、查询不准确、深度不够等问题提出来的新的搜索引擎服务模式，通过针对某一特定领域、某一特定人群或某一特定需求提供的有一定价值的信息和相关服务。其特点就是"专、精、深"，且具有行业色彩，相比较通用搜索引擎的海量信息无序化，垂直搜索引擎则显得更加专注、具体和深入。

鉴于垂直搜索引擎的价值，通用搜索引擎纷纷涉足其中。例如百度有音乐搜索、图片搜索、视频搜索、专利搜索、房产搜索等垂直搜索引擎。除了这些知名互联网公司旗下的垂直搜索引擎外，还有一些独立发展的垂直搜索引擎。

(1) 学术搜索

百度学术搜索是百度旗下的提供海量中英文文献检索的学术资源搜索平台，2014 年 6 月初上线。涵盖了各类学术期刊、会议论文，旨在为国内外学者提供最好的科研体验。百度学术搜索可检索到收费和免费的学术论文，并通过时间筛选和标题、关键字、摘要、作者、出版物、文献类型、被引用次数等细化指标提高检索的精准性。

例如，要想查询“智能金融”有关的学术文献，可以在百度学术搜索上搜索“智能金融”，其搜索结果页面如图 3-1 所示。

图 3-1 百度学术搜索界面

可以看出，学术搜索的结果完全不同于普通的网页搜索。对于每个搜索结果，显示了其作者姓名、来源（如会议或者期刊名称）、发表时间、被引量，以及文献摘要；还可以按照时间、领域、来源数据库、关键词、类型、作者、期刊和机构进行筛选。对于相关主题词，还列出了百度百科相应词条的解释。可以下载文献的引用信息，以及文献本身。

(2) 图片搜索

图片搜索主要分为两种方式：基于文本的搜索和基于图片的搜索。

基于文本的搜索：这种方式是通过输入与所需图片相关的关键词或短语来进行搜索的。用户在搜索引擎的搜索框中输入描述性的词汇，比如“沙滩日落”、“科技会议”或“古典音乐家”，搜索引擎会根据这些关键词从其数据库中检索并展示相关的图片。这种方法适用于当用户能够准确描述他们想要找的图片内容时。例如，在百度图片搜索或者 Bing Images 或中，用户只需在搜索框输入相关词汇，即可浏览到成千上万的相关图片结果。

基于图片的搜索（以图搜图）：这种方式允许用户通过上传一张图片或提供一个图片的 URL 来搜索视觉上相似或匹配的图片。搜索引擎会对上传的图片进行分析，然后寻找网络上与该图片内容、风格或主题相似的图片。这种搜索特别适用于用户已经有了一张图片，但想要找到更多相同或相似图片的情况。这类搜索引擎包括：

① 百度识图：百度提供的图像搜索服务，用户可以通过上传图片或输入图片网址来搜索相似图片。

② 必应视觉搜索：允许用户通过上传图片或输入图片网址进行搜索，帮助用户找到相似的图像、网站、尺寸和元数据。

③ 360 图片搜索：用户可以直接输入关键词搜索，也可以上传图片查找相似图片。

例如，百度识图中，上传图片或者输入图片网址后，查找结果如图 3-2 所示。

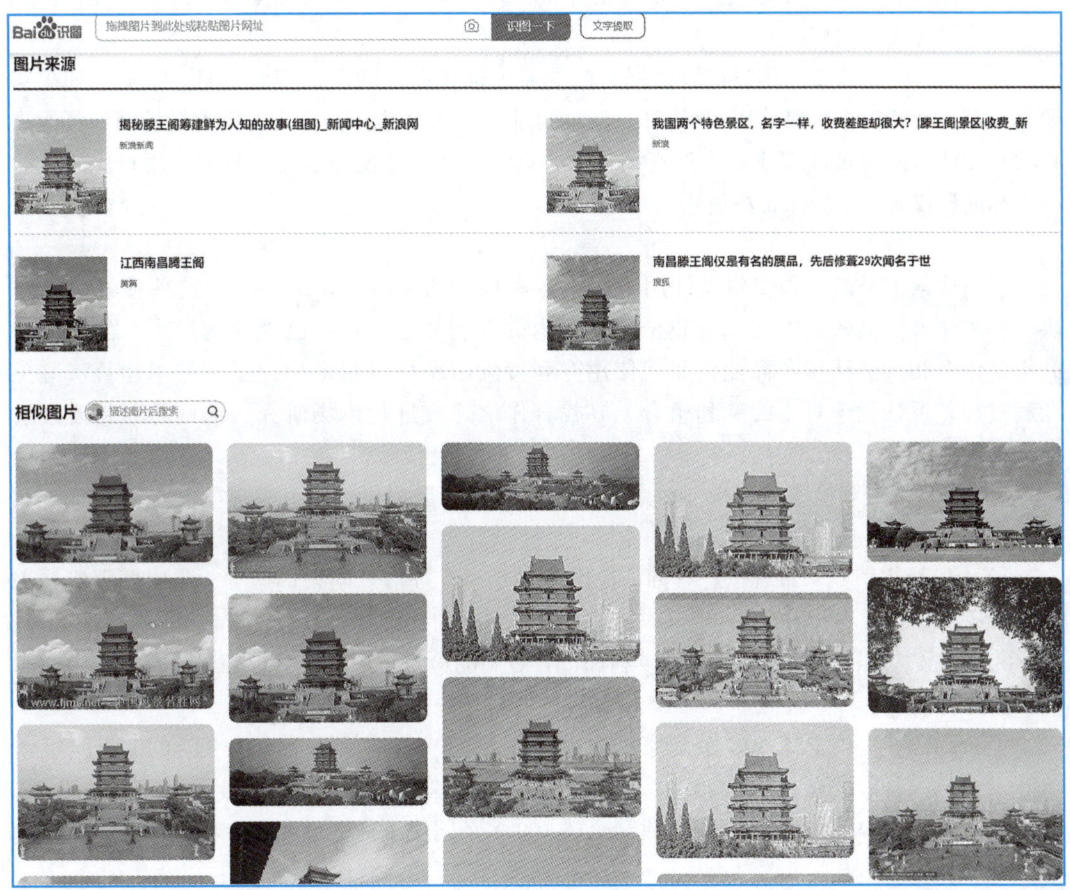

图 3-2　百度识图搜索结果

(3) 图标搜索

图标搜索允许用户搜索一些图标类素材。以下是一些好用的图标搜索工具，它们提供了丰富的图标资源，支持用户根据关键词搜索，并且很多图标都是免费开源的：

① Iconhunt：一个免费开源的图标搜索引擎，提供了超过 15 万个高质量的开源图标。用户可以输入英文关键词搜索图标，并且可以自定义颜色，下载为 .svg 格式。此外，还支持在 Notion、Figma 等应用中直接使用图标。

② iconfont：由阿里巴巴提供，这是一个矢量图标管理、交流平台，允许用户自定义下载多种格式的图标，支持 AI/SVG/PNG/代码格式下载，并且可以按路径在线编辑图标颜色。

③ Iconbuddy：一个图标管理器，允许用户浏览、搜索、收藏和下载超过 10 万个开源图标。它提供了多种导出格式，如 SVG、PNG、Webp、Vue 组件、React 组件等，适合网页设计和应用开发。

④ Yesicon：提供了 169 个图标库，21 万个精品矢量图标，支持多种语言跨图标库搜索。用户可以快速自定义图标颜色、尺寸及代码风格，适合开发者和设计师使用。

⑤ FindIcons：拥有世界上最大的免费图标数据库之一，提供筛选器和推荐功能，帮助用户快速找到所需的免费图标。

⑥ Iconfinder：提供了超过 840 万的免费和高级矢量图标、插画等资源，由独立设计师创建，适合设计项目使用。

这些工具各有特点，用户可以根据自己的需求选择合适的图标搜索工具。例如，如果需要在特定设计软件中直接使用图标，Iconhunt 可能是一个好选择；若是需要大量的图标资源进行项目设计，Iconfinder 提供的丰富资源可能会更加合适。在使用这些资源时，用户应注意检查图标的授权协议，确保合法使用。

(4) 专利搜索

专利搜索引擎是一种专门设计用来检索专利信息的在线工具或平台。这些搜索引擎提供了一种快速、高效的方式来查找全球范围内的专利文献，包括已授权的专利、公开的专利申请以及相关的法律和商业信息。使用专利搜索引擎可以帮助用户了解技术趋势、避免专利侵权、评估竞争对手的专利组合、寻找合作伙伴或进行市场研究。常见的专利搜索引擎有：

① 国知局-专利检索与分析：由中国国家知识产权局提供的专利检索平台，支持常规和高级检索。

② 中国及多国专利审查信息查询：提供多国专利审查信息的查询服务，由中国国家知识产权局运营。

③ SooPAT 专利搜索：提供中国专利和世界专利的检索、下载、分析等服务，支持中文和英文查询。

④ incoPat：提供全球 120 个国家的专利数据检索，拥有官方可靠数据和 AI 智能检索功能。

⑤ 大为 Innojoy 专利搜索引擎：收录全球 100 多个国家 1 亿多件商业专利数据，提供技术情报和研发决策支持。

⑥ 万方数据知识服务平台：涵盖 1.5 亿条国内外专利数据，中国专利收录始于 1985 年。

⑦ 欧洲专利数据库：提供欧洲地区的专利检索服务，可通过 Espacenet 访问。

⑧ 美国 USPTO：美国专利商标局提供的专利检索服务，可以检索美国的专利信息。

⑨ 世界知识产权组织（WIPO）：提供全球专利的检索服务，可通过 Patentscope 访问。

⑩ 专利汇：提供专利查询、检索、分析服务，支持中英文检索全球专利。

(5) 企业信息搜索

企业信息搜索引擎是专门设计用来检索企业相关信息的在线工具或服务平台。这些搜索引擎能够提供关于企业的详细数据和分析，包括但不限于企业的基本信息、财务状况、信用记录、法律诉讼、知识产权、市场表现、新闻报道、招聘信息以及客户和供应商关系等。企业信息搜索引擎对于投资者、信贷机构、市场研究人员、竞争情报分析师、法律专业人士、求职者等来说都是非常有用的资源，可以帮助用户做出更为明智的商业决策、评估潜在的商业伙伴、监控竞争对手的动态、进行风险管理等。

① 天眼查：提供中国企业的工商信息、法律诉讼、知识产权、财务信息等查询服务。

② 企查查：一个企业信息查询平台，提供企业信息查询、企业信用评估等服务。

③ 启信宝：提供企业信息查询，包括企业背景、经营状况、风险信息等。

④ Dun & Bradstreet：提供全球企业信息，包括企业信用评估、市场研究等商业信息服务。

⑤ Crunchbase：主要针对科技创业公司，提供企业信息、投资情况、产品信息等。

⑥ OpenCorporates：提供全球超过1.8亿家公司的开放数据库，包括企业注册信息、历史变更等。

⑦ Bloomberg：通过Bloomberg Terminal提供企业信息和市场数据，是一个付费服务。

⑧ EDGAR：美国证券交易委员会（SEC）的电子数据收集、分析和检索系统。

⑨ Glassdoor：提供企业评价、薪资透明度、员工评价等职场信息。

⑩ Hoovers：提供企业信息、市场研究、竞争对手分析等，是Dun & Bradstreet的一个产品。

(6) 出行信息搜索

出行信息搜索引擎是一种专门设计用来帮助用户查找和比较有关旅行各方面信息的在线工具。这些搜索引擎能够提供包括但不限于以下类型的出行相关信息：航班信息（包括航班时间表、价格、航空公司信息、航班状态跟踪等），酒店预订（提供不同地区酒店的搜索、价格比较、用户评价、设施信息等），火车票（搜索和比较不同路线的火车票信息，包括时间表、座位等级、价格等），旅游攻略（包括目的地介绍、旅游攻略、用户评价和推荐等），天气预报（提供出行目的地的天气预报，帮助用户规划行程），地图和导航（提供地理位置信息、路线规划和导航服务）。其他信息还包括汽车租赁信息、公共交通信息、签证信息等。

出行信息搜索引擎的目的是为用户提供一站式的旅行规划体验，帮助他们节省时间、金钱，并提高旅行的便利性和舒适度。一些知名的中文出行信息搜索引擎包括：携程、去哪儿、飞猪、同程旅游、艺龙网、途牛旅游网、马蜂窝、穷游网；国际上的一些知名出行信息搜索引擎包括：Booking.com、Expedia等。

(7) 微信搜索

搜狗微信搜索是唯一能对微信进行搜索的搜索引擎，它支持搜索微信公众号和微信文章，可以通过关键词搜索相关的微信公众号，或者是微信公众号推送的文章。

3. 站内搜索引擎

在中国互联网上，很多网站为了维护自身的利益，拒绝外部搜索引擎的收录，而是提供了自己的站内搜索引擎提供搜索服务。部分影响较大的站内搜索引擎见表3-1。

表 3-1 一些站内搜索引擎

搜索引擎	说 明
微博搜索	可以搜索新浪微博上的微博、用户和图片等
知乎搜索	可以对知乎中的海量问答内容进行搜索
淘宝搜索	中国最大的 C2C 在线零售平台，用户可以搜索和比较各种商品
京东搜索	中国领先的 B2C 电子商务公司，提供电子产品、家电、服装等多种商品的搜索服务
小红书搜索	小红书是一个集社区和电商为一体的平台，用户可以在小红书上搜索到多种类型的信息，如购物体验、旅行攻略、美食推荐、生活方式、美妆教程、时尚搭配等
抖音搜索	抖音提供了多种搜索服务，帮助用户找到他们感兴趣的视频、用户、音乐、标签等

4. 其他搜索引擎

（1）Wolfram Alpha

按照 Wolfram Alpha 创始人的说法，Wolfram Alpha 是一个计算知识引擎，而不是像百度那样的搜索引擎。它可以直接向用户返回答案，而不是像传统搜索引擎一样提供一系列可能含有用户所需答案的相关网页；它也可以根据数学公式进行计算，还可以画出函数图……下面看几个 Wolfram Alpha 的实例。

① 数学计算。在搜索框中输入“derivative of x^4+9x^3+7x−2”，可以对式子 x^4+9x^3+7x-2 求导。其显示如图 3-3 所示。

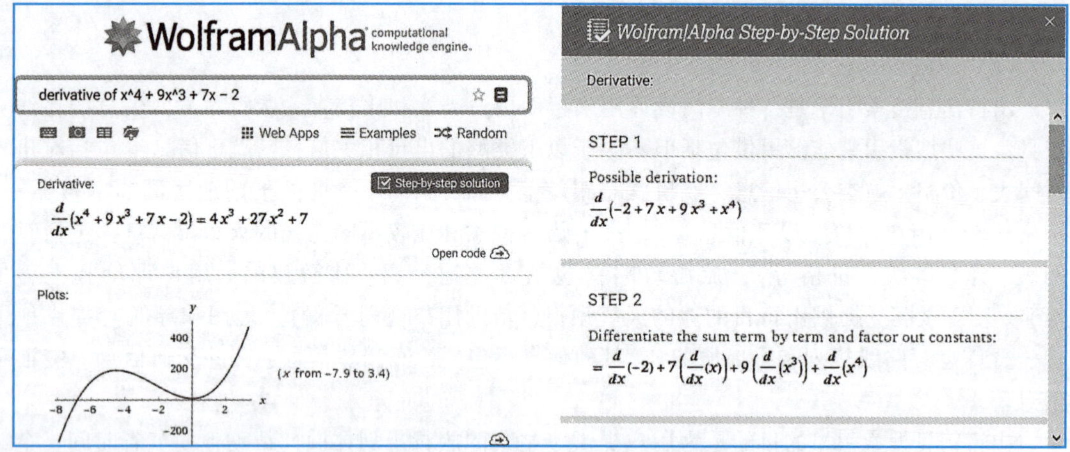

图 3-3 Wolfram Alpha 求导的例子

可以看到，它不仅给出了该数学式子的导数形式，还在下面画出了函数的部分曲线。单击“Step-by-step solution”，可以看到该导数是如何推导出来的。

除了求导数之外，它还可以求极限、解方程、进行矩阵运算、求积分等各种各样的数学运算。

② 画图。还可以画出各种统计图。例如，输入“{25，35，10，17，29，14，21，31}”，它会显示各种图形，如图 3-4 所示。

③ 回答问题。在输入框中输入“When was Albert Einstein born?”，它会直接给出答案，如图 3-5 所示。

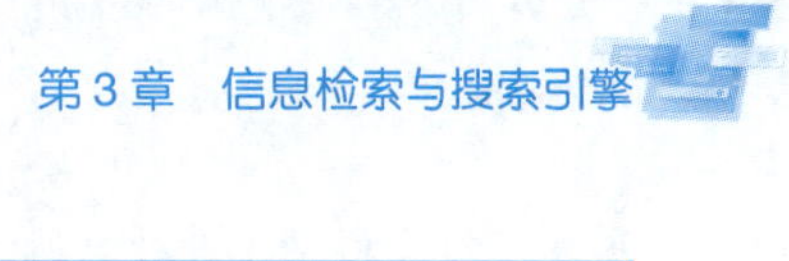

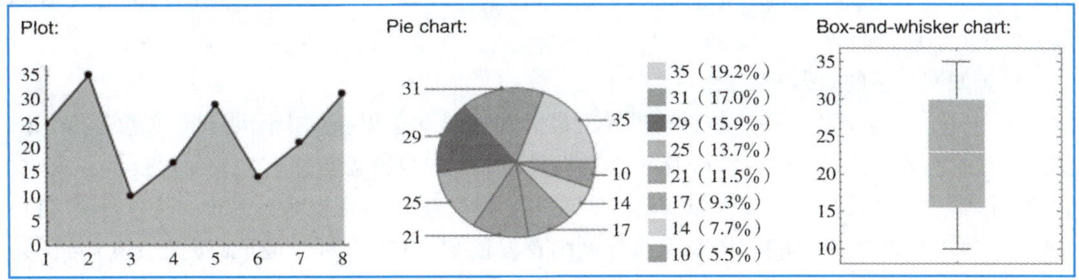

图 3-4　Wolfram Alpha 画图的例子

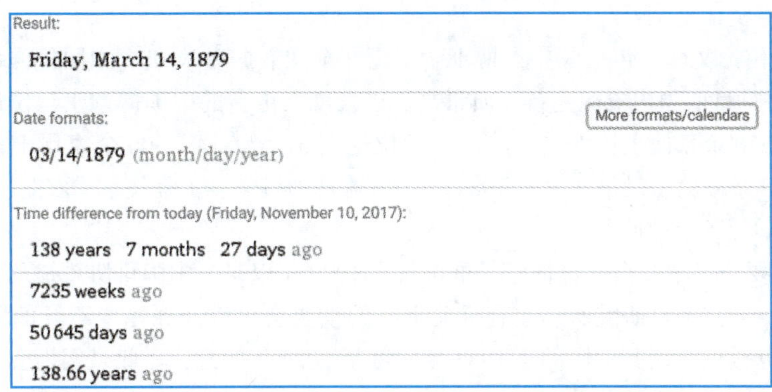

图 3-5　Wolfram Alpha 回答问题的例子

事实上，Wolfram Alpha 可以完成数学、统计学、物理、化学、材料学、工程学、生命科学、计算机科学、测量学、经济学、社会学、语言学、天文学、地理、文学、历史、文化、体育、音乐、天气等各个领域的查询、计算和分析。

（2）元搜索引擎

Dogpile 是一个元搜索引擎，它将用户的查询请求同时向雅虎、Yandex、Microsoft Bing 等多个搜索引擎递交，按照自定义的关联运算法则对得到的结果进行重复排除、重新排序等智能处理后，以优化过的检索结果返回给用户。Dogpile 为用户提供了较为全面的检索功能，其检索结果更易于浏览，自动分类的技术增强了对检索结果的组织功能，还可以自动修正普通的拼写错误，更加方便了用户对 Dogpile 的利用。

3.2.3　数据库资源

这一节介绍一些有用的数据库资源。从界面上看，搜索引擎和数据库资源很相似，都是提供了一个搜索界面，并返回一个搜索列表。但是它们在原理上还是有区别的。搜索引擎中采集的是其他网站的数据，例如百度上搜索到的网页都是外部网页，并非百度自己的网页；而在数据库中的资源都是自有资源，因此很多数据库资源更为专业。不过，现在并没有严格地区分它们。

1. 中国知网

国家知识基础设施（national knowledge infrastructure，CNKI）是以实现全社会知识资源传播共享与增值利用为目标的信息化建设项目，其主要访问平台是中国知网。中国知网的产品分为十大专辑：基础科学、工程科技 I、工程科技 II、农业科技、医药卫生科技、哲学与人文科学、社会科学Ⅰ、社会科学Ⅱ、信息科技、经济与管理科学。十大专辑下分为168个专题和近3 600个子栏目。

中国知网包括的数据库主要有：

① 中国学术期刊库。该库是目前世界上最大的连续动态更新的中国期刊全文数据库，以学术、技术、政策指导、高等科普及教育类期刊为主，内容覆盖自然科学、工程技术、农业、哲学、医学、人文社会科学等各个领域。实现中、外文期刊整合检索。其中，中文学术期刊8 460余种，含北大核心期刊1 970余种，网络首发期刊3 150余种，最早回溯至1915年，共计6 290余万篇全文文献；外文学术期刊包括来自80多个国家及地区900余家出版社的期刊7.5余万种，覆盖JCR期刊的96%，Scopus期刊的80%，最早回溯至19世纪，共计8 840余万篇外文题录，可链接全文①。

② 中国学位论文库。包括《中国博士学位论文全文数据库》和《中国优秀硕士学位论文全文数据库》，是目前国内资源完备、质量高、连续动态更新的中国博硕士学位论文全文数据库。该库出版530余家博士培养单位的博士学位论文57余万篇，800余家硕士培养单位的硕士学位论文599余万篇，最早回溯至1984年，覆盖基础科学、工程技术、农业、医学、哲学、人文、社会科学等各个领域②。

③ 中国重要会议论文全文数据库。重点收录1999年以来，中国科协系统及国家二级以上的学会、协会、高校、科研院所、政府机关举办的重要会议以及在国内召开的国际会议上发表的文献，部分重点会议文献回溯至1953年。截至2024年7月，已收录国内会议、国际会议论文集4万余本，累计文献总量380余万篇③。

④ 中国重要报纸全文数据库。该库收录2000年以来中国国内重要报纸刊载的学术性、资料性文献。自2000年以来收录并持续更新各级重要党报、行业报及综合类报纸500余种④。

⑤ 中国年鉴全文数据库。是目前国内较大的连续更新的动态年鉴资源全文数据库。内容覆盖基本国情、地理历史、法律、经济、科学技术、教育、文化体育事业、医疗卫生、社会生活、人物、统计资料、文件标准与法律法规等各个领域。截至2024年7月，年鉴总计5 550余种，4万余本，3 680余万篇⑤。

⑥ 中国专利数据库。包括中国专利和境外专利。中国专利收录了1985年以来在中国申请的发明专利、外观设计专利、实用新型专利，共4 990余万项，每年新增专利约250万项；境外专利包含美国、日本、英国、德国、法国、瑞士、世界知识产权组织、欧洲专利局、俄罗斯、韩国、加拿大、澳大利亚等10个国家的专利，共计收录从1970年至今专利1亿余项，每年新增专利约200万项⑥。

中国知网数据库的用户可以是注册用户，或者是中国知网的包库用户，以及已建立镜像站点的单位内部网。对于未注册用户可以免费检索，免费浏览题录、摘要和知网节，但不能下载全文。进入中国知网的方式：一是经过各图书馆主页上的中国知网栏目链接到中国知网；二是直接输入 http://www. cnki. net（或者 http://dlib. cnki. net/kns50/），进入中国知网主页。

① 数据来自 https://kns. cnki. net/kns8s/?classid=YSTT4HG0，访问时间：2024年7月6日。
② 数据来自 https://kns. cnki. net/kns8s/?classid=LSTPFY1C，访问时间：2024年7月6日。
③ 数据来自 https://kns. cnki. net/kns8s/?classid=JUP3MUPD，访问时间：2024年7月6日。
④ 数据来自 https://kns. cnki. net/kns8s/?classid=MPMFIG1A，访问时间：2024年7月6日。
⑤ 数据来自 https://kns. cnki. net/kns8s/?classid=HHCPM1F8，访问时间：2024年7月6日。
⑥ 数据来自 https://kns. cnki. net/kns8s/?classid=VUDIXAIY，访问时间：2024年7月6日。

中国知网提供初级检索、高级检索、专业检索、数据库导航等多种方式。系统默认为跨库检索方式，如需使用单库检索方式，可以单击相应的数据库名称打开单库检索界面。

(1) 初级检索

初级检索界面如图 3-6 所示。在搜索框中输入检索词，并单击“检索”按钮即可检索。也可对检索进行定制。在搜索框左边可选择检索项，如主题、篇关摘等。

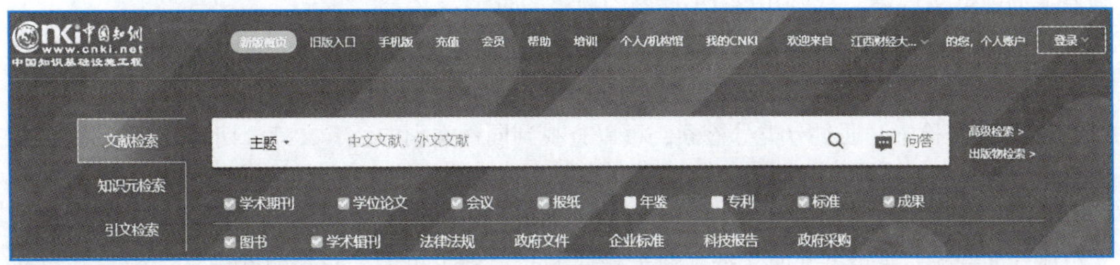

图 3-6　初级检索界面

各检索项含义如下：

① 主题检索：主题检索是在中国知网标引出来的主题字段中进行检索，该字段内容包含一篇文章的所有主题特征，同时在检索过程中嵌入了专业词典、主题词表、中英对照词典、停用词表等工具，并采用关键词截断算法，将低相关或微相关文献进行截断。

② 篇关摘检索：篇关摘检索是指在篇名、关键词、摘要范围内进行检索，具体参见篇名检索、关键词检索、摘要检索。

③ 关键词检索：关键词检索的范围包括文献原文给出的中、英文关键词，以及对文献进行分析计算后机器标引出的关键词。机器标引的关键词基于对全文内容的分析，结合专业词典，解决了文献作者给出的关键词不够全面准确的问题。

④ 篇名检索：期刊、会议、学位论文、辑刊的篇名为文章的中、英文标题。报纸文献的篇名包括引题、正标题、副标题。年鉴的篇名为条目题名。专利的篇名为专利名称。标准的篇名为中、英文标准名称。成果的篇名为成果名称。古籍的篇名为卷名。

⑤ 全文检索：全文检索指在文献的全部文字范围内进行检索，包括文献篇名、关键词、摘要、正文、参考文献等。

⑥ 作者检索：期刊、报纸、会议、学位论文、年鉴、辑刊的作者为文章中、英文作者。专利的作者为发明人。标准的作者为起草人或主要起草人。成果的作者为成果完成人。古籍的作者为整书著者。

⑦ 第一作者检索：只有一位作者时，该作者即为第一作者。有多位作者时，将排在第一位的作者认定为文献的第一责任人。

⑧ 通讯作者检索：目前期刊文献对原文的通讯作者进行了标引，可以按通讯作者查找期刊文献。通讯作者指课题的总负责人，也是文章和研究材料的联系人。

⑨ 作者单位检索：期刊、报纸、会议、辑刊的作者单位为原文给出的作者所在机构的名称。学位论文的作者单位包括作者的学位授予单位及原文给出的作者任职单位。年鉴的作者单位包括条目作者单位和主编单位。专利的作者单位为专利申请机构。标准的作者单位为标准发布单位。成果的作者单位为成果第一完成单位。

⑩ 基金检索：根据基金名称，可检索受到此基金资助的文献。支持基金检索的资源类型

包括期刊、会议、学位论文、辑刊。

⑪ 摘要检索：期刊、会议、学位论文、专利、辑刊的摘要为原文的中、英文摘要，原文未明确给出摘要的，提取正文内容的一部分作为摘要。标准的摘要为标准范围。成果的摘要为成果简介。

⑫ 小标题检索：期刊、报纸、会议的小标题为原文的各级标题名称，学位论文的小标题为原文的中英文目录，中文图书的小标题为原书的目录。

⑬ 参考文献检索：检索参考文献里含检索词的文献。支持参考文献检索的资源类型包括期刊、会议、学位论文、年鉴、辑刊。

⑭ 分类号检索：通过分类号检索，可以查找到同一类别的所有文献。期刊、报纸、会议、学位论文、年鉴、标准、成果、辑刊的分类号指中图分类号。专利的分类号指专利分类号。

⑮ 文献来源检索：文献来源指文献出处。期刊、辑刊、报纸、会议、年鉴的文献来源为文献所在的刊物。学位论文的文献来源为相应的学位授予单位。专利的文献来源为专利权利人/申请人。标准的文献来源为发布单位。成果的文献来源为成果评价单位。

⑯ DOI 检索：输入 DOI 号检索期刊、学位论文、会议、报纸、年鉴、图书。国内的期刊、学位论文、会议、报纸、年鉴只支持检索在知网注册 DOI 的文献。

在搜索框下面一行中，可选择某一数据库，如学术期刊、学位论文、会议等，默认是跨库检索。

(2) 高级检索

高级检索支持多字段逻辑组合，并可通过选择精确或模糊的匹配方式、检索控制等方法完成较复杂的检索，得到符合需求的检索结果。多字段组合检索的运算优先级，按从上到下的顺序依次进行。

检索区主要分为两部分：上半部分为检索条件输入区（见图 3-7），下半部分为检索控制区（见图 3-8）。

图 3-7 高级检索界面的检索条件输入区

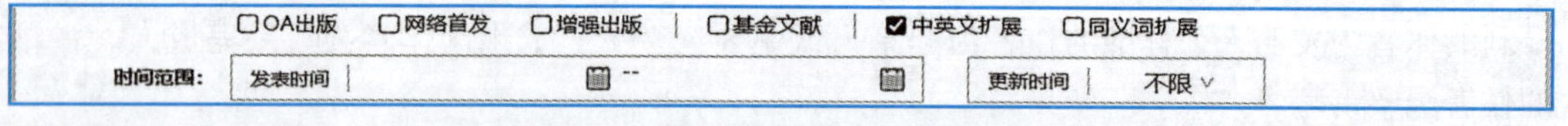

图 3-8 高级检索界面的检索控制区

检索条件输入区默认显示主题、作者、文献来源三个检索框，可自由选择检索项、检索项间的逻辑关系、检索词匹配方式等：单击检索框后的+、-按钮可添加或删除检索项，最多支持 10 个检索项的组合检索。

检索控制区的主要作用是通过条件筛选、时间选择等，对检索结果进行范围控制。控制条件包括出版模式（可选 OA 出版、网络首发、增强出版）、基金文献、时间范围、检索扩展（可选中英文扩展和同义词扩展）。检索时默认进行中英文扩展，如果不需要中英文扩展，则手动取消勾选。

高级检索支持使用运算符＊、+、-、''、" "、()进行同一检索项内多个检索词的组合运算。例如：

① 篇名检索项后输入“数据要素 ＊ 价值”，可以检索到篇名包含“数据要素”及“价值”的文献。

② 主题检索项后输入“（数据要素 + 数字经济）＊ 价值”，可以检索到主题为“数据要素”或“数字经济”，且有关“价值”的文献。

③ 如果需检索篇名包含“digital economy”和“value chain”的文献，在篇名检索项后输入“'digital library' ＊ 'value chain'”。

例如，要求检索 2023 年发表的篇名为“数据要素”或“数字经济”，且有关“价值”的文献，检索设置页面如图 3-9 所示。

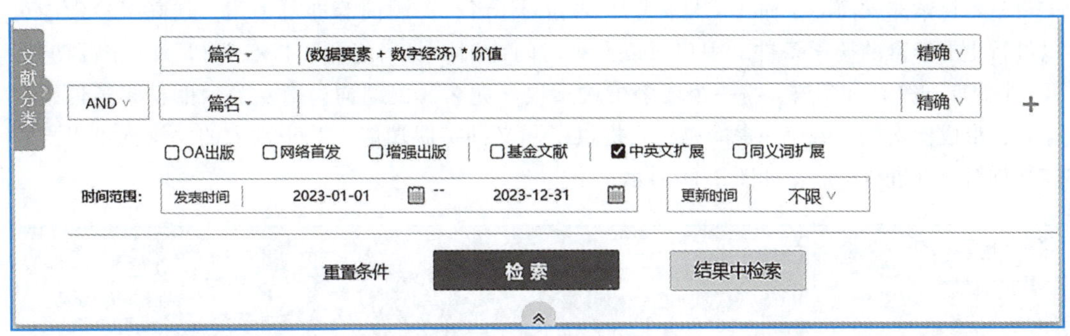

图 3-9　高级检索界面

中国知网的检索结果显示页面中列出了检索到的文献的简单题录信息，如图 3-10 所示。在列表上方可以对检索结果进行分组浏览，如根据来源数据库、学科、发表年度、研究层次、作者、机构和基金进行分组浏览。在列表右侧可以选择文献来源和关键词进行进一步筛选。

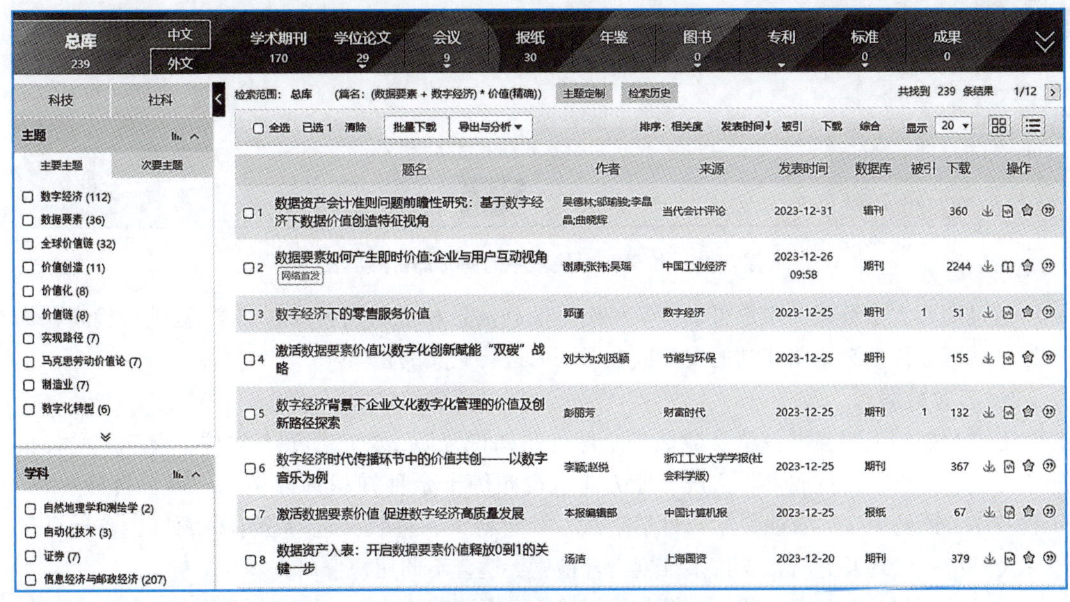

图 3-10　检索结果显示界面

单击某一文献的篇名，将打开该论文的知网节，提供论文的详细信息（包括论文的中英文篇名、作者中英文名、作者单位、文献出处、中英文关键词、中英文摘要、DOI、共引文献、相似文献及文献分类导航等）及 CAJ 和 PDF 格式的全文下载链接。用户可以通过知网下载全文，还可以进一步通过共引文献、相似文献及文献分类导航查找相关的文献资料。

2. 维普中文科技期刊数据库

维普中文科技期刊数据库是重庆维普资讯有限公司开发研制的中文电子期刊数据库，收录了中国境内历年出版的中文期刊 15 000 余种，现刊 9 000 种，文献总量 7 000 余万篇，涵盖哲学、社会科学、自然科学、工程技术、医药卫生和农业科学等各个学科领域①。

进入中文科技期刊数据库检索页面，提供五大文献检索方式：基本检索、传统检索、高级检索、期刊导航和检索历史。

基本检索非常简洁，输入文献标题、期刊、作者、关键词等即可搜索。在高级检索中可以进行更加丰富的搜索条件。用户可以设置时间范围、期刊范围（核心期刊、EI 来源期刊、SCI 来源期刊等）和学科，将一个或多个检索项（题名、关键词、摘要等）的检索条件组合起来，形成检索式。值得一提的是，它提供了同义词扩展功能，对于输入的关键词可以推荐同义词对查询进行扩展，如图 3-11 所示。

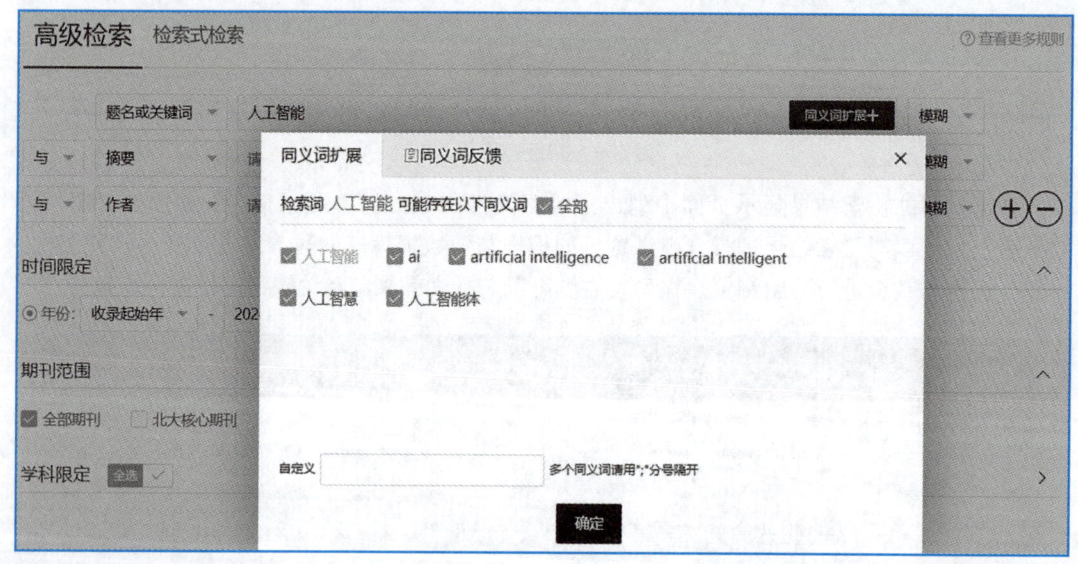

图 3-11 维普高级检索中的同义词扩展界面

通过期刊大全页面，用户可以按学科浏览期刊信息和按期刊名或者 ISSN 号进行检索，选择期刊后可以按期浏览该期刊的文章或在期刊内进行论文的检索。

3. 万方数据

万方数据知识服务平台整合数亿条全球优质知识资源，集成期刊、学位、会议、科技报告、专利、标准、科技成果、法规、地方志、视频等十余种知识资源类型，覆盖自然科学、工程技术、医药卫生、农业科学、哲学政法、社会科学、科教文艺等全学科领域，实现海量学术文献统一发现及分析，支持多维度组合检索，适合不同用户群研究。

万方数据包括期刊资源共 1.6 亿余条，其中国内期刊共 8 500 余种，涵盖自然科学、工程

① 数据来自 https://www.cqvip.com/journal，访问时间：2024 年 7 月 6 日。

技术、医药卫生、农业科学、哲学政法、社会科学、科教文艺等多个学科；国外期刊共包含 4 万余种世界各国出版的重要学术期刊；学位论文资源共 655 余万条，主要包括中文学位论文，学位论文收录始于 1980 年，年增 42 余万篇；会议论文资源共 1 580 余万条，包括中文会议和外文会议，中文会议收录始于 1982 年，年收集 2 000 多个重要学术会议，年增 15 万篇论文；外文会议主要来源于 NSTL 外文文献数据库，收录了 1985 年以来世界各主要学协会、出版机构出版的学术会议论文共计 1 100 万篇全文（部分文献有少量回溯）；专利共 1.6 亿余条，范围覆盖十一国两组织专利，其中中国专利 4 700 余万条，收录时间始于 1985 年；外国专利 1.1 亿余条，最早可追溯到十八世纪 80 年代①。

万方智搜是万方数据股份有限公司旗下的学术资源检索与获取平台，致力于通过专业的检索及知识挖掘技术，帮助用户精准发现、获取与沉淀学术精华，让用户更加方便地获取知识，创造知识。万方智搜首页的检索框即为统一检索的输入框，实现多种资源类型、多种来源的一站式检索和发现，同时，它还可对用户输入的检索词进行实体识别，便于引导用户更快捷地获取知识及学者、机构等科研实体的信息。在统一检索的输入框内，用户可以选择想要限定的检索字段，目前共有 5 个可检索字段：题名、作者、作者单位、关键词和摘要。

用户可以单击检索字段进行限定检索，也可以直接在检索框内输入检索式进行检索。例如，用户想检索题名包含“数字经济”的文献，用户可以单击“题名”字段检索，检索式为：“题名：数字经济”。除此之外，用户也可以自主输入检索式检索，例如：“标题：数字经济”“题目：数字经济”“题：数字经济”“篇名：数字经济”“t：数字经济”“title：数字经济”。

高级检索可以同时限定多种资源类型，并提供了更多检索字段，例如期刊论文还可以支持主题、第一作者、DOI、中图分类号、基金、期刊 ISSN 号等字段检索。高级检索通过布尔逻辑（“与、或、非”三种关系）对输入的多个检索词进行精确或模糊检索，可以更精准地查找到所需要的文献资源。另外，高级检索还支持中英文扩展，如果需要查看检索词相应的英文文献，可以通过中英文扩展来实现；主题词扩展也是一个特色功能，可以对检索词的下位词、同义词等扩展检索，让检索结果更加丰富。

智能检索指的是用户输入检索词，系统可以识别检索词的实体类型，智能提示用户是否要查找该实体。例如，在检索框里输入“江西财经大学”，系统识别江西财经大学属于机构，因而优先展示该结构的知名学者，提示是否要查找单位为“江西财经大学”的文献，并列出篇名中含有该关键词的文献，如图 3-12 所示。

4. 超星数字图书馆

超星数字图书馆（超星电子图书）成立于 1993 年，是国内专业的数字图书馆解决方案提供商和数字图书资源供应商。超星数字图书馆是国家“863”计划中国数字图书馆示范工程项目，2000 年 1 月，在互联网上正式开通。它由北京世纪超星信息技术发展有限责任公司投资兴建，设文学、历史、法律、军事、经济、科学、医药、工程、建筑、交通、计算机和环保等几十个分馆，目前拥有数字图书十多万种，覆盖范围包括 51 个学科分类。通过图书馆的超星数字图书馆的链接可以直接打开超星的检索主页。

超星数字图书馆主要提供关键词检索、分类检索和高级检索三种检索方式。检索到的电子图书需要使用超星阅读器才能正常阅读。

---

① 数据来自 https://s.wanfangdata.com.cn/nav-page?a=second，访问时间：2024 年 7 月 6 日。

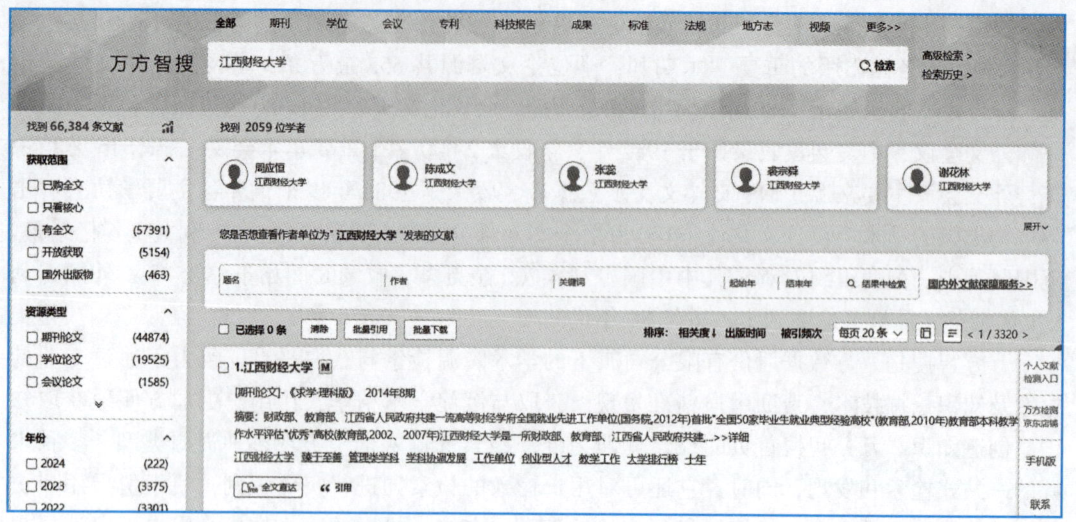

图 3-12　万方智搜中的智能提示

① 关键词检索。检索步骤为：选择检索信息显示类别，分为全部字段、书名、作者三种；在检索框内输入关键词，比如“信息检索 搜索引擎”，多个关键词之间要以一个空格隔开；按回车键或单击“搜索”按钮。检索结果中，关键词以醒目的红色显示。检索结果可以按书名、作者、出版日期进行排序，还可以选择“在结果中搜索”。选择不同的查询信息显示类别，所显示的检索结果是有差别的，选择“全部字段”，将显示检索库中所有包含关键词的图书信息，包括图书封皮、书名、作者、页数、出版社、出版日期、目录等；选择“书名”，将显示检索库中“书名”字段与关键词相符的图书信息；选择“作者”，将显示检索库中“作者”字段与关键词相符的图书信息。

② 分类检索。按《中国图书馆图书分类法》分类，一级分类的下层是二级分类，依次类推。末级分类的下一层是图书信息，通过单击书名的超链接，用户可以阅读该图书。

③ 高级检索。如果需要精确地搜索某一本书，可以单击主页上的“高级搜索”，进入超星高级搜索页面，输入多个关键字进行检索。

5. EBSCO 外文数据库

EBSCO 公司是专门经营纸本期刊、电子期刊发行和电子文献数据库出版发行业务的集团公司。该数据库是 EBSCO 公司提供的学术信息、商业信息网络版数据库。目前包括 ASP、BSP、ERIC、EBSCO-Online、Professional Development Collection 等 11 个专题数据库，数据库将二次文献与一次文献捆绑在一起，为最终用户提供文献获取一体化服务。

EBSCO 包含的全文数据库有以下几种：

① Academic Source Premier（学术期刊数据库，简称 ASP）。ASP 是目前规模最大的为学术机构而设计的多学科全文数据库，收录涉及数学、物理、化学、生物科学、工程、社会科学、教育、艺术、语言学、妇女研究及医药学等 50 余个学科，提供了近 4 700 种出版物全文，其中包括 3 600 多种同行评审期刊。它为 100 多种期刊提供了可追溯至 1975 年或更早年代的 PDF 过期案卷，并提供了 1 000 多个题名的可检索参考文献。此数据库通过 EBSCOhost 每日进行更新。

② Business Source Premier（商业资源数据库，简称 BSP）。BSP 是业界使用最多的商业研

究数据库，收录 2 300 多种涉及经济、商业、贸易、金融、企业管理、市场及财会等相关领域的学术期刊的全文，其中包括 1 100 多种同行评审刊。BSP 提供可追溯至 1965 年的全文及可追溯至 1998 年的可检索参考文献。BSP 相比同等数据库的优势在于它对所有商业学科（包括市场营销、管理、MIS、POM、会计、金融和经济）都进行了全文收录。此数据库通过 EBSCOhost 每日更新。

从图书馆主页或直接登录 http://search.ebscohost.com/进入 EBSCO 数据库服务平台。用户检索时可以选择一个数据库，也可同时选择多个数据库。勾选数据库名前的复选框，单击“继续”按钮对所选数据库进行检索。EBSCO 提供初级检索（basic search）、高级检索（advanced search）等功能。

6. JSTOR 电子期刊全文过刊库

JSTOR 全名为 Journal Storage，是一个对过期期刊进行数字化的非营利性机构，于 1995 年 8 月成立。目前，JSTOR 的全文库是以政治学、经济学、哲学、历史等人文社会学科主题为中心，兼有一般科学性主题共 45 个领域的代表性学术期刊的全文库。从创刊号到最近两三年前的过刊都可以通过 JSTOR 阅读全文。JSTOR 收录的期刊品质很高，收录了很多人文社科及艺术类的核心期刊。JSTOR 覆盖的学科领域包括：Anthropology（人类学）、Architecture（建筑学）、Art（艺术）、Ecology（生态学）、Economics（经济学）、Education（教育学）、Finance（金融学）、General Science（普通科学）、History（历史）、Literature（文学）、Law（法律）、Mathematics（数学）、Philosophy（哲学）、Political Science（政治学）、Population Studies（人口学）、Psychology（心理学）、Public Policy & Administration（公共政策与管理）、Sociology（社会学）、Statistics（统计学）、African American Studies（非裔美国人研究）、Asian Studies（亚洲研究）等。

JSTOR 提供初级检索、高级检索和文章精确定位功能，另外，还可以按学科（discipline）、期刊名（title）和出版机构（publisher）浏览相应的期刊。

① 初级检索。主要通过用户指定的关键词进行检索，用户可以通过限制学科（limit by discipline）指定搜索的学科范围。初级检索支持基本的逻辑组合（包括 and、or 和 not），也可以在关键词前加限定符来指定搜索的范围（例如，ti 表示按标题检索，au 表示按作者检索）。

② 高级检索。提供了多条件的组合检索功能，用户可以输入相应的检索词并设定检索范围。高级检索提供的限定范围主要包括全文检索（full-text）、作者检索（author）、标题检索（article title）、摘要检索（abstract）和图表标题检索（caption）。用户还可以限定文献的类型（type）、时间（date range）、语言（article language）和学科范围（disciplines）等。

7. SpringerLink 全文数据库

德国施普林格（Springer-Verlag）是世界上著名的科技出版集团，是目前自然科学、工程技术和医学领域全球最大的图书出版社和第二大学术期刊出版社。整个集团每年出版超过 1 700 余种期刊和 5 500 种新书。通过 SpringerLink 系统提供学术期刊及电子图书的在线服务，这些期刊是科研人员的重要信息源。2002 年 7 月开始，Springer 公司在国内开通了 SpringerLink 服务。SpringerLink 所有资源划分为 12 个学科：建筑学、设计和艺术、行为科学、生物医学和生命科学、商业和经济、化学和材料科学、计算机科学、地球和环境科学、工程学、人文、社科和法律、数学和统计学、医学、物理和天文学。

SpringerLink 提供基本检索、高级检索、学科分类检索、内容类型分类检索等检索功能。

① 基本检索。用户可以通过基本检索功能按关键词进行全文搜索，如需要对检索内容进行限定可以单击检索对话框右边的“…”按钮打开“构建表达式”对话框。通过“构建表达式”对话框，用户可以构建比较复杂的检索表达式以获取更精确的检索结果。

② 高级检索。如果需要获得更精确的结果可以打开高级检索页面，通过全文、标题、摘要、作者、编辑、ISSN、DOI、日期等检索条件的组合以获得用户需要的文献信息。

8. 国内外其他数据库

除前面介绍的几种常用的国内外数据库外，还有很多相关的数据库为我们提供丰富的文献资源。

① 北大法宝法律数据库。“北大法宝”是由北京大学法制信息中心与北大英华科技有限公司联合推出的智能型法律信息一站式检索平台。1985 年诞生于北京大学法律系，经过 30 多年不断地改进与完善，是目前最成熟、专业、先进的法律信息全方位检索系统。“北大法宝”在全国率先进行法律信息的数据挖掘和知识发现，独创了法规条文和相关案例等信息之间的“法条联想 Clink”功能。不仅能直接印证法规案例中引用的法律法规和司法解释及其条款，还可链接与本法规或某一条相关的所有法律法规、司法解释、条文释义、法学期刊、案例和裁判文书；不仅让用户方便地查到法条，更能进一步帮助用户理解、研究、利用法条，创造了全新的信息呈现体系。目前“北大法宝”已发展成为包括“法律法规”“司法案例”“法学期刊”“专题参考”“英文译本”“法宝视频”“律所实务”“司法考试”八大检索系统，全面涵盖法律信息的各种类型。

② 国泰安 CSMAR 数据库。中国经济金融研究数据库（China stock market & accounting research database，CSMAR）是国泰安从学术研究的需求出发，借鉴 CRSP、COMPUSTAT 等国际知名数据库的处理方式，结合中国实际国情，开发出的经济金融型数据库。该数据库涵盖了股票市场、公司、基金、债券、衍生市场、经济、行业、货币市场、海外、板块、市场资讯、专题、科技金融、商品市场、银行、人物特征等研究系列，截至 2024 年 7 月，共有 160 多个数据库，是中国目前规模最大、信息最精准、最全面的金融经济数据库。

③ ACM Digital Library 全文数据库。ACM（association for computing machinery，国际计算机学会）是世界上最早和最大的计算机教育和科研协会，创立于 1947 年，目前提供的服务遍及 100 余个国家，会员人数近 10 万人。它致力于发展信息技术教育、科研和应用，并于 1999 年起开始提供电子数据库服务——ACM Digital Library 全文数据库。ACM 数据库收录计算机科学技术及其相关学科的文献数据，文献范围涉及 50 多种专业期刊，近 170 种学术会议论文集，超过 70 万篇科技期刊和会议录的全文文章①。

④ Elsevier SD 电子期刊全文库。荷兰爱思唯尔（Elsevier）出版集团是全球最大的科技与医学文献出版发行商之一，已有 180 多年的历史。ScienceDirect 系统是 Elsevier 公司的核心产品，自 1999 年开始向读者提供电子出版物全文的在线服务。ScienceDirect 数据库包括 2 900 多种同行评议期刊，2 100 万篇文章和章节，超过 50 个出版社的 43 000 本书，涉及 100 万作者②。Elsevier 提供部分免费期刊，并向读者免费开放 2004 年到 2006 年诺贝尔奖获得者在

① 数据来自 https://www.acm.org/publications/openaccess，访问时间 2024 年 7 月 6 日。

② 数据来自 https://www.elsevier.com/zh-cn/products/sciencedirect，访问时间 2024 年 7 月 6 日。

Elsevier 期刊发表的数百篇作品。

⑤ ProQuest 数据库。ProQuest 数据库拥有 47 个数据库，提供新闻来源、期刊、杂志、贸易出版物、案例研究、市场和行业报告、商业案例等，该数据库于 2021 年被科睿唯安收购。值得一提的是 ProQuest Dissertations and Theses（PQDT），它是世界上最全面的多学科学位论文和毕业论文的精选合集，提供来自全世界 4 100 多所大学的 550 万余条学位论文记录和 300 多万篇全文作品①。

⑥ Emerald 数据库。Emerald 于 1967 年建立，以企业管理及图书情报学科的学术期刊为核心，现扩展至社会学、工程学、医疗卫生管理与公共政策领域的研究。该数据库在线提供 300 多种期刊、电子图书（约 3 000 册），以及 2 000 多个案例研究②。

⑦ IEEE Electronic Library（IEL）数据库。IEL 数据库是 IEEE 旗下最完整的在线数据资源，提供全球电气电子、通信和计算机科学等领域近三分之一的文献。IEEE（电气电子工程师学会）是目前全球最大的非营利性专业技术学会，在电气电子、计算机、半导体、通信、电力能源、生物医学工程、航天系统工程、消费电子等领域具有技术权威性。IEL 数据库提供无限制全文访问近 600 万份以 PDF 和 HTML 格式文档，其中包括：来自 206 种 IEEE 高被引期刊、杂志和通信的 130 多万篇文章；420 多万篇会议论文，最早可追溯到 1936 年，每年新增论文多达 20 万篇；关键技术领域约 5 000 份 IEEE 标准文件；IET 会议和活动的论文集③。

9. 部分免费文献资源

互联网上有大量的免费文献资源，利用信息检索工具（如搜索引擎）可以检索相关的文献资料。

① 中国预印本服务系统主要收录国内科技工作者自由提交的预印本文章，可以实现二次文献检索、浏览全文、发表评论等功能。系统的收录范围按学科分为五大类：自然科学、农业科学、医药科学、工程与技术科学、图书馆与情报及文献学。

② arXiv。arXiv 是受美国国家科学基金会和美国能源部资助，于 1991 年 8 月由美国洛斯阿拉莫斯国家实验室建立的电子预印本文献库。它是一个涉及物理、数学、计算机科学、生物学等领域的预印本服务平台，其内容遵循康奈尔大学的学科标准。该数据库收录有自 1991 年以来的数百万篇预印本文献，除此之外，还包括 *American Physical Society*、*Institute of Physics* 等 12 种电子期刊全文，但不包括非学术性信息（如新闻或政策性文章等）。用户可通过学科、标题、作者或关键词检索所需文献。

③ 经济学论文库 RePEc。RePEc（research papers in economics）由全球 103 个国家的志愿者共同建立的可以公开访问的网站，致力于促进经济学及相关学科研究成果的广泛传播与交流，其核心是一个经济学的工作论文、期刊文章以及应用软件的数据库。目前该库包括约 4 000 个期刊的 450 万个文献条目，其中 420 万个文献可全文下载④。

④ 社会科学研究网的预印本库 SSRN。SSRN（social science research network）涉及专业领域包括财经、会计、法律、经济、管理等，目前提供了来自 176 万名研究人员的 142 万篇研究

---

① 数据来自 https://about. proquest. com/en/products-services/pqdtglobal/，访问时间 2024 年 7 月 6 日。
② 数据来自 https://www. emerald. com/insight/，访问时间 2024 年 7 月 6 日。
③ 数据来自 https://innovate. ieee. org/ieee-electronic-library-iel/，访问时间 2024 年 7 月 6 日。
④ 数据来自 http://repec. org，访问时间：2024 年 7 月 6 日。

论文，其内容涉及 65 个学科领域①。

⑤ CogPrints。CogPrints 认知科学预印本是一个由英国南安普敦大学电子与计算机系开发的认知科学（认知科学是心理学、神经医学、语言学、计算机科学、生物医学、人类学乃至自然哲学等交叉发展的学科）的电子文档仓储库。CogPrints 提供已出版的、同行评审期刊的印后本，以及未正式出版、未经评审的预印本，覆盖心理学、行为生物学、计算机科学、语言学、人工智能以及哲学等各个认知学科的相关领域。

⑥ DOAJ（directory of open access journals）。DOAJ 是由 Lund University Libraries in Sweden 整理的一份开放期刊目录。该项服务提供免费的、可获取全文的、高质量的科学和学术期刊。他们的目标是涵盖所有学科和语言的开放期刊，截至 2024 年 7 月，共有 20 608 种开放期刊，1 025 万条文献记录被收录到了该目录中②。

3.2.4 生成式人工智能系统

生成式人工智能（generative AI）是一种先进的人工智能技术，它能够生成新的、原创的内容，如文本、图像、音频和视频。其生产的内容被称为人工智能生成内容（artificial intelligence generated content，AIGC）。

随着以 ChatGPT 为代表的生成式 AI 技术的崛起，生成式人工智能系统正在成为答案引擎，逐步蚕食传统搜索引擎的用户和市场。这种趋势不仅改变了我们获取信息的方式，还为企业和开发者提供了前所未有的商业机会。对这种检索工具，业界没有统一的称呼，有的称为生成式检索、AI 搜索引擎或者智能问答系统。生成式 AI 系统通过模型的训练和学习，能够根据用户的查询意图和需求，自动生成相关的文本内容，为用户提供更加精准、全面的搜索结果。相比于传统的基于关键词匹配的检索方式，生成式 AI 系统更加注重理解用户问题的含义，并能够提供更加准确和具体的答案。

下面介绍几个典型的生成式 AI 系统。

1. 文心一言

文心一言是百度研发的知识增强大语言模型，它拥有强大的自然语言处理能力，可以理解和生成自然语言文本。同时，它还内置了百度搜索插件，可以从网页获取信息。因此，用户可以通过文心一言来搜索和获取各种信息。

图 3-13 是文心一言的一个使用案例，可以看到，文心一言很好地总结了相关结果，生成答案质量较高。

但是，这些工具可能会产生虚假的结果。因此，使用这些工具的时候，需要注意验证结果的真实性。

2. Perplexity AI

Perplexity AI 最大的特点在于，它将传统搜索引擎的海量信息检索能力与对话式 AI 助手的交互体验完美结合。当用户在 Perplexity 中输入一个问题时，它不仅能快速定位到最相关的网页内容，还能通过自然语言对话的方式，深入理解用户的真正需求，给出一个简明扼要的答案。此外，Perplexity AI 还具备多轮对话的能力。也就是说，如果对初次回答还有疑问或需

---

① https://www.ssrn.com/index.cfm/en/，访问时间：2024 年 7 月 6 日。

② https://doaj.org，访问时间：2024 年 7 月 6 日。

要了解更多细节，它会耐心地跟进询问，直到用户完全满意为止。这种沟通方式非常友好。例如，图 3-14 是在 Perplexity. ai 上查询“中国的新四大发明是哪些？为什么称为新四大发明？”的结果。可以看到，它不仅给出了结果，还给出了结果的出处，方便用户进一步了解细节。

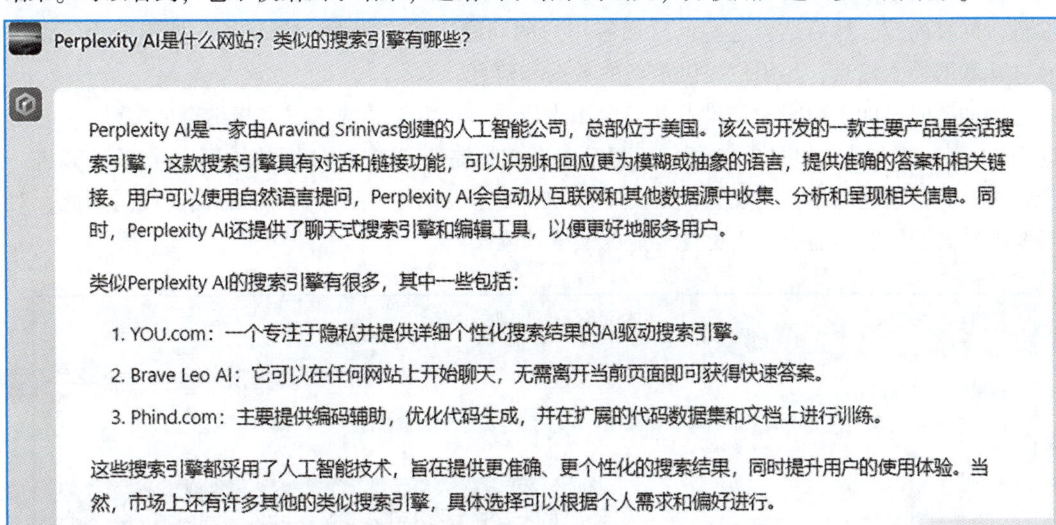

图 3-13　文心一言的一个例子

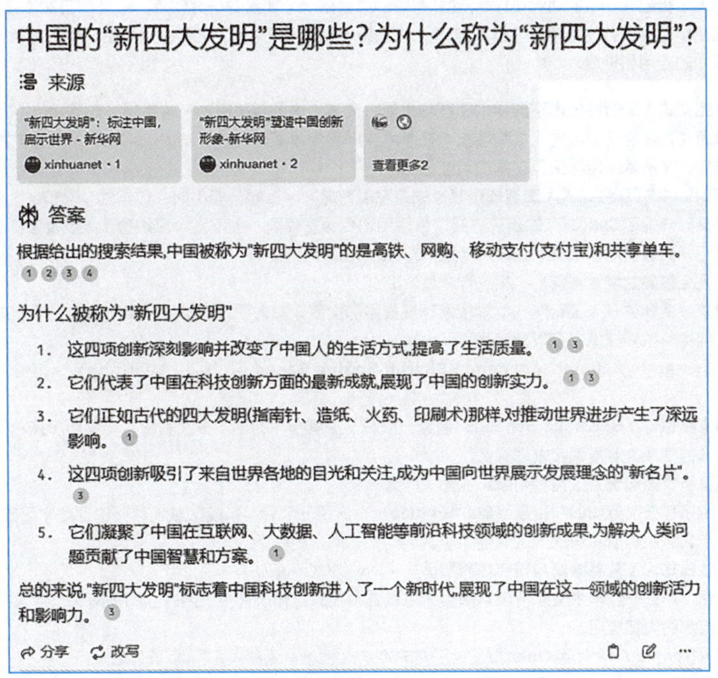

图 3-14　Perplexity AI 的一个例子

国内的秘塔 AI 搜索也提供了类似的功能。

3. Kimi 智能助手（KimiChat）

KimiChat 是由国内的月之暗面科技有限公司（Moonshot AI）开发的一款人工智能助手。

KimiChat 的主要特点包括：多语言对话，支持中文和英文的流畅对话，能够理解和回应用户的问题；文件阅读，用户可以将 TXT、PDF、Word 文档、PPT 幻灯片、Excel 电子表格等格式的文件发送给 Kimi，它会阅读相关内容后回复用户；网页解析，当用户提供网址时，Kimi 能够解析网页内容，然后结合这些信息回答用户的问题；搜索能力，Kimi 具备搜索能力，可以通过互联网检索信息，为用户提供最新的数据和信息。

例如，向该助手提问"请推荐几篇关于生成式人工智能和搜索引擎相结合的文献"，它会返回 11 篇参考文献，如图 3-15 所示。每篇参考文献提供了链接，以方便用户进行验证和进一步阅读。分析这些结果，发现它们都是真实文献，但是不一定具有很好的代表性。因此，对于要求较高的场合，需要使用更加专业的文献检索工具。

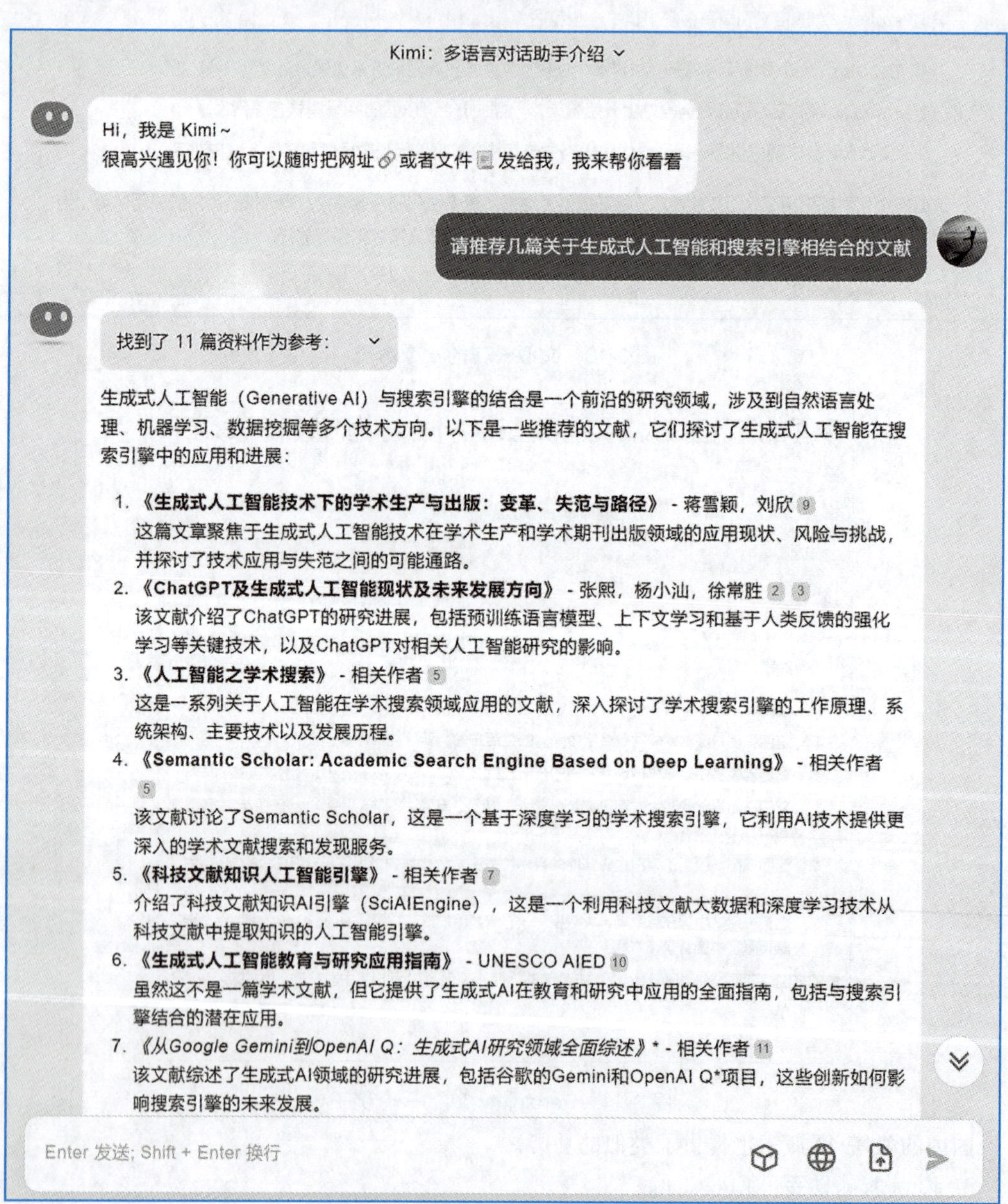

图 3-15　Perplexity AI 的一个例子

国内类似于文心一言和 KimiChat 的智能工具还有：

- 智谱清言：这是一款国产大模型，具有强大的文本生成能力。它在复杂提示词理解、推理能力、文本生成能力等方面表现出色。
- 通义千问：这是另一款国内自然语言处理工具，适用于多种场景。它在处理结构化提示词、推理能力和文本生成方面也有不错的表现。
- 讯飞星火：是由科大讯飞推出的新一代认知智能大模型，拥有跨领域的知识和语言理解能力，能够基于自然对话方式理解与执行任务，提供语言理解、知识问答、逻辑推理、数学题解答、代码理解与编写等多种能力。
- 豆包：是字节跳动开发的一款基于自然语言处理技术的大型语言模型。它具有多种功能，包括聊天机器人、写作助手、英语学习助手等。

生成式 AI 系统也面临着一些挑战和问题。首先，生成式 AI 系统输出的文本质量和准确性仍然存在一定的改进空间，有时会出现回答偏离用户意图或错误的情况。其次，生成式 AI 系统还面临着信息安全和隐私保护的问题，模型可能会泄露用户的隐私信息。另外，需要注意的是，生成式人工智能这一领域还在不停地进化，不断地有新的产品推出，现有产品的功能也不断地推陈出新，读者应及时了解最新的进展，勇于尝试最先进的技术，不断提高信息检索的效率。

3.3　信息检索案例

本节介绍两个具体的信息检索案例。需要说明的是，信息检索没有固定的模式，需要根据具体的需求来展开。

例 3-1　文献检索案例

案例描述：某学生要撰写一篇关于生成式人工智能发展与气候变化的专题报告，现需要围绕这个主题进行检索。

对本检索任务，可以分以下几步进行：

第一步：以生成式人工智能为主题进行搜索。

在百度、必应等搜索引擎上进行搜索，可以对生成式人工智能形成基本认识，了解到生成式人工智能的几个同义词和近义词：GAI、AIGC 等。

第二步，以生成式人工智能和气候变化为主题进行文献检索。

首先，在中国知网中以“生成式人工智能 气候变化”为主题进行检索，得到 9 条检索结果。但是仔细阅读发现，这些结果并不是我们想要查找的内容。尝试扩展检索词，构建了“（生成式人工智能 + AIGC + GAI）＊气候变化”的检索式，但是检索结果并没有变化。因此，需要进一步修改搜索思路。可以尝试以下思路：

思路 1：考虑到生成式人工智能是一个很新的话题，现有文献可能非常有限，尝试将检索式放松，修改为“人工智能 ＊ 气候变化”，结果更丰富一些。进一步思考，人工智能与社会变化的关系是一个很新的话题，可以尝试直接在搜索引擎中搜索，因为搜索引擎的时效性更强。考虑到这一话题具有国际性，选择在必应搜索引擎中以“人工智能 气候变化”为主题进行搜索。结果如图 3-16 所示。

NASA与IBM合作开发AI模型，助力全球气候变化研究 面对全球极端天气事件增多的挑战，美国宇航局（NASA）与IBM研究院合作开发了一款基于人工智能和开放科学原则的新型AI地理空间基础模型。据NASA近日发布的消息，美国宇航局（NASA）与IBM研究院合作开发了一款基于人工智能和开放科学原则的新型AI地理空间基础模型，该模型使用NASA Harmonized Landsat and Sentinel-2数据（HLS）训练，不仅为科学研究提供更多的数据来源和支撑，还为极端气候的提前预测增加了可能。

NASA与IBM合作开发AI模型，助力全球气候变化研究 - 科学网
news.sciencenet.cn/

清华大学人工智能国际治理研究院
http://aiig.tsinghua.edu.cn/

"人工智能助力气候变化应对" 国际学术研讨会在清华大学成功 ...

网页 2022年4月26日，由清华大学人工智能国际治理研究院（I-AIIG）主办，联合国开发计划署作为国际支持机构的"人工智能助力气候变化应对"国际学术研讨会在清华大学成功举办。. . ...

头条新闻
5、人工智能伦理问题分析与解决思路 薛澜，国家新一代人工智能治理专业委员会 ...

博士后
清华大学人工智能 国际治理研究院助理研究员 yang_li@mail.tsinghua.edu.cn 张栋 ...

科研人员
人工智能 治理技术方向首席专家 清华大学惠妍讲席教授、清华大学电子系长聘教授 ...

合作人员
北京市海淀区清华大学 01062794781 i-aiig@tsinghua.edu.cn

管理团队
清华大学人工智能 国际治理研究院副院长 清华大学中国科技政策研究中心副主任 肖 ...

政府项目
人工智能治理框架与实施路径研究 近年来，人工智能迅速发展，正在深刻改变人 ...

行政团队
清华大学人工智能国际治理研究院外事主管 共3条 首页 上页 1 下页 尾页 北京市海 ...

论坛介绍
在此背景下，人工智能合作与治理国际论坛由由清华大学主办，清华大学人工智能 ...

仅显示来自 aiig.tsinghua.edu.cn 的搜索结果

腾讯新闻
https://new.qq.com/

微软首席科学官Nature发文：人工智能是帮助还是损害全球 ...

网页 2 天之前 · 人工智能技术发展如此之快，因此需要每年至少对情景进行一次修订，最好是两次。这比目前每 6-7 年更新一次的气候变化情景更加频繁。随着人工智能系统、应用和突破 ...

澎湃新闻
https://www.thepaper.cn/

全球数治丨人工智能赋能气候变化治理的机理与路径_澎湃研究 ...

网页 2021年11月23日 · 创造应对气候变化挑战的新治理模式. 近年来，全球在研发低碳燃料、工程化碳捕获和碳封存等减排新技术方面取得了可观进展。 以农业碳封存为例，相比人工分 ...

图 3-16 "人工智能 气候变化" 相关搜索结果

其中，检索结果二来源于一个国际学术研讨会，考虑到学术研讨会的观点比较多样，因此，可以进一步打开该链接，了解该会议的细节，从中可以了解到很多有价值的观点。

思路 2：在文献中我们了解到生成式人工智能是“大模型”驱动的人工智能，其主要能力来自“大模型”，于是另一个搜索思路就是从大模型的角度来搜索“大模型 气候变化”。在搜索引擎上找到一些有价值的结果，如图 3-17 所示。

澎湃新闻
https://www.thepaper.cn/...
华为云盘古大模型登Nature：秒级完成气象预测，速度 ...
WEB Jul 7, 2023 · **盘古气象大模型的水平空间分辨率达到 0.25°×0.25°，时间分辨率为 1 小时，覆盖 13 层垂直高度，可以精准地预测细粒度气象特征。作为基础模型，盘古气象大** ...

知乎专栏
https://zhuanlan.zhihu.com/p/...
清华&中国气象局大模型登Nature：解决世界级难题，「鬼 ...

WEB 量子位 | 公众号 QbitAI. **真·“未雨绸缪”，清华大学「鬼天气」预报大模型来了**！. 是能破解世界未解难题的那种——. 公里尺度下 0 ~ 3小时 极端降水都能预报。. 包括短时强降水、暴 ...

图 3-17　“大模型 气候变化”相关搜索结果

思路 3：从文献中了解到大模型的训练需要大量算力，因而导致大量电力消耗，于是从大模型与用电量的关系，以及大模型与温室气体排放的关系等角度来进行查找。例如，图 3-18 是以“大模型 用电量”为检索词进行搜索的部分结果。

知乎专栏
https://zhuanlan.zhihu.com/p/...
1天消耗超过50万度电力，AI大模型有多耗能？ - 知乎
网页 2024年3月18日 · 研究显示，训练谷歌于2022年发布的大语言模型PaLM需要消耗3436兆瓦时的电量，约等于11.8万美国普通家庭日耗电量（美国普通家庭日均耗电量约为29千瓦 ...

进一步探索

知 触目惊心：AI到底消耗了多少能源和成本？ - 知乎	zhuanlan.zhihu.com
知 预计 2030 年，AI 会消耗全球电力供应的 50%，人工智能 ...	zhihu.com
知 重磅发布！《重新审视对人工智能能耗的担忧》 - 知乎	zhuanlan.zhihu.com
触目惊心：AI 到底消耗了多少能源和成本？ - InfoQ	in...cn
知 AI的竞争最后要转向能源吗？据说OpenAI每天的耗电量 ...	zhihu.com

根据热度为您推荐·反馈

图 3-18　“大模型 用电量”相关搜索结果

图 3-19 是以“大模型 温室气体排放”为检索词进行搜索的部分结果。

知乎专栏
https://zhuanlan.zhihu.com/p/...
科技云报道：AI大模型背后，竟是惊人的碳排放 - 知乎
网页 2023年3月6日 · 降低AI大模型的碳排放. AI模型的训练和运营过程需要消耗大量能源，但关键问题是，如何知道及测算单个机器学习实验正在产生多少温室气体排放，以及可以减少多少？ 目前数据科学家们仍无法简单可靠地 ...

图 3-19　“大模型 温室气体排放”相关搜索结果

还可以检索“用电量 碳排放”来了解碳排放和用电量之间的关系，从而自己来进行演

算；以及检索“碳排放 气候变化”来了解碳排放和气候变化之间的关系，从而推导生成式人工智能与气候变化的关系。

综合以上搜索结果并进行整理，可以较好地完成这项检索任务。

此外，生成式人工智能产品本身也可以给我们提供一些思路。例如，在文心一言中，提出问题：“生成式人工智能对气候变化的影响如何？请你先从多个角度进行检索，并给出每个观点的论据和链接。”回答如下（见图 3-20）：

生成式人工智能（Generative AI）近年来在多个领域展现出了强大的应用潜力，其在气候变化问题上的作用也逐渐受到关注。关于生成式人工智能对气候变化的影响，我们可以从以下几个角度进行探讨：

一、智能能源管理

生成式人工智能在能源管理领域的应用显著，这直接影响了气候变化。传统的能源消耗模式对气候变化产生了负面影响，而智能能源管理系统借助生成式人工智能的帮助，能够更精准地预测能源需求，制定能源供应计划，实现能源消耗的最佳平衡。通过这种方式，可以减少温室气体的排放，从而缓解气候变化。

论据：人工智能的应用使得能源管理系统能够更加智能化地预测能源需求和产生能源供应计划，以实现能源消耗的最佳平衡。同时，人工智能技术还可以帮助监测和控制能源设备，提高能源利用效率，从而有效应对气候变化带来的能源挑战。

二、智慧农业与水资源管理

气候变化对农业生产和水资源管理产生了巨大的挑战。生成式人工智能通过图像识别等技术，可以帮助农民检测作物的健康状态和病虫害情况，从而保障农作物的稳定产量。在水资源管理方面，生成式人工智能可以通过分析水文数据，提供有效的水资源分配方案和水质监测方法，提高水资源的利用效率。

论据：通过图像识别技术，人工智能可以帮助农民检测作物的健康状态和病虫害情况，提前预警和采取相应的应对措施。在水资源管理方面，人工智能可以通过对水文数据的分析和处理，提高水资源的利用效率。

三、碳排放减少与环境监测

减少碳排放是应对气候变化的关键一环。生成式人工智能通过优化各种流程，可以帮助减少碳排放。此外，生成式人工智能还可以用于环境监测，提供关于气候变化趋势和影响的准确数据，为制定应对策略提供科学依据。

论据：波士顿咨询集团发布的《人工智能如何成为应对气候变化的有力工具》报告表明，使用人工智能有助于一个机构减少 5% 到 10% 的温室气体排放，如果扩展到全球将减少 26 亿到 53 亿吨二氧化碳当量的温室气体排放。

四、提高天气预报准确性

传统的气象预测方法往往依赖于气象学家的经验和推断，但气候变化问题的复杂性和数据量的庞大使得这种方法变得不再适用。生成式人工智能通过训练模型，可以更加准确地预测气候变化的趋势和模式，为长期气候变化的研究提供重要参考。准确的天气预报可以帮助人们提前做好准备，减少自然灾害造成的损失。

论据：人工智能技术的应用使得气象预测更加准确，这不仅可以减少自然灾害造成的损失，还可以帮助各行业进行决策。例如，通过对台风路径和强度的预测，当地政府可以及时采取措施，避免生命和财产的损失。

请注意，虽然生成式人工智能在应对气候变化方面有着显著的优势和潜力，但其应用和发展仍面临一些挑战，如技术成熟度、数据安全与隐私保护等问题。因此，在推动生成式人工智能在气候变化领域的应用时，需要综合考虑各种因素，制定科学合理的策略。

由于具体的链接可能随时间而变化，我无法在此提供固定的链接。您可以通过查阅最新的研究报告、政府文件或专业机构发布的报告，获取关于生成式人工智能对气候变化影响的更多详细信息和数据。同时，您也可以关注相关的学术会议和研讨会，以获取该领域最新的研究进展和观点。

图 3-20　文心一言相关问题回答

这些回答可以进一步启发我们的思路。需要注意的是，生成式人工智能的一些回答不一定有实际的依据，不能直接采用，需要进行进一步的验证。

例 3-2　笔记本电脑选购

案例描述：小王同学想为自己选购一台笔记本电脑，由于预算有限，他想把价格控制在 4 000 元左右，而且电脑屏幕至少 14 寸。当然，电脑性价比越高越好，最好是大品牌。其他的需求暂不明确。

这一案例非常典型，在实际生活中我们经常遇到类似的问题。对这类问题，不同的人有

不同的解决方法，不存在标准的解决方法，也没有最好的解决方法，这里探讨一下可以用到哪些信息检索工具，仅供参考。

第一步：专业网站搜索

对于电子产品，尤其是数码产品，存在大量的专业网站，这些网站提供了很多有用的信息，如详细配置信息、评测信息、使用体验等，这些信息对于商品选购也具有重要的参考价值，可以作为电子商务网站和购物搜索网站的有益补充。本案例中，小王要求他购买的笔记本电脑性价比高、大品牌，这些信息可以从专业网站中获取。

这里以国内较大的数码电子类产品专业网站——中关村在线为例来介绍。首先进入笔记本电脑区，进入笔记电脑本排行榜。在这里，可以看到各种笔记本电脑排行榜，如系列排行榜、热门笔记本电脑排行榜、品牌排行榜等，那么到底要参考哪个排行榜呢？在这个网站中，对笔记本电脑做了非常详细的细分，为此，可以根据这些信息进一步明确自己的需求。例如，自己对笔记本电脑的定位是什么？可以从游戏本、商务本、时尚轻薄本、超极本和校园本中选择最适合自己的类型。如果对某些类型不是很熟悉，可以做进一步的搜索。

假定小王同学确定了自己的笔记本定位为校园学习，兼顾娱乐。他把自己的需求细化为：处理器和内存不能太低，硬盘容量要大一点，显卡要求不高，对机器厚度要求不是很高，续航一般即可。

另外，可以这些排行榜为依据，确定品牌考虑范围。假定小王确定品牌主要从联想、惠普、华为、ThinkPad 和戴尔五个品牌的笔记本中选购。

第二步：电子商务网站搜索

在电子商务如此发达的今天，很多商品都可以足不出户在电子商务网站上购买。电子商务网站给用户提供了很多便利，使得用户可以很方便地获取很多有价值的信息，作为购买商品的重要依据。因此，本方案的第二步是到电子商务网站进行搜索。

本案例中涉及的商品是笔记本电脑，这是电子商务交易中最热门的商品种类之一，很多电子商务网站都提供这类商品。这里选择数码领域最有影响力的网站——京东商城。

在京东商城，首先导航到笔记本电脑分类目录，然后根据用户需求进行筛选。这里分别指定尺寸为 14 英寸，品牌为上述品牌，然后对价格进行筛选。网站中，还可以对其他参数进行筛选，如处理器型号、内存容量、显卡型号等。作为非专业人士，很难了解这些型号，为此，可以先进行粗略筛选。在搜索结果中，可以根据评论数、好评率、销量等指标筛选出一些候选商品。例如，在京东商城，综合评论数和好评率，选取以下商品作为候选：

- 惠普（HP）战 66 六代 酷睿 14 英寸轻薄笔记本电脑。
- ThinkPad 联想 ThinkBook 14 英特尔酷睿 i5 14 英寸轻薄办公笔记本。
- 华为 MateBook D14 2024 款可选轻薄本 14 英寸商务办公轻薄本。
- 联想笔记本电脑小新 14 超薄本 高性能标压酷睿 i5 14 英寸轻薄本。
- 戴尔（DELL）灵越 14Pro-5430 14 英寸 13 代酷睿笔记本。

在本案例中，小王要求采购的商品性价比尽可能高，为此，可以将这些候选产品进行对比，留下配置较高的商品。主流的电子商务网站大都提供了对比工具，可以将几个候选商品逐个参数进行对比，从而让消费者了解到不同商品之间的差异。

经过搜索，可以初步了解到一些候选的商品，但是不同网站上筛选出的商品不同，同一个商品的价格也不同，为了更全面地了解候选商品的情况，需要将不同网站的检索结果综合起来。为此，可以选择一个专门的购物搜索网站。

第三步：购物搜索网站搜索

为了方便消费者在网上购物，很多购物搜索网站应运而生。购物搜索网站的功能主要有：购物搜索，可以跨网站搜索商品；商品比价，可以将同一商品不同网站上的价格进行对比；商品推荐，可以推荐各个网站的优惠活动；购物交流，可以让消费者展示自己购买的商品，交流购物经验；等等。这些功能对于本任务而言是非常有帮助的，因此可以到某些购物搜索网站进行搜索。在这里，以“慢慢买”网为例进行介绍。

假定用户想要了解各大电子商务网站中某一产品，如“联想笔记本电脑小新 14 超薄本 高性能标压酷睿 i5 14 英寸轻薄本”的价格，可以到慢慢买网上进行搜索。搜索条件可以尝试“联想小新标压酷睿 i5 14 英寸 轻薄本”等。在搜索结果中，各大网站的价格情况一目了然。注意，搜索结果中可能包含其他商品，需要区分开来。

由于不同购物搜索网站采集数据的方式不同，搜索结果必然有些差异，因此，可以到不同的购物搜索网站去尝试搜索。

将不同候选商品在不同网站上的销售情况综合起来考虑，小王可以找到一款合适的产品，并选择最佳购买地去购买。

如果消费者需要了解更多信息，还可以进一步到百度贴吧、产品论坛、微博等网站了解用户对于具体产品的反馈。

通过这两个案例，可以看出，在生活尤其是网络世界中信息检索是非常普遍的，而且信息检索远不是“输入关键词后点搜索按钮”那么简单。面对一个真实的需求，往往需要在合适的网站上用合适的搜索词来搜索，并根据搜索结果进行调整。同时，最终结果或者决策往往需要根据多次搜索的结果综合而成。初学者在平时要多进行尝试和总结，积累经验。

习题 3

1. 信息检索的主要途径有哪几种？

2. 面向计算机和网络的检索工具有哪些？各有什么特点？

3. 结合自己的专业说明专题文献信息检索如何进行。

4. 中国知网包括哪些全文数据库，有哪几种检索方式？

5. 学术搜索（如百度学术搜索）和中国知网都可以搜索一些学术文献信息，它们之间的区别是什么？

6. 谈谈你对信息检索工具未来发展趋势的认识。

7. 使用不同的搜索引擎查找同一主题的信息，试比较查找结果的异同。

8. 移动端搜索引擎有哪些？各自有什么优势？

9. 信息检索实践题（请注明获得信息的确切网址）：

（1）查找你所学专业的较为权威的教学质量标准。

（2）在专业人才培养方案中，什么是培养目标？什么是毕业要求？它们之间是什么关系？

（3）什么是大模型？什么是大语言模型？它们是一回事吗？

（4）检索有关“数字素养”的 DOC、PDF 文档。

(5) 试着检索百度、新浪、搜狐等网站早期的界面。

10. 目前国内市场上有哪些搜索引擎？它们各自的市场占有率有多少？注意不同报告得出的市场占有率是不同的，应注明来源。

11. 使用生成式人工智能工具的时候，如何提示系统生成想要的内容非常关键。以某个工具为例，了解其提示技巧，并比较不同提示下的输出结果。

12. 综合利用各种信息检索工具，检索有关新质生产力、神经管理学、MaaS、数据要素价值转化、Web 3.0、2023 年经济学奖得主的研究领域的最新进展（选择其中任意一个）的定义、国内外主要研究成果等信息，并撰写一份信息检索报告。

13. 试着用某种生成式人工智能系统总结一个名人的生平，或者一个公司新产品的介绍，并进行事实核查，检查是否存在错误。

第4章 大数据

学习目标

本章介绍大数据概述、大数据处理基本框架和大数据应用案例。通过本章学习，要求：

◎ 理解大数据的概念、定义、特征和任务。

◎ 了解大数据涉及的技术，以及技术所应用的场合，能够简单使用大数据技术解决问题。

◎ 熟悉大数据处理的基本框架，熟练运用一些具体的处理框架。

◎ 了解实际应用中哪些地方可以利用大数据技术解决需求，以及大数据给生活带来便利的同时，又存在哪些隐患。

本章导引

随着社会的不断发展，我们如今已身处大数据时代，大数据相关的技术已落地应用于各行各业，正在较大地影响着人们的生活和社会的发展。因此，作为21世纪合格的大学生，想要快速且系统地认知大数据，必须全面地了解它。

大数据的定义目前未有统一标准，笔者根据自己的理解给出了大数据的一种定义，主要分为技术角度和管理角度。从技术角度看，大数据指现有技术无法处理，或无法在合理（可接受）时间内处理得到有价值信息的数据集合。从管理角度看，管理者主要关注数据能否提供（挖掘）有价值的信息，供企业经营决策。根据大数据的定义，大数据具有很多特征，如数据体量大、数据类型多等。分析大数据的定义和特征，可以了解大数据涉及的一些任务，如数据存储、数据处理、数据分析等。基于大数据任务需求，衍生了许多大数据技术。大数据技术可以在短时间内处理大量数据，使决策者能够及时获取最新的数据，并做出相应的决策。本章列举了一些大数据的经典技术。

大数据框架是指用于处理和分析大规模数据集的软件框架。这些框架通过采用并行计算和分布式存储的方式，能够有效地处理海量数据，并提供了快速、可扩展和容错的数据处理能力。大数据处理框架主要分为批处理框架、流处理框架和混合处理框架等。

为了更直观地展示大数据的应用效果，本章选取两个典型的案例进行分析，包括银行大数据应用案例和大数据带来的隐私风险。前者介绍大数据技术如何帮助企业提高运营和管理。

尽管大数据技术已应用于各行各业，方便了人们的生活，但大数据技术也带来了一定的风险，如隐私泄露。因此，第二个应用案例讨论大数据存在的不足。了解大数据技术的优点和不足可以理性地看待大数据给生活带来的影响。

4.1　大数据概述

大数据的发展经历了萌芽、突破、成熟和大规模应用四个阶段。表 4-1 展示了大数据发展的每个阶段及相应的技术。

表 4-1　大数据的发展史

阶　段	时　　间	内　　　　容
萌芽	20 世纪 90 年代至 21 世纪初	关系型数据库技术广泛应用，数据仓库技术和数据挖掘相关理论日趋成熟，商务智能功能被重视并开始在大型企业业务应用中出现
突破	2000—2005 年	互联网应用普及，特别是基于 Web 2.0 技术的社交网络应用迅猛发展，非结构化数据大量产生，传统的数据库和数据处理技术难以应付，多媒体技术、分布式计算等大数据理论和技术快速涌现
成熟	2006—2009 年	谷歌发布分布式文件系统 GFS、分布式计算系统框架 MapReduce 以及分布式数据库 BigTable 等相关论文，标志着大数据技术开始突破，随后云计算、大规模数据并行运算算法和开源分布式架构 Hadoop 成为学界和业界研究的重点，并逐渐成熟
大规模应用	2010 年前后至今	大数据技术开始转向应用研究，并且与云计算、物联网及人工智能等新技术交相呼应。大数据技术开始在商业、科技、医疗、政府、教育、经济及交通等社会各个领域大规模应用，2013 年被称为大数据元年

4.1.1　大数据定义、特征及任务

1. 大数据的定义

目前，大数据可简单定义为巨量资料，是指所涉及的资料量规模巨大到无法通过主流软件工具，在合理时间内达到获取、管理、处理、整理成为帮助企业经营决策的信息资产。该定义强调了大数据涉及的数据规模以及数据应该具有价值。麦肯锡全球研究所给出了类似的定义：大数据是指一种规模大到在获取、存储、管理、分析方面大大超出了传统数据库软件工具能力范围的数据集合，具有海量的数据规模、快速的数据流转、多样的数据类型和价值密度低四大特征。此定义与前述的定义类似，描述了大数据的规模，但在其基础上增加了对大数据特征的描述。

2. 大数据的特征

业界通常采用 5 个 V（volume、variety、velocity、value、veracity）来概括大数据的特征，具体来说，大数据具有 5 个基本特征：

（1）数据体量巨大

数据体量（volumes）大，指大型数据集，一般在 10 TB 规模以上。在实际应用中，很多企业用户把多个数据集放在一起，已经形成了 PB 级的数据量。百度资料表明，其首页导航每天需要提供的数据超过 1.5 PB（1 PB=1 024 TB），这些数据如果打印出来将超过 5 千亿张 A4 纸。有资料证实，到目前为止，人类生产的所有印刷材料的数据量仅为 200 PB。

(2) 数据类别大和类型多样

数据类别(variety)大，指数据来自多种数据源，数据种类和格式日渐丰富，已冲破了以前所限定的结构化数据范畴，囊括了半结构化和非结构化数据。现在的数据类型不仅有文本形式，还包括图片、视频、音频、地理位置信息等多类型的数据，个性化数据占绝对多数。

(3) 处理速度快

大数据的快速性(velocity)体现在数据交换和传播是通过互联网、云计算等方式实现，与传统媒介相比，大数据的处理速度更快。大数据与海量数据的重要区别在于，除了数据规模更大之外，大数据对处理速度有更严格的要求，数据处理速度快不仅可以避免延迟和数据丢失的问题，而且通过快速地对数据进行处理和分析，可以产生和利用数据的高价值信息。

(4) 数据价值密度低

大数据的价值密度(value)是否低，取决于数据的形式和用途。在大数据时代，越来越多的数据都是半结构化和非结构化数据，真正有价值的比较少。以视频为例，一小时的视频，在不间断的监控过程中，可能有用的数据仅仅只有一两秒。因此，相比于传统的结构化数据，大数据的价值密度可能会降低很多。这就需要使用更加高效的数据分析方法，如人工智能和数据挖掘等，来提取有价值的信息。虽然数据价值密度低是当前大数据特性之一，但对于大数据进行研究、分析挖掘仍然是具有深刻意义的。大数据的价值不仅仅是数据的数量，更重要的是数据的价值。

(5) 真实性

真实性(veracity)是大数据特征之一，指数据所反映的内容更全面、真实。数据的内容和真实性对于制定决策、验证假设、进行分析和决策都非常重要。只有具备真实性的数据，我们才能获得真实的信息和见解，做出准确、可靠的决策。

综上所述，大数据技术的战略意义不在于掌握庞大的数据信息，而在于对这些蕴含价值的数据进行专业化处理。换而言之，如果把大数据比作一种产业，那么这种产业实现盈利的关键，在于提高对数据的“加工能力”，通过“加工”实现数据的“增值”。

3. 大数据的任务

针对前述两种角度的大数据定义，在处理大数据时，会涉及以下任务：

① 数据获取：大数据来源于各个领域和渠道，包括物联网、社交网络、电子商务、企业数据等。这些渠道每天都将产生巨大规模的数据，因此大数据需要有对应的技术采集或获取这些数据。

② 数据存储：面对产生的海量数据，大数据时代人们需要有效存储这些海量数据。海量数据的存储需要庞大的存储空间，但传统的硬盘容量有限，而固态硬盘(SSD)的价格相对较高。因此，需要研究数据存储技术，如新型数据库存储技术、分布式存储技术等。

③ 数据处理：大数据需要进行有效地处理，以便从中提取有价值的信息和模式。以前的数据处理速度以秒计算，而今天的数据处理速度以毫秒计算。因为数据的价值是有时间限制的，过了某个时间点，数据的价值就会大大降低。所以，企业需要更快速地对数据进行处理，以便及时作出决策。此外，大数据涉及的数据具有多样性，包括数据类型、数据格式和数据来源等，大数据需要根据不同的数据类型和结构进行相应的处理。

④ 数据分析：海量的数据中包含了有价值的信息，大数据需要具备分析和挖掘这些信息的技术，包括数据挖掘、统计分析、机器学习等领域方法。

⑤ 数据呈现：大数据的目标是服务于各行业的应用，需要一定的技术手段呈现数据分析和挖掘的结果。

4.1.2　大数据技术

大数据技术是指面向类型复杂的海量数据，使用非传统的工具进行数据采集、存储、计算、分析和展示，从而获得分析和预测结果的一系列技术。

1. 大数据技术框架

从生命周期的视角来看，大数据技术框架包括数据采集、数据预处理、数据存储、计算处理、数据分析和数据呈现六个主要环节。表4-2展示了大数据技术的整体框架。

表4-2　大数据技术框架

大数据技术	业务场景应用	典型产品/方法
数据采集	数据源（物联网、社交网络、电子商务、企业数据等）	Flume、Kafka、Logstash
数据预处理	数据清理、数据集成、数据归约与数据转换等	缺失值处理、归一化、降维
数据存储	分布式文件和存储系统、非关系型数据库等系统	Oracle、HDFS、NoSQL
计算处理	批处理、流处理、混合处理、交互分析、图计算	Hadoop、Spark、Flink
数据分析	统计分析、机器学习、数据挖掘、人工智能等	机器学习、神经网络
数据呈现	数据可视化和应用	Tableau、QlikView、Zeppelin

（1）大数据采集技术

数据采集是通过射频技术、传感器以及移动互联网等方式获得各种类型的结构化及非结构化的海量数据，如Apache Flume、Apache Kafka、Logstash等，用于从不同来源采集大规模数据，并将数据传输到分布式存储和计算系统中。

大数据采集一般分为大数据智能感知层和基础支撑层。

① 大数据智能感知层：主要包括数据传感体系、网络通信体系、传感适配体系、智能识别体系及软硬件资源接入系统，实现对结构化、半结构化、非结构化的海量数据的智能化识别、定位、跟踪、接入、传输、信号转换、监控、初步处理和管理等。其中，着重攻克针对大数据源的智能识别、感知、适配、传输、接入等技术。

② 基础支撑层：提供大数据服务平台所需的虚拟服务器，结构化、半结构化及非结构化数据的数据库及物联网络资源等基础支撑环境。重点攻克分布式虚拟存储技术，大数据获取、存储、组织、分析和决策操作的可视化接口技术，大数据的网络传输与压缩技术，大数据隐私保护技术等。

（2）大数据预处理技术

大数据预处理主要完成对已接收数据的抽取、清洗、转换、集成、降维、采样等操作。

① 抽取：因获取的数据可能具有多种结构和类型，数据抽取过程可以将这些复杂的数据转化为单一的或者便于处理的结构，以达到快速分析处理的目的。

② 清洗：对于大数据，并不全是有价值的，有些数据并不是我们所关心的内容，而另一些数据则是完全错误的干扰项，因此要对数据“去噪”，提取出有效数据。同时，需要去除重复数据、处理缺失值和异常值，确保数据的准确性和完整性。

③ 转换：对数据进行规范化、标准化、离散化、归一化等处理，以便于后续的数据计算

和分析。

④ 集成：将多个数据源的数据进行整合，消除数据冗余和不一致，以便综合分析和建模。

⑤ 降维：通过主成分分析等方法，将高维数据转化为低维表示，减少数据的复杂性和计算负担。

⑥ 采样：对大数据进行抽样，以减少计算资源的消耗，并保持样本的代表性。

(3) 大数据存储及管理技术

大数据存储与管理要用存储器把采集到的数据存储起来，建立相应的数据库，并进行管理和调用。谷歌文件系统（GFS）的提出以及Hadoop分布式文件系统HDFS（Hadoop distributed file system）开源并广泛应用是大数据存储技术发展的里程碑，主要用于将数据分布式地存储在多个计算机节点上，以便实现数据的高可用性和可扩展性。

(4) 大数据的分布式和并行计算技术

大数据的处理对计算资源要求较高，如果使用单机计算，往往会面临计算能力不足和时间消耗过长的问题。并行处理可以同时利用多台计算机的计算能力，大幅度提高大数据处理的效率。大数据的分布式计算指将庞大的数据分割成小块，并通过网络连接多台计算机进行并行处理的方式，从而实现高性能和高效率的数据处理和分析。2004年，谷歌发表了关于分布式计算系统MapReduce论文，公开了谷歌分布式计算技术的细节部分，促进了面向大数据的新型分布式计算技术的发展。Hadoop MapReduce就是参照了Google MapReduce的论文，并对其实现开源。常用的分布式计算框架有Apache Hadoop、Apache Spark、Apache Flink等。

(5) 大数据分析及挖掘技术

数据分析及挖掘技术是大数据的核心技术。主要是在现有的数据上进行基于各种预测和分析的计算，从而起到预测的效果，满足一些数据分析的需求。数据挖掘就是从大量的、不完全的、有噪声的、模糊的、随机实际数据中，提取隐含在其中、人们事先不知道但又潜在有用的信息和知识的过程。数据挖掘技术主要包括关联分析、机器学习、统计学习、神经网络、模式识别等。

(6) 数据呈现技术和应用

大数据技术能够将隐藏于海量数据中的信息挖掘出来，用于将数据分析和结果可视化，以便更好地理解和传达数据分析结果，从而提高各个领域的运行效率。可视化和报告技术包括Tableau、QlikView、Apache Zeppelin等。在我国，大数据重点应用于商业领域、政府公共服务领域和医疗健康领域三大领域。

2. 大数据与相关技术的关系

谈及大数据，很多人会问及大数据与一些相关技术（如云计算、物联网）之间的关系。下面简单分析它们之间的关联。

从技术上看，大数据与云计算的关系就像一枚硬币的正反面一样密不可分。大数据无法用单台的计算机进行处理，必须采用分布式架构。它的特色在于对海量数据进行分布式数据挖掘，但它必须依托云计算的分布式处理、分布式数据库和云存储、虚拟化技术。可以说，大数据相当于海量数据的“数据库”，云计算相当于计算机和操作系统，将大量的硬件资源虚拟化后再进行分配使用。整体来看，云计算作为计算资源的底层，支撑着上层的大数据处理；反过来，大数据为云计算提供了用武之地。

物联网指将各种物理设备连接到互联网，并通过网络进行通信和数据交换，其目标是实现设备的智能化和自动化。物联网是大数据的重要数据来源之一，大数据技术为物联网数据分析提供支撑；云计算为物联网提供海量数据存储能力，物联网为云计算技术提供了广阔的应用场景。

4.2　大数据处理基本框架

大数据处理框架是一组软件工具和技术的集合，旨在对数据系统中的数据进行计算。常见的大数据处理框架包括批处理框架、流处理框架和混合处理框架，它们适用于不同的场景和需求。

4.2.1　批处理框架

随着数据的爆炸式增长，为了有效地处理数据，批处理框架被提出，以同时执行多个相似任务、优化资源利用、降低处理时间。在效率方面，通过将类似的任务分组在一起，将不必要的开销降到最低，从而实现更快、更高效的数据处理。在可扩展性方面，批处理框架通过将大型数据集划分成较小的块，在多个节点或机器上分配工作负载，从而实现对大型数据集的处理。这种可扩展性确保即使在处理海量数据时，也可以在合理的时间框架内完成处理。

1. 批处理框架概述

批处理是一种离线处理方式，它按照一定的间隔收集和处理数据。通常，批处理框架会在固定的时间间隔内收集一批数据，然后对这批数据进行批量处理。

优点：由于批处理在处理海量的持久数据方面表现出色，所以它通常被用来处理历史（离线）数据。

缺点：由于海量数据的处理需要耗费较多时间，因此批处理对于需要实时性较高的应用场景不够理想。同时，下一个批次的作业需要等待上一个批次全部执行完成才能被处理，也延迟了响应时间。

代表：Apache Hadoop 是批处理框架的代表，它可以支持在分布式环境下对大规模数据进行存储和处理。

Apache Hadoop 是大数据处理领域的奠基石之一，它的核心设计目标是通过分布式存储和分布式处理来实现可靠、可扩展、高效的大数据处理。Hadoop 的两个主要组件是 Hadoop 分布式文件系统（Hadoop distributed file system，HDFS）和 MapReduce。

HDFS 用于存储大规模数据集，将数据分散存储在多个计算节点上，以提高可靠性和容错性。MapReduce 是一种编程模型和处理引擎，是一个简化分布式编程的计算框架，用于在分布式数据集上执行并行处理任务。在 MapReduce 中，数据被分割成输入分片，然后每个分片都在独立的任务中处理，最后结果被收集和汇总。

2. MapReduce 工作原理

从 MapReduce 的命名可以看出，MapReduce 由两个阶段组成：Map 和 Reduce。用户只需编写 map() 和 reduce() 两个函数，即可完成简单的分布式程序的设计。map() 函数以 key/value 对作为输入，产生另外一系列 key/value 对作为中间输出写入本地磁盘。MapReduce 框架会自动将这些中间数据按照 key 值进行聚集和分区，且 key 值相同（聚集策略可以重新实现，默认情况下是对 key 值进行哈希取模）的数据被统一交给 Reduce() 函数处理。Reduce() 函数以 key

及对应的 value 列表作为输入，合并 key 相同的 value 值后，产生另外一系列 key/value 对作为最终输出写入 HDFS。

整个 MapReduce 的大致工作过程如图 4-1 所示。

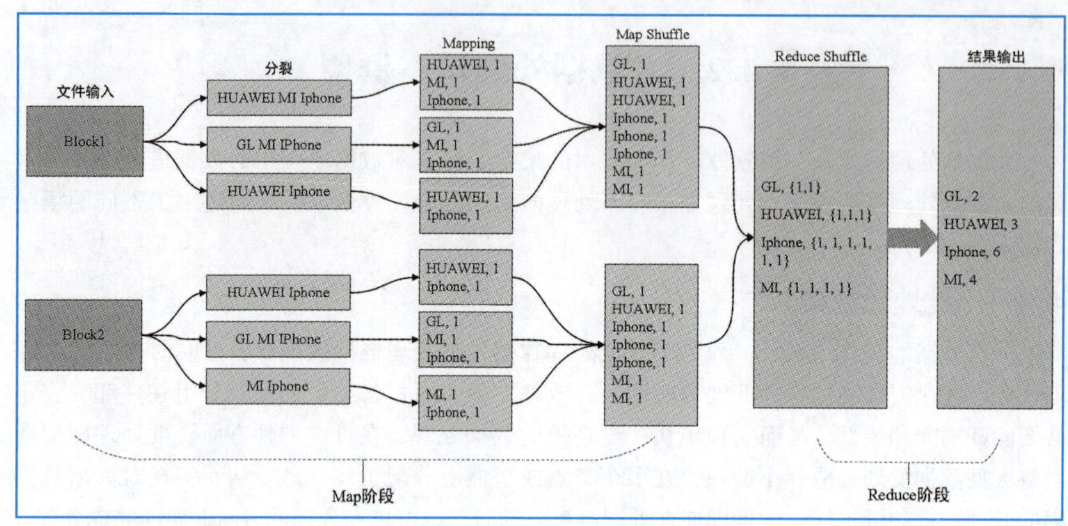

图 4-1　MapReduce 的大致工作过程

3. MapReduce 的优缺点

（1）优点

① MapReduce 易于编程。简单地实现一些接口，就可以完成一个分布式程序，这个分布式程序可以分布到大量廉价的 PC 上运行。也就是说写一个分布式程序，跟写一个简单的串行程序是一模一样的。正是因为这个特点，使得 MapReduce 编程变得非常流行。

② 良好的扩展性。当计算资源不能得到满足的时候，可以通过简单地增加机器来扩展计算能力。

③ 高容错性。MapReduce 设计的初衷就是使程序能够部署在廉价的 PC 上，这就要求它具有很高的容错性。比如其中一台机器死机了，它可以把上面的计算任务转移到另外一个节点上运行，不至于这个任务运行失败，而且这个过程不需要人工参与，而完全是由 Hadoop 内部完成的。

④ 适合 PB 级以上海量数据的离线处理。

（2）缺点

MapReduce 不擅长做实时计算、流式计算、有向图计算。

① 实时计算。MapReduce 无法像 MySQL 一样，在毫秒或者秒级内返回结果。

② 流式计算。流式计算的输入数据是动态的，而 MapReduce 的输入数据集是静态的，不能动态变化。这是因为 MapReduce 自身的设计特点决定了数据源必须是静态的。

③ 有向图计算。多个应用程序存在依赖关系，后一个应用程序的输入为前一个的输出。在这种情况下，MapReduce 也能使用，但使用后，每个 MapReduce 作业的输出结果都会写入到磁盘，会造成大量的磁盘 IO，导致性能非常的低下。

4. 2. 2　流处理框架

为了满足需要实时响应的应用需求（如日志分析、设备监控、网站实时流量分析等），流处理框架被提出。对于流处理框架的理解，可以将其视为一个水池。流处理对流入水池的水（数据）进行加工处理，然后再将加工过的水（数据）从出水管放出。这样，数据就能够像水流一样永不停止，且在水池中就被处理了。这种处理永不停止地接入数据的系统框架称为流处理框架。

1. 流处理框架概述

流处理是一种实时处理方式，它可以在数据产生的同时进行实时计算和分析。数据以流的形式在系统中流动，系统实时地处理和响应这些数据流。

优点：流处理框架适用于需要快速响应和实时分析的场景，如实时监控、实时警报等。

缺点：由于实时性的需求，流处理框架对系统的性能和容错性有更高的要求。

代表：Apache Flink、Apache Kafka 和 Apache Storm 是流处理领域的代表性框架。这些框架可以实时处理数据流，支持低延迟的处理和实时响应。

Apache Kafka 是一个开源的分布式订阅消息系统，旨在提供高吞吐量、容错性强以及水平可扩展的流数据处理解决方案，它可以处理消费者在网站中的所有动作流数据。

2. Apache Kafka 工作原理

Apache Kafka 本质是一个分布式的、分区的、多复本的日志提交服务，它通过一种独一无二的设计提供了一个消息系统的功能。其中，Kafka 维护按类区分的消息，称为主题；生产者向 Kafka 的主题发布消息；消费者向主题注册，并且接收发布到这些主题的消息；Kafka 以一个拥有一台或多台服务器的集群运行着。图 4-2 为 Apache Kafka 的架构图。

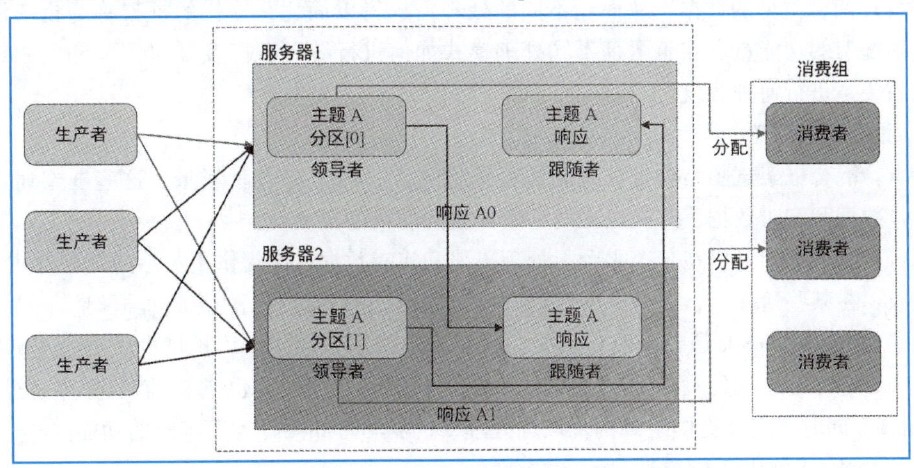

图 4-2　Apache Kafka 架构图

生产者：生产者可以将数据发布到所选择的主题中。生成者负责将记录分配到主题的那个分区中，这里可以使用对多个分区循环发送来实现多个服务器负载均衡。

日志：日志的分区分布在 Kafka 集群的服务器上。每个服务器处理数据和请求时，共享这些分区。每一个分区都会在已配置的服务器上进行备份，确保容错性。其中，每个分区都有一台服务器作为领导者，零台或多台服务器作为跟随者。作为领导者的服务器处理一切对分区的读写请求，而跟随者只需被动地同步领导者上的数据。当领导者宕机了，众多跟随者中的一台服务器会自动成为新的领导者，每台服务器都会成为某些分区的领导者和某些分区的跟随者，因此集群的负载是均衡的。

消费者：消费者使用一个消费组名称来表示，发布到主题中的每条记录将被分配到订阅消费组中的其中一个消费者实例。消费者实例可以分布在多个进程中或多个机器上。

3. Apache Kafka 的优缺点

下面分析一下 Apache Kafka 框架存在的优缺点。

(1) 优点

① 高性能：单机测试能达到 100 万 tps（每秒事务数）。

② 低延时：生产和消费的延时都很低，端到端的延时在正常的集群中也很低。

③ 工具链成熟：监控、运维、管理方案齐全。

④ 生态成熟：大数据场景必不可少 Apache Kafka Stream。

(2) 缺点

① 无法弹性扩容：对 Partition 的读写都在 Partition Leader 所在的 broker，如果该 broker 压力过大，也无法通过新增 broker 来解决问题。

② 扩容成本高：集群中新增的 broker 只会处理新 Topic，如果要分担老 Topic-Partition 的压力，需要手动迁移 Partition，这时会占用大量集群带宽。

③ 消费者新加入和退出会造成整个消费组不均衡：导致数据重复消费，影响消费速度。

4.2.3 批流混合框架

为了同时具备批处理框架和流处理框架的优点，一些处理框架拟采用相同或相关的组件和 API 处理两种类型的数据，从而让不同的处理需求得以简化，这样的框架称为批流混合框架。这种框架的功能重点在于两种不同处理模式如何进行统一，以及要对固定和不固定数据集之间的关系进行何种假设。

1. 混合框架概述

特点：混合框架试图结合批处理和流处理的优点，以适应各种场景。这些框架通常可以处理批量数据和实时数据，并提供在两种模式之间切换的灵活性。

优点：混合框架可以在一个平台上处理离线和实时数据，并提供更灵活的处理方式。

缺点：在某些情况下，混合框架可能对实时性的支持不如专门的流处理框架。

代表：Apache Spark 是一个混合框架，旨在提供快速、通用、可扩展的大数据处理框架。Apache Spark 既支持批处理（通过 Spark Core 的批处理引擎），也支持流处理（通过 Spark Streaming）；同时，它还提供了结构化数据处理、机器学习和图计算等丰富的功能。

2. Apache Spark 工作原理

Apache Spark 是一个通用的、基于内存的分布式计算引擎，它的核心原理是将数据分散到多台计算机上，并在这些计算机上并行执行计算任务，从而实现高效的数据处理和分析。它的工作原理与 Apache Hadoop 中的 MapReduce 类似，所不同的是，它通过完善的内存计算和处理优化机制加快批处理工作负载的运行速度，很好地弥补了 MapReduce 计算速度方面的缺陷。

Spark 除了 Spark Core 外，还包含多个其他组件，目前主要有四个组件：Spark SQL、Spark Streaming、MLlib、GraphX。这四个组件加上 Spark Core 组成了 Spark 的生态。Spark 的整体架构如图 4-3 所示。

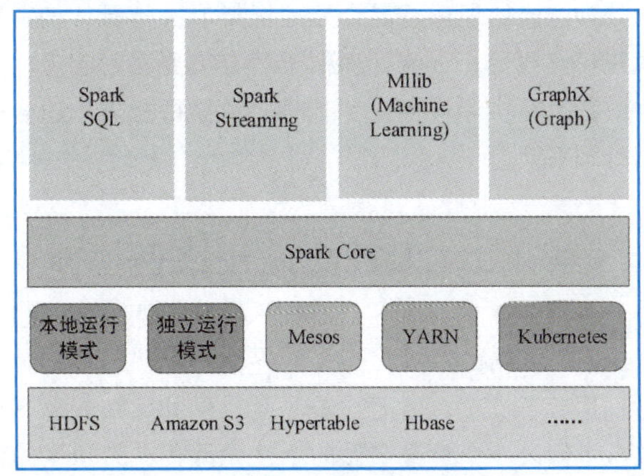

图 4-3　Spark 整体架构图

① Spark Core：是 Spark 的核心，主要负责任务调度等管理功能。Spark Core 的实现依赖于 RDDs（resilient distributed datasets，弹性分布式数据集）的程序抽象概念。

② Spark Streaming：这个模块主要是对流数据的处理，支持流数据的可伸缩和容错处理，可以与 Flume（针对数据日志进行优化的一个系统）和 Kafka（针对分布式消息传递进行优化的流处理平台）等已建立的数据源集成。Spark Streaming 的实现，也使用了 RDD 抽象的概念，使得在为流数据（如批量历史日志数据）编写应用程序时，能够更灵活，也更容易实现。

③ MLlib：主要用于机器学习领域，它实现了一系列常用的机器学习和统计算法，如分类、回归、聚类、主成分分析等算法。

④ GraphX：这个模块主要支持数据图的分析和计算，并支持图形处理的 Pregel API 版本。GraphX 包含了许多被广泛理解的图形算法，如 PageRank。

3. Apache Spark 的优缺点

Apache Spark 框架具有以下优缺点：

（1）优点

① 快速：Spark 基于内存进行计算。一般情况下，对于迭代次数较多的应用程序，Spark 程序在内存中的运行速度是 Hadoop MapReduce 运行速度的 100 多倍，在磁盘上的运行速度是 Hadoop MapReduce 运行速度的 10 多倍。

② 易用：Spark 支持多语言，允许 Java、Scala、Python 及 R 语言，使得开发者可以在自己熟悉的语言环境下进行工作。

③ 通用：Spark 提供了 Spark RDD、Spark SQL、Spark Streaming、Spark MLlib、Spark GraphX 等技术组件，可以一站式地完成大数据领域的离线批处理、交互式查询、流式计算、机器学习、图计算等常见的任务。

④ 支持复杂查询：除了简单的 Map 及 Reduce 操作之外，Spark 还支持 Filter、Foreach、ReduceByKey、Aggregate 以及 SQL 查询、流式查询等复杂查询。

（2）缺点

① 内存问题：Java 虚拟机的内存消耗太大，1 GB 的数据通常需要消耗 5 GB 的内存。

② 性能问题：由于大量数据被缓存在随机存取存储器中，Java 回收垃圾缓慢的情况严重，导致 Spark 性能不稳定。

综上所述，选择批处理、流处理还是混合处理框架取决于具体的业务需求。批处理框架适合对历史数据进行大规模离线分析，流处理框架适合需要实时响应的应用，而混合框架则提供了一种综合的解决方案。在实际应用中，有时候也会根据需求组合使用多种框架，构建更复杂、更灵活的数据处理系统。

4.3 大数据应用案例

随着科技的不断发展，大数据已经成为当今世界的一个热门话题。大数据技术已经应用于各行各业，包括金融、医疗、交通、教育、安防等。例如，在教育行业，通过大数据进行学习分析，能够为每位学生创设一个量身定做的个性化课程，为学生的多年学习提供一个富有挑战性而非逐渐厌倦的学习计划；在交通行业，大数据技术可以预测未来交通情况，为改善交通状况提供优化方案，有助于交通部门提高对道路交通的把控能力，防止和缓解交通拥堵，提供更加人性化的服务。

4.3.1 案例分享的目的和意义

本节主要分享两个基于大数据的应用案例，包括银行大数据应用案例和大数据带来的隐私风险案例。它们分别从正、反两个方面阐述大数据给社会带来的好处和影响，让读者清楚大数据既能够带来便利，但也存在一定的弊端。

对于每个应用案例，首先分析应用的需求，然后介绍实现该应用需求需要的数据，即基于哪些来源数据组成的大数据能够挖掘出其中有价值的信息。最后阐述如何应用这些数据实现需求。

针对银行大数据应用案例，在教学方面，该案例可以让读者了解大数据能够帮助银行实现精准营销、风险管控和运营优化等；作为银行管理者，他们可以思考有哪些数据能够被利用，基于这些数据还有哪些需求可以开发，又有哪些有价值的信息可以被挖掘。作为大数据带来的负面应用，隐私风险案例的分享旨在告诉读者由于各种个人信息数据的集成和分析，个人隐私在这个大数据时代逐渐变得透明，人们应该有意识地保护自己的隐私，并给出了一些建议。同样，对于各企业或零售商，该案例旨在告诫他们需要谨慎分析大数据中蕴含的信息，且不能将分析的结果用于任何不当的需求中。

4.3.2 银行大数据应用案例

银行业作为金融行业的重要组成部分，对于全球经济和金融体系的发展至关重要。然而，近年来，随着科技的发展和全球经济形势的变化，银行业的经营环境和经营方式也发生了很大的变化。

首先，银行业的现状是市场竞争日益激烈。随着金融科技的快速发展，新型金融机构和互联网金融企业不断涌现，与传统的银行机构展开竞争。同时，银行机构也在积极探索数字化转型，希望通过技术创新来提高服务质量，增强市场竞争力。

其次，银行业的未来发展将更加注重客户体验和服务创新。未来的银行业将更加关注客户需求，提供更加个性化、便捷化的服务。同时，银行业也将加强对数据分析和人工智能等技术的应用，提高服务效率和风险控制能力。

目前，国内不少银行已经开始尝试通过大数据来驱动业务运营，如中信银行信用卡中心使用大数据技术实现了实时营销，光大银行建立了社交网络信息数据库，招商银行利用大数据发展小微贷款。下面介绍大数据在银行业中的四个应用：

1. 客户画像应用

客户画像应用主要分为个人客户画像和企业客户画像。个人客户画像包括人口统计学特征、消费能力数据、兴趣数据、风险偏好等；企业客户画像包括企业的生产、流通、运营、财务、销售和客户数据、相关产业链上下游等数据。值得注意的是，银行拥有的客户信息并不全面，基于银行自身拥有的数据有时候难以得出理想的结果甚至可能得出错误的结论。比如，如果某位信用卡客户月均刷卡 8 次，平均每次刷卡金额 800 元，平均每年打 4 次客服电话，从未有过投诉，按照传统的数据分析，该客户是一位满意度较高、流失风险较低的客户。但如果看到该客户的微博，得到的真实情况是：工资卡和信用卡不在同一家银行，还款不方便，好几次打客服电话没接通，客户多次在微博上抱怨，该客户流失风险较高。所以银行不仅仅要考虑银行自身业务所采集到的数据，更应考虑整合外部更多的数据，以扩展对客户的了解。包括：

① 客户在社交媒体上的行为数据，如光大银行建立了社交网络信息数据库。通过打通银行内部数据和外部社会化的数据可以获得更为完整的客户拼图，从而进行更为精准的营销和管理。

② 客户在电商网站的交易数据，如建设银行则将自己的电子商务平台和信贷业务结合起来，阿里金融为阿里巴巴用户提供无抵押贷款，用户只需要凭借过去的信用即可。

③ 企业客户的产业链上下游数据，如果银行掌握了企业所在的产业链上下游的数据，可以更好掌握企业的外部环境发展情况，从而可以预测企业未来的状况。

④ 其他有利于扩展银行对客户兴趣爱好的数据，如网络广告界目前正在兴起的数据管理平台的互联网用户行为数据。

2. 精准营销

在客户画像的基础上银行可以有效地开展精准营销，包括以下四个方面。

① 实时营销。实时营销是根据客户的实时状态来进行营销，比如客户当时的所在地、客户最近一次消费等信息来有针对地进行营销（某客户采用信用卡采购孕妇用品，可以通过建模推测怀孕的概率并推荐孕妇类喜欢的业务）；或者将改变生活状态的事件（换工作、改变婚姻状况、置居等）视为营销机会。

② 交叉营销。即不同业务或产品的交叉推荐，如招商银行可以根据客户交易记录分析，有效地识别小微企业客户，然后用远程银行来实施交叉销售。

③ 个性化推荐。银行可以根据客户的喜好（喜好数据需要来源于其他平台）进行服务或者银行产品的个性化推荐，如根据客户的年龄、资产规模、理财偏好等，对客户群进行精准定位，分析出其潜在金融服务需求，进而有针对性地进行营销推广。

④ 客户生命周期管理。客户生命周期管理包括新客户获取、客户防流失和客户赢回等。如招商银行通过构建客户流失预警模型，对流失率等级前 20% 的客户发售高收益理财产品予以挽留，使得金卡和金葵花卡客户流失率分别降低了 15 个和 7 个百分点。

3. 风险管控

风险管控主要包括中小企业贷款风险评估，以及欺诈交易识别和反洗钱分析等手段。

① 中小企业贷款风险评估。银行可通过企业的产品、流通、销售、财务等相关信息结合大数据挖掘方法进行贷款风险分析，量化企业的信用额度，更有效地开展中小企业贷款。

② 实时欺诈交易识别和反洗钱分析。银行可以利用持卡人基本信息、交易历史、客户历史行为模式、正在发生行为模式（如转账）等，结合智能规则引擎（如从一个不经常出现的国家为一个特有用户转账或从一个不熟悉的位置进行在线交易）进行实时的交易反欺诈分析。如 IBM 金融犯罪管理解决方案帮助银行利用大数据有效地预防与管理金融犯罪，摩根大通银行则利用大数据技术追踪盗取客户账号或侵入自动柜员机（ATM）系统的罪犯。

4. 运营优化

① 市场和渠道分析优化。通过来源于市场的数据，银行可以监控不同市场推广渠道尤其是网络渠道推广的质量，从而进行合作渠道的调整和优化。同时，也可以分析哪些渠道更适合推广哪类银行产品或者服务，从而进行渠道推广策略的优化。

② 产品和服务优化。银行可以将客户行为转化为信息流，并从中分析客户的个性特征和风险偏好，更深层次地理解客户的习惯，智能化分析和预测客户需求，从而进行产品创新和服务优化。如兴业银行目前对大数据进行初步分析，通过对还款数据挖掘比较区分优质客户，根据客户还款数额的差别，提供差异化的金融产品和服务方式。

③ 舆情分析。银行可以通过爬虫技术，抓取社区、论坛和微博上关于银行以及银行产品和服务的相关信息，并通过自然语言处理技术进行正负面判断，尤其是及时掌握银行以及银行产品和服务的负面信息，及时发现和处理问题；对于正面信息，可以加以总结并继续强化。同时，银行也可以抓取同行业的银行正负面信息，及时了解同行做得好的方面，以作为自身业务优化的借鉴。

4.3.2 大数据带来的隐私风险案例

大数据的应用已经深入各个领域，包括金融、医疗、政府等。然而，随之而来的是个人隐私的日益暴露和泄露风险。在大数据时代，个人信息成为最宝贵的资源之一。各种应用和服务收集和存储了大量的个人数据，包括各种平台注册的个人信息、就医及健康信息、消费记录和习惯等。

大数据技术的发展使得个人数据可以被广泛应用于商业和政府活动中，但一些机构和个人可能会滥用这些数据，用于商业竞争、个人追踪或其他不当途径。这种滥用可能导致个人权益受损，同时引发社会不稳定。

例如，一些零售商使用收集的个人的基本信息、商品购买记录、医院的就诊记录、近期互联网上的查询内容，通过大数据技术分析预测个人的私密信息，如孕妇的预产期。在这种情况下，随后的市场活动可能导致这些私密信息在她主动告知他人之前被知晓，带来家庭及朋友之间的不和谐。

为了解决大数据带来的隐私问题，可以采取以下措施：

1. 加强法律法规的制定和执行

为了保护个人隐私，政府应加强对大数据的监管，制定更加严格的法律法规，并加大执法力度。同时，个人隐私权的保护应成为法律的基本原则，对侵犯个人隐私的行为进行严厉打击。

2. 加强数据安全保护

为了防止个人信息泄露，各个机构和企业应加强数据安全保护措施，包括加密存储、访问控制等。同时，对于个人数据的收集和使用应进行明确告知，并取得个人的同意。

3. 加强教育和意识提升

在大数据时代，个人隐私保护需要广泛的社会参与。政府和媒体应加强对个人隐私保护意识的宣传和教育，提高公众对隐私问题的重视和理解。同时，个人应增强自我保护意识，避免在网络和社交媒体上过度暴露个人信息。

4. 尊重并保护其他在网络上发布或者分享的内容

在网络上浏览或者获取他人发布或者分享的内容时，可能会看到一些涉及他人隐私或者敏感信息的内容。这些内容可能是他人无意公开或者只想与特定对象分享的。因此，在看到这些内容后，要尊重并保护他人隐私权益，并遵守相关法律法规和道德规范，不要擅自转发、截图、评论或者利用这些内容进行不良行为。

习题 4

1. 什么是大数据？
2. 大数据有哪些特点？
3. 常用大数据获取途径包括哪些？
4. 大数据处理技术有哪些？
5. 大数据的预处理方法有哪些？
6. 大数据的挖掘方法有哪些？
7. 批处理和流处理的提出动机是什么？它们有什么区别？
8. 大数据的应用领域有哪些？请阐述大数据在领域中的具体作用。

第5章 人工智能

学习目标

本章介绍人工智能的基本概念、大体发展、包含的主要内容，数据人工智能的任务和技术，常见的深度学习框架，人工智能应用案例，以及人工智能与社会伦理。通过本章学习，要求：

◎ 了解人工智能的发展和包含的主要内容。

◎ 熟悉数据人工智能常用的技术和广泛使用的深度学习框架。

◎ 了解人工智能在实际行业中的应用。

本章导引

人工智能是新一轮科技革命和产业革命的重要驱动力量，是研究、开发用于模拟、延伸和扩展人的智能的理论、方法、技术及应用系统的一门新的技术科学。它让计算机具有感知、理解、判断、推理、学习、识别、生成、交互等类人智能的能力，从而能够执行各种任务，甚至超越人类的智能表现。人工智能是计算机科学的一个分支，其研究和发展涉及多个学科领域，包括数学、逻辑学、控制论、语言学、神经科学等。人工智能的发展包括五个发展期，从起步期开始，逐步经历了反思期、应用期、平稳期和如今的蓬勃期。

数据人工智能是人工智能的一个重要分支，它专注于利用先进的数据处理和分析技术来增强人工智能系统的性能和应用能力。数据人工智能是指通过运用机器学习、深度学习等人工智能技术，对海量、复杂的数据进行挖掘、分析、处理和利用，以发现数据中的潜在价值、规律和模式，进而为决策制定、业务优化、产品创新等提供有力支持。它结合了数据科学、计算机科学、统计学等多个学科的知识和技术，是人工智能与大数据融合的产物。数据人工智能的核心技术包括但不限于以下几个方面：机器学习、深度学习、自然语言处理、计算机视觉等。

深度学习框架是一种用于构建、训练和部署深度神经网络模型的工具集合。它提供了丰富的函数和工具，使开发者能够方便地创建、调整和优化神经网络模型。常用的深度学习框架包括 TensorFlow、PyTorch、Caffe 等。本章挑选 PyTorch 框架和大语言模型框架进行了详细地介绍。

人工智能的应用案例广泛且多样，涵盖了众多领域，从商业到生活，从教育到医疗，都展现出了其巨大的潜力和价值。常见的应用案例包括电子商务、教育、自动驾驶、医疗健康、智慧城市、娱乐和游戏等。本章讨论了大模型在医疗健康行业的应用以及聊天机器人与患者互动的应用。与第 4 章一样，本章的应用案例也是从一正一反两个方面阐述人工智能技术给人们生活带来的影响。

5.1　人工智能概述

人工智能（artificial intelligence，AI）是一种使计算机和机器能够模拟人类智能和解决问题能力的技术，可以单独使用或与其他技术（如传感器、地理定位、机器人）相结合，执行原本需要人类智能或人工干预的任务。作为计算机科学的一个领域，人工智能包括机器学习和深度学习。这些学科涉及以人脑决策过程为模型的 AI 算法的开发，这些算法可以从可用数据中“学习”，并随着时间的推移做出越来越准确的分类或预测。研究人工智能的目标是让计算机模拟人类行为，代替人去思考、工作，因此科学家会以人类的思考过程为模板，去教“机器宝宝”逐渐长大成人，与人类的成长过程类似。

5.1.1　人工智能的发展

在人工智能的发展过程中，不同时代、不同学科背景的人对于智慧的理解及其实现方法有着不同的思想主张，并由此衍生了不同的学派，影响较大的学派及其代表方法见表 5-1。

表 5-1　人工智能学派及其代表方法

人工智能学派	主要思想	代表方法
联结主义	利用数学模型来研究人类认知的方法，用神经元的连接机制实现人工智能	神经网络、SVM 等
符号主义	认知就是通过有意义的表示符号进行推导计算，并将学习视为逆向演绎，主张用显式的公理和逻辑体系搭建人工智能系统	专家系统、知识图谱、决策树等
演化主义	对生物进化进行模拟，使用遗传算法和遗传编程	遗传算法等
贝叶斯主义	使用概率规则及其依赖关系进行推理	朴素贝叶斯等
行为主义	以控制论及感知-动作型控制系统原理模拟行为以复现人类智能	强化学习等

从发展历程看，我们可以将人工智能发展历程大致划分为五个阶段。

1. 起步发展期（1943 年—20 世纪 60 年代）

人工智能概念的提出后，发展出了符号主义、联结主义（神经网络），相继取得了一批令人瞩目的研究成果，如机器定理证明、跳棋程序、人机对话等，掀起人工智能发展的第一个高潮。1943 年，美国神经科学家麦卡洛克和逻辑学家皮茨提出神经元的数学模型，这是现代人工智能学科的奠基石之一。1950 年，图灵提出“图灵测试”（测试机器是否能表现出与人无法区分的智能），让机器产生智能这一想法开始进入人们的视野。1956 年，达特茅斯学院人工智能夏季研讨会上正式使用了人工智能这一术语。这是人类历史上第一次人工智能研讨，标志着人工智能学科的诞生。1957 年，罗森布拉特在一台 IBM-704 计算机上模拟实现了一种他发明的称为“感知机”的神经网络模型。1968 年，费根鲍姆提出首个专家系统 DENDRAL，并对知识库给出了初步的定义，这也孕育了后来的第二次人工智能浪潮。

2. 反思发展期（20 世纪 70 年代）

人工智能发展初期的突破性进展大幅提升了人们对人工智能的期望，人们开始尝试更具挑战性的任务，然而计算能力及理论等的匮乏使得不切实际的目标的落空，人工智能的发展走入低谷。1974 年，哈佛大学沃伯斯博士论文里首次提出了通过误差的反向传播来训练人工神经网络，但在该时期未引起重视。1975 年，明斯基在论文《知识表示的框架》中提出用于人工智能中的知识表示学习框架理论。1977 年，罗思等人的基于逻辑的机器学习系统取得较大的进展，但只能学习单一概念，也未能投入实际应用。1979 年，贝利纳打造的计算机程序战胜双陆棋世界冠军成为标志性事件。随后，基于行为的机器人学在布鲁克斯和萨顿等人的推动下快速发展，成为人工智能一个重要的发展分支。特索罗等人打造的自我学习双陆棋程序又为后来的强化学习的发展奠定了基础。

3. 应用发展期（20 世纪 80 年代）

人工智能走入应用发展的新高潮。专家系统模拟人类专家的知识和经验解决特定领域的问题，实现了人工智能从理论研究走向实际应用、从一般推理策略探讨转向运用专门知识的重大突破。而机器学习探索不同的学习策略和各种学习方法，在大量的实际应用中也开始慢慢复苏。1980 年，在美国的卡内基梅隆大学召开了第一届机器学习国际研讨会，标志着机器学习研究已在全世界兴起。1982 年，约翰·霍普菲尔德发明了霍普菲尔德网络，这是最早的循环神经网络的雏形。1985 年，朱迪亚·珀尔提出贝叶斯网络，他以倡导人工智能的概率方法和发展贝叶斯网络而闻名。1986 年，辛顿等人先后提出了多层感知器与反向传播训练相结合的理念，这也解决了单层感知器不能做非线性分类的问题，开启了神经网络新一轮的高潮。1989 年，LeCun（CNN 之父）结合反向传播算法与权值共享的卷积神经层发明了卷积神经网络，并首次将卷积神经网络成功应用到美国邮局的手写字符识别系统中。

4. 平稳发展期（20 世纪 90 年代—2010 年）

由于互联网技术的迅速发展，加速了人工智能的创新研究，促使人工智能技术进一步走向实用化，人工智能相关的各个领域都取得长足进步。在 2000 年初，由于专家系统的项目都需要编码太多的显式规则，这降低了效率并增加了成本，人工智能研究的重心从基于知识系统转向了机器学习方向。

1995 年，Cortes 和 Vapnik 提出联结主义经典的支持向量机，它在解决小样本、非线性及高维模式识别中表现出许多特有的优势，并能够推广应用到函数拟合等其他机器学习问题中。1997 年，Sepp Hochreiter 和 Jürgen Schmidhuber 提出了长短记忆神经网络。1998 年，万维网联盟的蒂姆·伯纳斯·李提出语义网的概念。其核心思想是使整个互联网成为一个基于语义链接的通用信息交换媒介。2001 年，布雷曼博士提出随机森林，将多个有差异的弱学习器（决策树）并行组合，通过建立多个拟合较好且有差异的模型去组合决策。2003 年，David Blei、Andrew Ng 和 Michael I. Jordan 提出 LDA（latent dirichlet allocation）。LDA 是一种无监督方法，用来推测文档的主题分布，将文档集合中每篇文档的主题以概率分布的形式给出，可以根据主题分布进行主题聚类或文本分类。2006 年，杰弗里·辛顿以及他的学生鲁斯兰·萨拉赫丁诺夫正式提出了深度学习的概念，开启了深度学习在学术界和工业界的浪潮。

5. 蓬勃发展期（2011年至今）

随着大数据、云计算、互联网、物联网等信息技术的发展，泛在感知数据和图形处理器等计算平台推动了以深度神经网络为代表的人工智能技术的飞速发展，大幅度地跨越了科学与应用之间的技术鸿沟，诸如图像分类、语音识别、知识问答、人机对弈、无人驾驶等人工智能技术实现了重大的突破，迎来了爆发式增长的新高潮。

2011年，IBM Watson问答机器人参与Jeopardy回答测验比赛最终赢得了冠军。Waston是一个集自然语言处理、知识表示、自动推理及机器学习等技术实现的计算机问答系统。2012年，谷歌正式发布谷歌知识图谱，它是谷歌的一个从多种信息来源汇集的知识库，协助使用者更快地找到所需的资料。2013年，谷歌的Tomas Mikolov提出经典的Word2Vec模型用来学习单词分布式表示，因其简单高效引起了工业界和学术界极大的关注。2014年，Goodfellow及Bengio等人提出生成对抗网络，被誉为近年来最酷炫的神经网络。2015年，谷歌开源TensorFlow框架，它是一个基于数据流编程的符号数学系统，被广泛应用于各类机器学习算法的编程实现。2016年，谷歌提出联邦学习方法，它在多个持有本地数据样本的分散式边缘设备或服务器上训练算法，而不交换其数据样本。

2018年，谷歌发布BERT模型，成功在11项自然语言处理任务中取得出色的结果。2020年，OpenAI开发的文字生成人工智能GPT-3，它是一个具有1 750亿个参数的自然语言深度学习模型，比以前的版本GPT-2高100倍，该模型经过了将近0.5万亿个单词的预训练，可以在多个自然语言处理任务（答题、翻译、写文章）基准上达到最先进的性能。2022年，ChatGPT发布，AI的想象瞬时就开始爆了。

5.1.2 人工智能的主要内容

人工智能是研究、开发用于模拟、延伸和拓展人的智能的理论、方法及应用系统的一门新的技术科学。通俗地说，就是让机器学习像人一样思考和做事。人工智能是计算机科学的一个分支，它企图了解智能的实质，并生产出一种以人类智能相似的方式作出反应的智能机器，该领域的研究包括机器人、语言识别、图像识别、自然语言处理和专家系统等。人工智能可以对人的意识和思维的信息过程进行模拟，它不是人的智能，但能像人那样思考，也可能超过人的智能。

人工智能包括弱人工智能和强人工智能两个类型。

① 弱人工智能：指能够完成一个单一任务的智能机器或者软件，主要以数据为驱动。我们今天在人工智能领域看到的所有进展都是弱人工智能，如Siri、AlphaGo、ChatGPT等。目前的弱人工智能模拟人类的行为表现，经过长期的针对性训练，在执行特定任务时可能取得超越人类的成绩，但它们并没有“举一反三”的变通能力，一旦任务稍加修改就会束手无策。就像当年AlphaGo大胜人类棋手，但如果稍微改变围棋规则，人类棋手可以很快接受并调整，AlphaGo就不得不重新接受训练了。

② 强人工智能：指完全拥有人类思维能力的智能技术，这也是构造人工智能的最终目标。强人工智能就像科幻电影中的AI形象，有自己的思想和情感，能够独立做决策。不过，现在还远远达不到强人工智能所需要的技术水平，更多的是“有多少人工就有多少智能，智能不够要靠人工来凑”的弱人工智能。

5.2 数据人工智能

数据人工智能，也称为数据驱动的人工智能，指以数据为学习对象，通过训练模型，让其学习数据中蕴含的特征和规律，以实现弱人工智能。数据人工智能是弱人工智能的一种途径，它通常需要人们提供大量的学习数据，并根据具体的任务要求，选择合适的方法学习给定数据中的信息和知识，从而取得超越人的成绩。

数据人工智能的目标是从数据中学习蕴含的信息和知识，以实现各种应用下的智能。它的主要任务是应该怎样学习才能实现最终的目标。根据从数据中学习知识所采用的学习方式进行分类，数据人工智能的任务主要包含监督学习、无监督学习和强化学习等。

① 有监督学习：也称为监督机器学习，是机器学习中的一个重要方法。它使用已知输入和输出（或称为标签）的数据集进行训练。在训练过程中，模型学习如何从输入数据中推断出相应的输出。一旦模型训练完成，它就可以用于预测新数据的输出。因此，有监督学习的目标是利用一组带有标签的数据，学习从输入到输出的映射，然后将这种映射关系应用到未知数据上，达到分类或回归的目的。

② 无监督学习：主要对没有类别标记的样本进行学习。与有监督学习不同，无监督学习在训练过程中不提供预测量的真实值，即没有人为或人工干预的标签或目标。它通过学习数据内在的结构和规律，发现数据间的关联性和相似性。

③ 强化学习：又称再励学习、评价学习或增强学习，是机器学习的范式和方法论之一，用于描述和解决智能体在与环境的交互过程中通过学习策略以达成回报最大化或实现特定目标的问题。不同于监督学习和非监督学习，强化学习不要求预先给定任何数据，而是通过接收环境对动作的奖励（反馈）获得学习信息并更新模型参数。

根据学习过程中所采用的不同策略，数据人工智能的任务主要包含机器学习和深度学习。

① 机器学习：机器学习是一门多领域交叉学科，涉及概率论、统计学、逼近论、凸分析、算法复杂性理论等多门学科。它专门研究计算机怎样模拟或实现人类的学习行为，以获取新的知识或技能。机器学习包含众多算法，如线性回归、逻辑回归、朴素贝叶斯、决策树、支持向量机、期望最大化等。

② 深度学习：深度学习是机器学习中的一个重要分支，它被引入机器学习使得其更接近最初的人工智能目标。深度学习是学习样本数据的内在规律和表示层次，这些学习过程中获得的信息对诸如文字、图像和声音等数据的解释有很大的帮助，它使机器模仿视听和思考等人类的活动，解决了很多复杂的模式识别难题，使得人工智能相关技术取得了很大进步。主要方法包括卷积神经网络、循环神经网络、深度信念网络、图神经网络、编码-解码模型、少样本和零样本系列模型等。

5.2.1 数据人工智能的任务

目前，数据人工智能的应用领域主要包括自然语言处理（natural language processing，NLP）领域和计算机视觉（computer vision，CV）领域。因此，下面分别对其进行介绍。

1. 自然语言处理领域的主要任务

自然语言处理是计算机科学领域与人工智能领域中的一个重要方向。它研究能实现人与计算机之间用自然语言进行有效通信的各种理论和方法。自然语言处理是一门融语言学、计算机科学、数学于一体的科学。因此，这一领域的研究将涉及自然语言，即人们日常使用的语言，所以它与语言学的研究有着密切的联系，但又有重要的区别。自然语言处理并不是一般地研究自然语言，而在于研制能有效地实现自然语言通信的计算机系统，特别是其中的软件系统。

由于自然语言处理的数据对象是自然语言的文本数据，所以该领域的基础任务包括：

① 词法分析：这是 NLP 的基础，旨在对文本进行分解和分类。词法分析器将文本分解为单词或词素，并对其进行标记，以揭示它们的词性（如名词、动词、形容词等）和含义。

② 句法分析：句法分析器负责理解句子的结构和语法。它使用语法规则和模式来识别句子的主语、谓语、宾语等成分，以及它们之间的依存关系。

③ 语义理解：这是 NLP 的核心部分，要求计算机理解单词和句子背后的含义。这涉及上下文语义、概念映射和推理能力等方面。

④ 词嵌入：将单词映射到连续向量空间，解决深度学习框架下的词语表示问题。它通过将语义相似的单词映射到相邻的向量空间位置，实现对单词语义的捕捉。现有的 Word2Vec、GloVe 和 BERT 等模型都实现了词嵌入。

NLP 领域的应用任务旨在根据具体应用需求学习文本数据中包含的知识。主要的应用需求包括以下六个方面：

① 信息抽取：把输入文本里包含的人们感兴趣的信息进行结构化处理，变成表格一样的组织形式。对于信息抽取系统，它的输入是自然语言文本，输出是固定格式的信息点。信息点从各种各样的文本中被抽取出来，然后以统一的形式集成在一起。在互联网中，人们感兴趣的信息被淹没在浩瀚的文档中，若能从自然语言文本中将这些人们感兴趣的信息提取出来，并用结构化形式展示，那将是十分有益的。例如，企业可以大幅度地降低人工从数据中提取有价值信息的成本，同时可以提高信息提取的精确率，有效支撑企业决策。信息抽取又包含许多子任务，如实体抽取、事件抽取、关系抽取等。

② 情感分析：从文本数据（如书面评论和社交媒体帖子）中自动解释和分类所蕴含情感（通常是积极、消极或中立）的分析过程。社交媒体革新了人们对于产品和服务的决策方式。在旅游、酒店和消费电子产品等市场中，现在人们通常认为客户评价至少与专业评论家的评估同样重要。手动分析客户或潜在客户所生成的大量文本非常耗时。社交媒体、电子邮件、聊天、产品评价和推荐的情感分析已成为几乎所有垂直行业中的重要资源。情感分析非常有助于帮助企业获取见解、改进产品、了解客户、预测和增强客户体验、定制营销活动等。

③ 文本生成：根据需求生成自然语言文本，包括机器写作、自动摘要等。其中，自动摘要指从自然语言文本中提取关键信息并生成简洁、连贯的文本摘要的过程。该任务可以帮助用户快速理解文本的主要内容，精准地概括主题。同时，自动摘要还可以根据用户需求，生成不同风格的摘要，如推文风格、故事叙述风格等，使得文章更加灵活多变、更具吸引力。

④ 机器翻译：将一种自然语言（源语言）转换为另一种自然语言（目标语言）的过程。机器翻译肩负着架起语言沟通桥梁的重任，具有重要的实用价值。在商业领域，机器翻译技术可应用于产品说明书、合同文本、新闻报道和电子邮件的翻译，可以提高工作效率和准确性，同时在国际会议和商务谈判中，机器翻译可以帮助克服语言障碍，实现实时交流。

⑤ 问答系统（人机对话）：是信息检索系统的一种高级形式，它能用准确、简洁的自然

语言回答用户用自然语言提出的问题。其研究兴起的主要原因是人们对快速、准确地获取信息的需求。在教育领域，问答系统可以为学生提供个性化的学习答疑服务。学生在学习过程中遇到问题时，可以直接向问答系统提问，系统会根据学生的问题和知识点进行匹配，给出相应的解答。这样，学生可以随时随地获得针对性的学习帮助，提高学习效率。在医疗领域，问答系统可以为医生和患者提供辅助诊断和健康咨询服务。医生和患者可以向问答系统提问病情、疾病治疗等相关问题，系统会根据医学知识库和临床经验给出相应的建议和解答。这样，医生和患者可以通过问答系统获取及时准确的医疗信息，提高诊断和治疗水平。

⑥ 语音识别：识别和理解语音信号并将其转变为相应的自然语言文本的过程。语音识别技术在语音助手、语音搜索等场景中具有广泛应用。此外，使用融合了语音识别技术的会议记录系统，可以实现在会议过程中将发言人的语音实时转换成文字，提升了工作效率和记录的准确性。

2. 计算机视觉领域的主要任务

计算机视觉是一门研究如何使机器“看”的科学，更具体地说，就是指用摄影机和计算机代替人眼对目标进行识别、跟踪和测量等机器视觉。作为一个科学学科，计算机视觉研究相关的理论和技术，试图建立能够从图像或者多维数据中获取“信息”的人工智能系统。因为感知可以看作是从感官信号中提取信息，所以计算机视觉也可以看作是研究如何使人工系统从图像或多维数据中“感知”的科学。

计算机识别主要包含四大类任务：图像识别和分类、目标检测、语义分割和实例分割。

① 图像识别和分类。图像识别指根据输入图像所反映的不同特征，让计算机能够像人类一样理解和解释图像，以识别各种不同模式的目标和对象。在安防监控中，用于人员识别、行为分析以及异常检测等，有效提升公共安全。现阶段图像识别任务一般分为人脸识别和物品识别。人脸识别主要运用在安全检查、身份核验与移动支付中；物品识别主要运用在无人货架、智能零售柜等无人零售领域。图像分类是图像识别的一个子任务，目标是将图像分到预定义的类别中。例如，给定一张图像，图像分类的任务可能是判断这张图像是猫还是狗。在电商应用中，图像分类技术可以自动识别和分类商品图片，帮助用户快速找到想要的商品，提高购物体验。

② 目标检测。指在图像中准确定位和识别出特定目标的任务。它既要求找到图像中的目标位置，又需要对目标进行分类或标记。目标检测技术可以应用于智能监控、智能驾驶、机器人视觉等场景。例如，在智能驾驶应用中，目标检测技术可以实现车辆周围行人和车辆的检测和跟踪，提高驾驶安全。

③ 语义分割。旨在将输入图像中的每个像素标记为属于哪个语义类别。与目标检测、图像识别和分类不同，语义分割不仅可以检测和识别图像中的物体，还可以为每个像素分配标签，从而提供更详细和准确的图像理解。语义分割适用于需要对图像进行精细分割和像素级分类的场景，如医学图像中的病变分割等。

④ 实例分割。实例分割是指将图像中的每个目标都进行分割，并且区分不同目标之间的边界的任务。与语义分割不同，实例分割需要给每个目标分配一个唯一的标识符。实例分割在目标跟踪、交通监控、人体姿态估计等领域具有重要应用价值。

5.2.2 数据人工智能的技术

根据数据人工智能的任务，下面从学习方式和学习策略两个方面介绍数据人工智能包含的主要技术。

1. 不同学习方式下的技术

(1) 有监督学习

有监督学习是机器学习中最常见和广泛应用的一种方法。有监督学习的技术包括多种算法，每种算法都有其特定的应用场景和优势。以下是一些主要的有监督学习技术：

① 线性回归：利用数理统计中的回归分析来确定两种或两种以上变量间相互依赖的定量关系的一类统计分析方法，运用十分广泛。按照自变量和因变量之间的关系类型，可分为线性回归分析和非线性回归分析。线性回归是一种简单的有监督学习算法，用于预测连续型目标变量。在线性回归中，数据使用线性预测函数来建模，并且未知的模型参数也是通过数据来估计。这些模型被称为线性模型。

② 逻辑回归：一类通过应用逻辑函数（通常是 Sigmoid 函数）将线性回归的输出转换为概率值的分类方法。虽然名称中包含“回归”，但逻辑回归实际上是一种分类算法，用于处理二分类问题。

③ 支持向量机：一类对数据进行二元分类的广义线性分类器，其决策边界是对学习样本求解的最大边距超平面。支持向量机通过构建最大边距超平面将数据对象划分为两个类别。它能够识别出两个类别之间的分界线，并在训练中生成一个支持向量来帮助预测新的输入数据的类别。在小样本数据集上支持向量机的分类效果表现出色。对于多分类任务，可以将其转化为多次二分类问题来实现。

④ 决策树与随机森林：一类通过不断地选择最优特征来构建分类决策树的分类方法，适用于小规模数据集的分类任务。随机森林则是通过集成多个决策树来提高分类性能，可以有效地避免过拟合问题。

⑤ K-近邻：一类通过计算输入数据和训练数据之间的距离来确定输入数据类别的分类方法。具体来说，K-近邻会将测试样本分类到与其最近的 K 个训练样本中出现次数最多的类别。

⑥ 朴素贝叶斯：一类基于贝叶斯定理和特征独立性假设的概率分类算法。它利用训练数据中的特征和标签之间的概率关系，通过计算后验概率来进行分类预测。在文本分类、垃圾邮件过滤、情感分析以及主题分类等任务中，朴素贝叶斯技术表现出色。在文本分类中，其基本思想是根据文本中出现的单词或单词组合的概率来判断文本所属的类别。

(2) 无监督学习

无监督学习是机器学习的一个关键分支，它涉及在没有标签或指导的情况下，让模型从数据中学习并发现内在的结构和模式。无监督学习技术特别适用于探索性数据分析、降维、聚类以及异常检测等任务。下面是一些主要的无监督学习技术：

① 聚类：一类根据数据的内在相似性将数据对象聚合成不同类别（称为簇）的方法。这些簇通常反映了数据的某种潜在结构。常见的聚类算法包括 k-means 聚类、层次聚类、DBSCAN 等。这些算法通过计算数据对象之间的距离或相似度，将相似的数据对象归为同一类别，有助于发现数据的内在组织结构。

② 降维：一类通过保留主要特征、去除次要特征将数据投影到低维空间的方法，实现减少数据维度的目的，以便更容易地进行可视化和处理。这不仅可以降低计算复杂性，还有助于消除噪声和冗余信息。主成分分析（PCA）和 t-分布邻域嵌入算法（t-SNE）是两种常用的降维技术。PCA 通过将数据投影到低维空间来保留其最重要的特征，而 t-SNE 则旨在保留数

据的局部和全局结构。

③ 异常检测：一类用于发现与大多数数据对象显著不同的异常数据对象的方法。这些异常数据对象可能表示发生了错误、欺诈或罕见事件。常见的异常检测算法包括基于密度的方法（如局部离群因子）、基于距离的方法以及支持向量数据描述等。

④ 密度估计：一类基于数据集密度函数来刻画数据对象整体分布特征的聚类方法。这有助于发现异常数据对象、检测新观测值等。常用的密度估计方法包括核密度估计、高斯混合模型等。

在自然语言处理中，无监督学习可以帮助挖掘文本之间的语义关系和主题结构，如文本聚类和主题模型；在计算机视觉领域，无监督学习可以帮助自动提取图像中的有用特征，实现图像的自动分类、识别和分割。

(3) 强化学习

它关注智能体在与环境的交互过程中如何通过学习策略以达成回报最大化或实现特定目标。强化学习的核心在于通过试错的方式，从环境中获取反馈（奖励或惩罚），并根据这些反馈调整自身的行为策略。强化学习的基本组成部分，包括状态、动作、奖励和策略函数。状态描述了智能体所处的环境情况，动作是智能体可以采取的行为，奖励是环境对智能体动作的反馈，而策略函数则指导智能体在给定状态下应该采取何种动作。

强化学习的常见模型是标准的马尔可夫决策过程。根据给定条件，强化学习可以分为基于模式的强化学习和无模式强化学习，以及主动强化学习和被动强化学习。强化学习算法种类繁多，包括 Q-learning、SARSA、DQN（深度 Q 网络）、A3C（异步优势演员-评论家算法）、TRPO（相对策略优化算法）、PPO（近似策略优化算法）和 SAC（软策略优化算法）等。这些算法各有特点，适用于不同的任务和环境。

2. 不同学习策略下的技术

机器学习和深度学习是从学习策略的角度观察人工智能技术，它们包含的技术与学习方式存在一些重叠。例如，线性回归、逻辑回归、决策树、支持向量机等均属于机器学习策略，但同时也属于有监督学习方式。因此，下面只介绍深度学习策略下一些经典且未梳理的技术。

深度学习技术主要基于神经网络模型，通过模拟人脑神经元之间的连接和交互方式来处理和分析数据。以下是一些常见的深度学习技术和模型。

(1) 卷积神经网络（convolutional neural networks，CNN）

一类包含卷积计算且具有深度结构的前馈神经网络，是深度学习的代表算法之一。它能够模拟人类的视觉感知过程，通过学习大量图像数据来进行图像分类、目标检测和图像分割等任务。CNN 具有表征学习能力，能够按其阶层结构对输入信息进行平移不变分类，因此也被称为“平移不变人工神经网络”。

卷积神经网络的基本组成包括输入层、卷积层、非线性激活函数、池化层和全连接层等部分。在图像处理中，输入层通常是将图像转换为像素矩阵的形式。卷积层负责通过卷积核对图像进行特征提取，池化层则用于对提取的特征进行降维和抽象。全连接层则负责将池化层输出的特征图转化为最终的分类或回归结果。

随着深度学习理论的提出和数值计算设备的改进，卷积神经网络得到了快速发展。最新的研究成果中，CNN 的变体和其他深度学习模型，如残差网络，正在不断演化和改进，以进一步提高模型的性能和效果。目前 CNN 被广泛应用于计算机视觉、自然语言处理等领域。在图像分类方面，CNN 取得了突破性进展，实现了自动化和高效率，为医学影像分析、地理信息系统等领域带来了巨大的应用潜力。

（2）循环神经网络（recurrent neural network，RNN）

一类以序列数据为输入，在序列的演进方向进行递归且所有节点（循环单元）按链式连接的递归神经网络。它的基本原理是在神经网络中引入时间步的概念，将当前时间步的输入和上一时间步的输出作为输入，同时将上一时间步的隐藏状态作为当前时间步的输入，从而实现对序列数据的处理和记忆。

循环神经网络在自然语言处理、语音识别、时间序列分析等领域有广泛应用。例如，它可以用于训练语言模型，预测给定文本序列中下一个单词或字符的概率分布，从而实现自然语言处理任务，如机器翻译、文本生成、语音识别等。同时，RNN 也可以用于时序数据的分析和预测，如股票价格预测、天气预测、信用评级等。

此外，RNN 的模型种类也很多样，包括双向循环神经网络（bidirectional RNN，Bi-RNN）和长短记忆网络（long short-term memory networks，LSTM）等。这些模型在处理不同类型的序列数据时具有各自的优势。

总的来说，循环神经网络是一类强大的深度学习模型，能够有效地处理序列数据并捕捉其中的序列依赖关系，因此在各种应用中具有广泛的适用性。

（3）transformer

一类完全基于自注意力机制的深度学习模型。其核心技术是引入了自注意力机制，使模型能够捕捉输入序列中各个位置之间的依赖关系，从而更好地建模长距离依赖关系。transformer 主要由编码器和解码器两部分组成。编码器负责将输入序列转化为一种中间表示形式，而解码器则根据这种中间表示形式生成输出序列。这种编码器-解码器架构使得 transformer 在处理序列数据时非常高效。

transformer 技术在自然语言处理领域取得了显著的突破，其应用非常广泛，包括机器翻译、文本摘要、文本生成、对话系统等。它可以将一种语言的文本翻译成另一种语言，或者从文本中提取关键信息生成摘要。由于其强大的序列处理能力，transformer 技术也被应用于某些图像任务，特别是具有空间关系的图像数据。然而，transformer 技术也存在一些缺点。由于自注意力机制需要大量的计算资源和内存，对于大规模的输入数据，transformer 模型可能会面临计算和内存消耗大的问题。此外，在某些基于图像像素级别的特征提取任务中，transformer 的效果可能不如传统的卷积神经网络。

（4）图神经网络（graph neural network，GNN）

一类学习图结构数据中的特征和模式的神经网络。这种网络结构特别适用于处理具有复杂关系的数据，如社交网络、蛋白质相互作用网络等。

图神经网络的基本原理主要包括图卷积操作、节点更新规则以及图级别的表征学习。图卷积操作是图神经网络中的核心，用于学习节点的表示，通过聚合节点周围的邻居信息以及利用节点自身的特征来更新节点的表示向量。节点更新规则决定了每个节点在每一层中如何根据其邻居和自身的特征进行更新，这可以根据具体的模型和应用场景进行调整。此外，图神经网络还可以通过聚合图中所有节点的表示来得到整个图的表示向量。

图神经网络有多种经典模型，如图卷积网络、图自编码器、图生成网络、图循环网络以及图注意力网络等。这些模型在处理不同的图学习任务时，如聚类、分类、预测、分割、生成等，都取得了显著的效果。

图神经网络的应用领域非常广泛，包括推荐系统、社交网络分析、生物信息分析、药物发现等。例如，在推荐系统中，图神经网络可以利用用户与物品之间的交互关系，为用户推荐可能感兴趣的物品；在生物信息分析中，图神经网络可以分析蛋白质相互作用网络，从而揭示生物体内部的复杂机制；在药物发现中，图神经网络可以预测化合物的潜在性质，加速新药的研发过程。

（5）迁移学习（transfer learning）

一种将一个任务的知识转移到另一个相关任务的机器学习方法。其核心在于利用已经学到的知识或技能来解决新的问题或任务。迁移学习的基本原理是将源领域上学习到的知识、模型、特征、参数等迁移到一个或多个目标领域上，以提高目标领域上的学习性能。源领域是已经学习到的领域，而目标领域则是要进行学习的领域。

迁移学习的目的主要是提高学习新任务的速度和准确性，同时减少对大量标注数据的需求。基于模型的迁移学习通过将源任务学到的模型参数应用于目标任务来学习新模型，这种方法特别适用于深度学习模型。

在迁移学习的实现过程中，选择合适的预训练模型和适当的层是关键步骤。通常，会选择在大规模数据集上预训练的模型，如VGG、ResNet等。同时，迁移学习也需要更复杂的特征提取和选择技术，以及模型调整和优化技术。

（6）少样本学习（few-shot learning，FSL）和零样本学习（zero-shot learning，ZSL）

它们是深度学习中的两种重要的学习方法，在一定程度上解决了数据稀缺性的问题。传统的深度学习方法通常依赖于大量的数据来训练模型，以确保训练后的算法具有足够的泛化能力。然而，这种学习方法往往伴随着高昂的成本，包括数据收集、标注和处理等方面的开销。

① 少样本学习（低样本学习）：一种使用有限数据集进行训练的深度学习方法。其目标就是实现在数据量较小的情况下训练出准确的模型，从而节省时间和资源。少样本学习的基本原理是通过有效的特征提取和模型迁移，使得模型能够从少量的样本中学习到足够的信息来进行预测和分类。这通常涉及复杂的特征表示和模型设计，以确保模型能够充分利用有限的数据资源。

② 零样本学习：一种训练分类器识别从未见过的数据类别的深度学习方法。训练的分类器不仅能够识别出训练集中已有的数据类别，还可以对未见过的类别的数据进行区分。这使得计算机具有知识迁移的能力，即便在没有任何相关训练数据的情况下，也能对新的类别进行识别。

零样本学习的基本思想是通过利用已有类别的特征来生成一个中间的特征空间，这个空间被称为语义空间。在这个空间中，每个类别都对应一个语义向量表示。当遇到一个新的、未见过的类别时，可以利用已有类别的语义向量来预测新类别的标签。这通常是通过计算新类别特征与已有类别语义向量之间的相似性来实现的，最终根据相似性得分进行分类。

零样本学习在多个领域有着广泛的应用。在图像分类与物体识别领域，零样本学习技术使得模型能够基于类别描述正确识别出图片内容。在自然语言处理领域，零样本学习技术使得模型能够理解和运用未曾出现过的实体或概念。此外，在智能交互与个性化推荐领域，零样本学习技术使得系统能够迅速理解用户提出的复杂需求或罕见问题，并根据用户的描述生成满足需求的个性化服务。

(7) 元学习(meta-learning)

元学习是一种让机器学会如何学习的方法,也称为学会学习(learning to learn)。元学习的基本原理是通过让机器学习一个“元模型”,即学习如何学习的模型。这个元模型可以被看作是一个高层次的学习策略,它通过观察和学习大量不同任务的特征和模式,来提取出通用的学习规律和策略,并应用于新的任务中。元模型的学习过程通常包括元训练和元测试两个主要步骤。在元训练阶段,机器通过观察和学习一系列不同任务的数据,来构建一个具备学习能力的模型。在元测试阶段,模型被应用于新的任务上。

元学习的应用场景非常广泛,从机器人控制到自然语言处理,再到计算机视觉,元学习都展现出其独特的价值。例如:在机器人领域,元学习可以帮助机器人快速适应新的运动任务,如抓取不同形状的物体;在自然语言处理中,元学习可以使模型快速适应新的语言或方言,提高跨语言的理解和生成能力;在计算机视觉领域,元学习可以帮助模型快速识别新的图像类别,即使这些类别在训练阶段从未出现过。然而,尽管元学习的理念和应用前景都非常吸引人,但在实际应用中,它仍然面临着许多挑战,包括如何有效地提取和利用已有知识、如何准确评估元学习模型的性能等。

5.3 深度学习框架

本节主要探讨一些深度学习框架,首先介绍部分常见的深度学习框架,并分析它们的优缺点和适用场景。然后,针对常见的框架,选择用户使用较多的 PyTorch 框架,简单地分析其内部机理,让读者能够大体了解深度学习框架的执行流程。最后,介绍目前盛行的大语言模型框架。

5.2.1 常见深度学习框架简介

近几年,随着深度学习的爆炸式发展,相关理论和基础架构得到了很大突破,它们奠定了深度学习繁荣发展的基础。其中涌现了几个著名的深度学习平台,主要包括 Tensorflow、PyTorch、Caffe、Theano 和 PaddlePaddle 等。上述这些框架在机器学习和深度学习领域都发挥着重要的作用。它们为开发者提供了构建、训练和部署模型的工具和方法,使得开发者可以更加高效地进行数据分析和模型建立。

TensorFlow 框架提供了一种灵活的方式来定义和构建计算图,支持多种优化算法和损失函数用于模型训练,并能将训练好的模型导出为可执行文件,进行不同平台上的部署和使用。此外,TensorFlow 还提供了可视化工具和库,帮助开发者监控训练过程并调试模型。

PyTorch 框架以其易于使用和灵活的特性受到欢迎。它提供了一套自动微分工具,可以方便地计算梯度,并支持动态图和静态图两种模式,用户可根据需求选择不同的求导方式。PyTorch 在各种深度学习领域都有广泛应用,如计算机视觉、自然语言处理等。

Caffe 框架提供了一套灵活的接口和工具,使用标准的深度学习算法来训练神经网络模型,并支持模型推理和部署到不同的平台和设备上。Caffe 的特点在于其高效性和易用性,使得模型训练和部署变得更加简单。

Theano 框架专注于定义、优化和评估数学表达式,提供自动求导和符号表达式优化功能。它高度兼容 NumPy,可以方便地将 NumPy 数组转换为 Theano 符号变量,并利用 GPU 进行加速计算。

PaddlePaddle 框架支持动态图和静态图两种模式，也可以根据需求选择求导方式。它支持分布式训练，提高训练速度和模型的可扩展性，并针对各种硬件平台和计算库进行了优化，充分发挥硬件的计算能力。PaddlePaddle 还提供了丰富的模型库和灵活的 API，方便用户构建和训练自定义的模型。

综上所述，这些框架各有特色，开发者可以根据具体需求和项目环境选择合适的框架进行使用。

5.2.2 PyTorch 框架

一个主流的深度学习训练框架需要有两大特征：①实现类似 NumPy（numerical Python）的张量计算，可以使用 GPU 进行加速；②实现带自动微分系统的深度神经网络。PyTorch 框架满足以上特征，且由于其原生支持动态图，使得其能在一系列训练框架中脱颖而出。

PyTorch 的整体框架如图 5-1 所示。从低层到高层主要有三大功能模块：张量计算引擎、自动求导机制、神经网络的高层库。

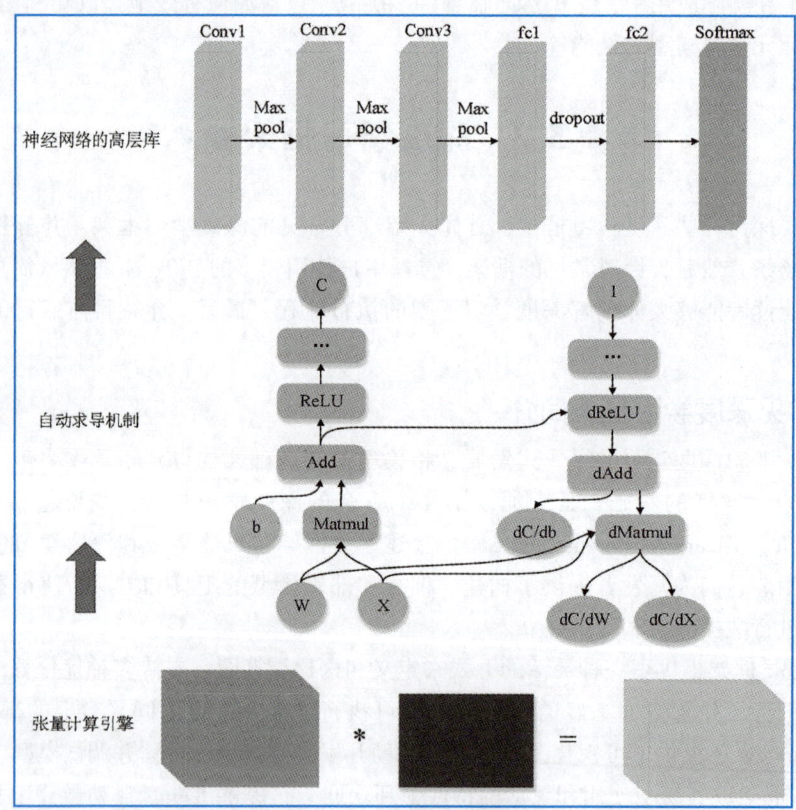

图 5-1 PyTorch 框架概览

1. 张量计算引擎

张量（tensor）计算引擎，类似 NumPy 和 MatLab，基本对象是 tensor（类比 NumPy 中的 ndarray 或 MatLab 中的 array），是 PyTorch 的核心。张量计算引擎除提供基于 CPU 的常用操作的实现外，还提供了高效的 GPU 计算和自动微分，这对于深度学习至关重要。

2. 自动求导机制

PyTorch 提供了一种自动求导的功能，它能够在计算图中追踪每个操作的梯度信息，并通过链式法则计算整个图的梯度。这样，开发者可以使用反向传播算法来优化模型参数。要理解自动求导机制，需要先弄清楚传播机制和计算图。

(1) 传播机制

① 前向传播。前向传播是神经网络中的一个基本概念，它描述了数据从输入层开始，通过隐藏层（如果有）传递到输出层的整个过程。在这个过程中，每一层的节点都会根据其输入和权重计算输出值，这些输出值是上一层所有节点输出值的加权和，然后通过激活函数处理。最终，输出层会得到一个预测值或结果。通过计算预测值与实际值的差异，可以计算出损失值，这是神经网络训练过程中的一个重要指标。

前向传播的目的是为了得到损失值，这是通过将预测值与实际值进行比较并计算出差异来实现的。差异可以通过不同的函数进行放大（如指数函数），然后进行归一化处理，以得到预测值的概率分布。

② 反向传播。反向传播是指在前向传播过程中，通过计算神经网络的误差，将误差从输出层向输入层传播的过程。在反向传播过程中，误差可以分解为不同节点的误差，通过链式法则将误差逐层往回传递，计算权重和偏差的梯度，并随着梯度下降，算法不断调整神经网络的参数。通过反向传播过程，神经网络不断地调整自己的参数，以使得目标函数的误差最小化。

反向传播实际上就是根据求导来算出某一节点对于另外的某一节点所给的“回馈”，即导数。对于多个变量求偏导，它们的导数称为梯度。通过前向传播和反向传播的交替使用，神经网络可以不断迭代优化自己的参数，以提高预测的准确性和泛化能力。

(2) 计算图

深度学习框架需要对模型建立计算图，因为同一个模型，在训练阶段、推理阶段都要多次调用。计算图分两部分：前向计算图（正向图），反向计算图（反向图）。前向是推理过程，根据输入，计算输出；反向则是求导数，根据输入，求目标函数对训练参数的导数，训练阶段需要。

① 正向图。PyTorch 是动态图，PyTorch 的计算图是在前向执行过程中构建的。下面举一个正向图的例子：

```
import torch
torch.manual_seed(42)
w1=torch.randn(4, 4, requires_grad=False)
w2=torch.randn(4, 4, requires_grad=False)
x=torch.randn(4, 4, requires_grad=True)
y=torch.randn(4, 4, requires_grad=True)
z=x* y
z1=z.pow(2)
z2=z.pow(3)
u1=w1* z1
u2=w2* z2
u=u1+u2
l=u.sum()
```

上面的过程用图表示如图 5-2 所示。

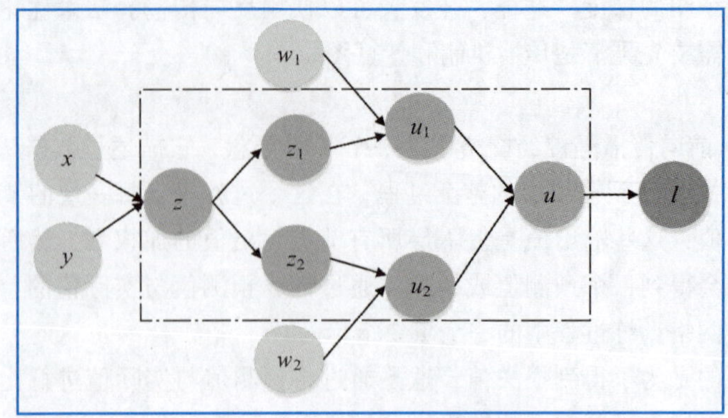

图 5-2 PyTorch 正向图示例

图 5-2 中的节点都是 tensor，边都是对应的算子。通过上图可以总结，节点有三类：

叶子节点：即入度为 0 的节点，x、y、w_1、w_2 均为叶子节点。叶子节点分两类：x、y 这样需要计算梯度的变量；w_1、w_2 这样不需要计算梯度的变量。

中间节点：即出度、入度均大于 0 的节点，图中虚线框中均为中间节点。中间节点的 requires_grad 由所有前驱节点决定，只要其中一个的 requires_ grad 属性为 True，那么它的 requires_grad 属性也为 True。

输出节点：即出度为 0 的节点。

② 反向图。反向图在反向传播计算梯度时用到，是在正向计算过程中构建的，可以通过正向图中输出节点 backward 方法触发执行。上面例子的反向图如图 5-3 所示。

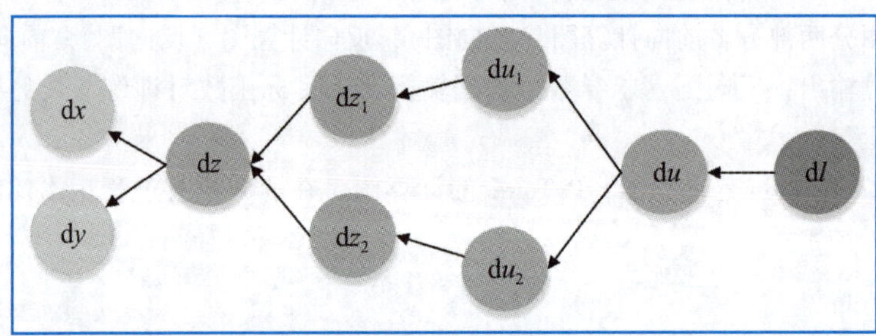

图 5-3 PyTorch 反向图示例

反向图和正向图节点都一样，主要不同点有两处：

- 图中的方向发生了改变，对于正向图中 requires_grad 为 True 的节点，它的出、入方向正好反过来了。requires_grad 为 False 的节点便从计算图中移除了。
- 每个节点名称由 x 变成了 dx，dx 的含义是对当前节点的导数。

综上所述，PyTroch 求导在反向传播中采用链式法则实现，不需要缓存中间节点的梯度，并且通过有向无环图的拓扑排序，可以实现每个节点只需单次访问。实际上，PyTroch 求导在正向传播中也能实现，但是每一步都需要缓存对叶子节点（即模型可训练参数）的梯度，这样开销巨大，不现实。

3. 神经网络的高层库

PyTorch 提供了一系列高级 API，包括不同的层、损失函数和优化器，这些 API 使模型构建和训练变得更为简便和高效。同时，PyTorch 还保持了对 NumPy 的兼容性，便于数据的转换和管理。

5.2.3 大语言模型框架

大语言模型（large language model，LLM），也称为大模型，是指包含数千亿（或更多）参数的语言模型，这些参数是在大量文本数据上训练得到的。现有的大模型（如 ChatGPT、PaLM、LLaMA）采用与小模型类似的 transformer 架构和预训练目标（如 language modeling），与小模型的主要区别在于大大增加了模型、训练数据和计算资源的规模。大模型可以更好地理解自然语言，并根据给定的上下文（如 prompt）生成高质量的文本。

1. 大模型的基础架构

大模型的后端是基于 GPT（generative pre-trained transformer）模型。GPT 模型通过在大规模文本数据上进行无监督预训练来学习语言的统计特征和语义表示。它使用自回归的方式，即基于前面已经生成的词来预测下一个词，来学习词之间的语义和语法关系，以及句子和文本的整体上下文信息。GPT 模型本身是构建在 transformer 结构基础上的，因此，要全面了解生成式大模型，transformer 架构是不可或缺的关键点。

transformer 由编码器（encoder）和解码器（decoder）组成，其中编码器用于学习输入序列的表示，解码器用于生成输出序列。transformer 的结构如图 5-4 所示，左边为编码器，右边为解码器。针对输入的文本数据，transformer 利用编码器对其进行编码，然后根据任务将其解码为输出内容。

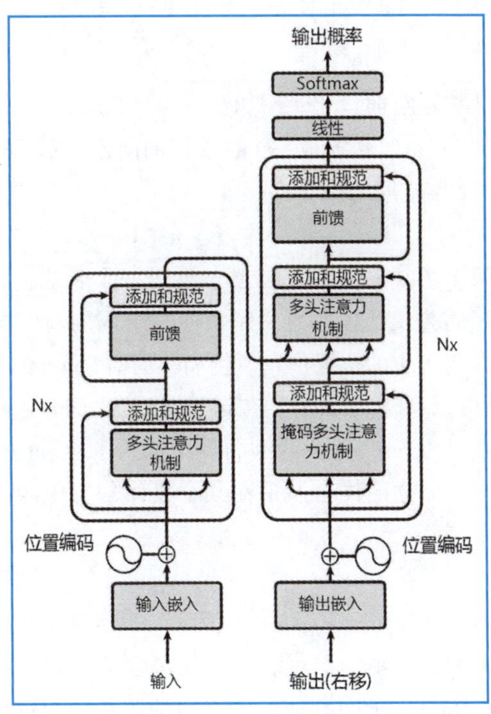

图 5-4 transformer 架构图

为了便于理解，图 5-5 展示了 transformer 用于翻译的整体结构。

2. Transformer 的三步走

Transformer 主要包括三部分内容：编码、定位、自注意力机制，称为 transformer 的三步。下面通过一个例子理解 Transformer 的三步走。比如，将语句 “Smart John is singing” 翻译成中文的任务。

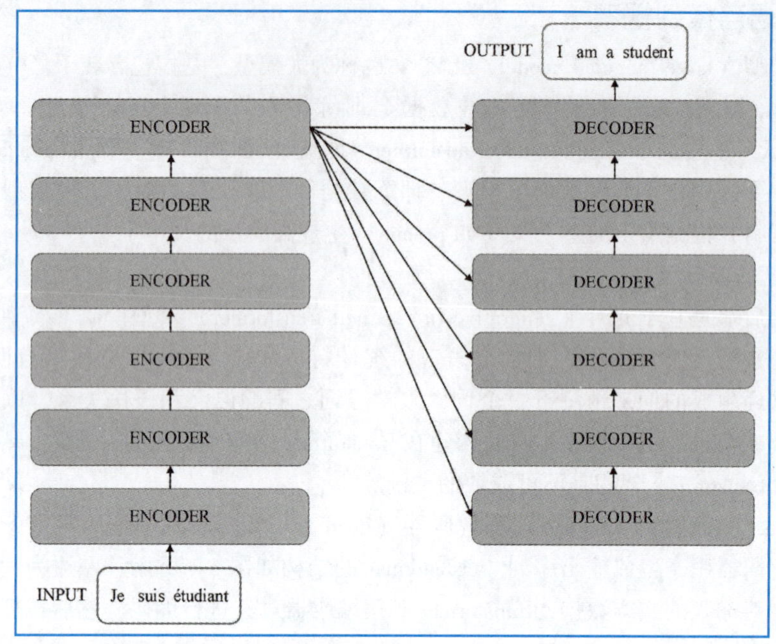

图 5-5　transformer 用于机器翻译的架构示例图

(1) 编码

第一步，对句子中每个词进行向量化。例如，对于“Smart”这个词，需要将文本中字符串（即字符序列）表示的“Smart”转换成一个 512 维的向量表示，这样计算机可以开始认识它。说明 Smart 是在这个 512 维空间的一个点。

(2) 定位

第二步，确定句子中每个词“Smart”的位置。通过一个公式，将每个词原来的向量表示微调到一个新的向量表示。该公式的核心意义是：使每个词的新的向量表示不仅蕴含了该词的语义，还能够反映该词在句子中的位置信息。例如，词语 Smart 的新的向量表示不仅蕴含了 Smart 这个单词的词意，还可以反映“Smart”在句子“Smart John is singing”中的位置信息。

通过上述操作，在表达“Smart”这个词的向量中加入了“Smart”在句子中的位置信息。此时，“Smart”已经不是一个孤立的词，而是在某个具体句子中的一个词，虽然还不知道该句子中其他词的含义。

(3) 自注意力机制

通过一个计算自注意力的 Attention(Q, K, V)算法，再次将每个词语的向量表示映射到一个新的向量表示，使得一个词语的新的向量表示不仅包含了该词语的词义、该词语在句子中的位置信息，还包含了该词语与句子中其他词语之间的关系和价值信息。其中，Q 称为查询向量，描述每个词语希望查询得到的词语的特征，如“Smart”需要查询得到一个修饰物品或人的词语；K 称为关键向量，描述每个词语自身的特征，如“John”表示一个人名。上述语句中词语“John”的新的向量表示，不仅包含了“John”的词意（人名）、“John”在句子中的位置信息，还包含了“John”与句子中其他词语之间的关系和价值信息，如“Smart”是用来修饰“John”的、“John”正在“sing”等。

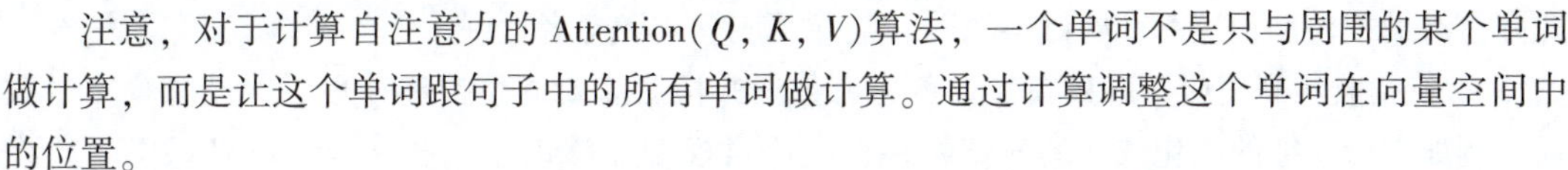

注意，对于计算自注意力的 Attention(Q, K, V)算法，一个单词不是只与周围的某个单词做计算，而是让这个单词跟句子中的所有单词做计算。通过计算调整这个单词在向量空间中的位置。

5.4 人工智能应用案例

5.4.1 LLM 在医疗健康行业的应用

由于海量数据的产生，如何利用人工智能技术帮助或简化人们的工作，以及利用人工智能技术能够为人们带来哪些方面的便利，这是目前很多行业和领域面临的问题。医疗保健行业已经积累了大量的各种类型的文本文档数据，例如患者病历、索赔文件、临床记录、同意书和弃权书等。下面我们主要分析大语言模型（large language model，LLM）在医疗健康行业的应用情况。

众所周知，大语言模型能够快速阅读、解释大量文本并对其采取行动，这意味着其可以帮助医疗机构简化涉及文档理解和内容生成方面的工作，如临床记录生成、关键信息提取、医疗保健文件生成和管理等。具体功能如下：

① 临床记录：医疗健康专业人员可以使用大语言模型创建准确且全面的临床记录，使用 LLM 分析患者数据并生成相关摘要。这有助于减轻记录负担，同时确保准确记录重要信息。

② 改进信息提取：从非结构化文本（例如患者记录或研究文章）中识别和提取相关信息是 LLM 的另一个自然应用。这种能力使医疗保健组织能够获取隐藏在庞大数据存储库中的宝贵见解，最终支持更好的决策。

③ 高级沟通能力：由于大语言模型擅长理解自然语言，因此非常适合患者与提供者沟通等任务。这些模型可以通过以上下文相关的方式解释和回应患者的询问、担忧或反馈，促进更有效的互动。

④ 文件生成和管理：大语言模型可以自动生成重要的医疗保健文件，如同意书、弃权书和出院摘要。通过从患者记录中提取相关信息并预先填充这些文档，LLM 可以节省时间，最大限度地减少错误风险，并使提供者能够让患者感觉医生了解他们，而无须要求重复信息。当纳入智能入院和登记工作流程时，这些工具能够轻松捕获准确的患者信息，从而最大限度地提高临床和财务成果。

⑤ 计费和收入周期管理：LLM 通过识别计费代码中的差异、标记潜在问题并建议纠正措施来优化计费和收入周期管理流程，帮助医疗保健组织确保准确地计费并改善收入。

⑥ 保险索赔处理：大语言模型可以分析保险索赔文件，识别相关信息，并自动填充索赔处理系统中的必填字段。这种自动化可以加快索赔流程，最大限度地减少手动数据输入错误，并减轻医护人员的管理负担。

⑦ 患者教育和健康素养：大语言模型可以对复杂的医学概念进行易于理解的解释，帮助患者更好地理解他们的健康状况和治疗方案。通过提高健康素养，这些模型可以使患者能够就他们的护理做出明智的决定，并在管理他们的健康方面发挥更积极的作用。

⑧ 数据分析：收集相关数据后，LLM 可以对其进行分析，以确定模式、趋势和相关性。

此分析有助于模型识别潜在的健康风险、治疗反应模式和患者偏好。

⑨ 持续监测和适应：LLM 持续监测患者数据并根据需要调整护理计划。通过整合实时数据，例如生命体征的变化或新的测试结果，大语言模型能够动态调整建议，以确保患者始终得到最适当的护理。

综上所述，人工智能 LLM 技术能够为医疗健康行业带来许多的便利。如何运用人工智能技术的强大功能，主要取决于用户对具体应用中需求的了解以及常见人工智能技术擅长的场景。根据不同的需求，选择不同的人工智能技术解决或协助解决需求中的问题。例如：需要生成临床记录，可以寻找摘要生成相关方法；需要获取用户的关键信息，可以选择信息抽取策略，并根据自定义的抽取结构，实现需求信息的提取。在未来的发展中，随着人工智能技术的不断推进，各行业主要关注业务场景中希望优化的需求，同时从大体能够满足需求的人工智能技术中选择较为合适的方法，偶尔辅助少量的修改，即可将人工智能技术应用于实际业务中。

上述总结是本节分享该案例的主要目的。在教学方面，该案例的分享旨在告诉读者人工智能技术给人们的生活带来了许多便利，读者可以从实际生活中逐步感受这些技术的应用场景。对于行业或企业工作人员，分享该案例可以让他们知晓大体应该如何利用人工智能技术，即先分析具体业务需求，得到希望人工智能技术能够帮助解决的问题；然后了解哪些人工智能技术适用或能够解决；最后迁移至业务中使用。如果有需求，可少量修改方法或自定义相关内容。

5.4.2 聊天机器人与患者互动的应用

虽然人工智能技术应用于许多领域，包括教育、金融、交通、医疗等，但应用于一些特殊场合需要谨慎。在医疗行业的相关研究人员警告说，任何想利用 OpenAI 强大的文本生成系统（GPT-3）来驱动聊天机器人提供医疗建议和帮助的人都应该重新考虑。

总部位于法国的 Nabla 公司开发出一款聊天机器人，它利用云托管的 GPT-3 实例来分析人类的查询，并产生合适的输出。这款机器人是专门为帮助医生自动处理他们的一些日常工作而设计的。

Nabla 的研究小组在一份关于其研究结果的报告中指出：由于训练方式的原因，聊天机器人缺乏科学和医学专业知识，而这些知识对于医学文件、诊断支持、治疗建议或任何医疗问答都是有用的。因此，聊天机器人提供的答案也许是对的，但也可能是非常错误的，这种不一致性在医疗领域中是行不通的。

因此，随着人工智能的快速发展，人工智能相关技术的确很大程度地提高了人们的生活质量，给人们的生活带来了许多便利，但我们在享受人工智能带来的便利的同时，也不能完全依赖人工智能、信任人工智能给出的任何结论，因为目前的人工智能还远非万能。

5.5 人工智能与社会伦理

作为第四次科技革命和产业变革的重要推动力量，人工智能技术正以一种迅猛发展的态势，推动社会生产力水平的整体跃升。然而，人工智能在为经济发展与社会进步带来重大发展机遇的同时，也会带来一系列伦理风险和挑战。本节主要讨论大语言模型给社会带来的伦理问题，主要体现在以下几个方面：

① 偏见与歧视。大模型在训练过程中可能会吸收并传播包含偏见和歧视性内容的信息。这些内容可能源于训练数据本身，或者在训练过程中由于算法的不完善而被放大。这会导致模型产生不公平的输出结果，对特定人群造成情感伤害，从而引发伦理问题。

② 隐私泄露。大模型在处理和传播信息时，可能会侵犯个人隐私。例如，在模型训练过程中，如果使用了包含个人隐私信息的数据，且这些数据没有得到妥善保护，就可能导致个人隐私泄露。此外，大模型在生成输出时，也可能无意中泄露用户的敏感信息。

③ 产生虚假信息，误导用户。虽然大语言模型可以生成高质量的文本内容，但也可能出现误导性和不准确性的情况。如果不加以监管和控制，这些虚假信息可能会广泛传播，对社会稳定和公共安全产生负面影响。

④ 潜在风险。大模型可能产生未知的潜在风险，如被恶意行为者利用制造假新闻、发起网络攻击等非法活动。这些行为可能加剧社会的不安全感和信任危机，对大模型的伦理问题提出严峻挑战。

⑤ 可解释性问题。大模型通常具有高度的复杂性和不可解释性，这使得人们难以理解其决策过程和输出结果。这种不透明性可能导致人们对模型的信任度降低，甚至产生疑虑和担忧，从而引发伦理问题。

⑥ 大语言模型的发展也引发了关于人类智慧和创造力的担忧。一些人担心，如果大语言模型的文本生成能力足够强大，可能会取代人类在文学、艺术等领域的创作，影响人类文化的多样性和创造性。

综上所述，大语言模型在带来便利的同时，也带来了一系列伦理问题。为了解决这些问题，需要制定相应的伦理规范和监管措施，确保大语言模型的发展符合伦理原则，维护社会公正和公共利益。同时，也需要加强公众对大语言模型的认识和理解，提高其对伦理问题的关注度和防范意识。

习题 5

1. 人工智能的定义及目标是什么？
2. 人工智能的特点有哪些？
3. 人工智能技术包括哪些主要部分？
4. 人工智能有哪些基本的能力？
5. 人工智能的发展经历了哪些阶段？
6. 人工智能有哪些应用领域？
7. 人工智能中的机器学习是如何工作的？
8. 深度学习在人工智能中的作用有哪些？
9. 人工智能面临哪些挑战？
10. 人工智能如何影响我们的日常生活？
11. 人工智能与大数据的区别是什么？
12. 请阐述一个使用人工智能技术的具体应用案例。

第6章 物联网

学习目标

本章将介绍物联网起源、发展路径以及物联网的概念和基本特征，探讨未来可能的发展前景；并从总体上分析了物联网的三层组成架构，概括介绍实现各层的主要技术；最后选择两个典型应用领域介绍物联网的应用发展情况。通过本章学习，要求：

◎ 了解物联网的起源与发展，了解物联网的层次架构和各层主要技术。

◎ 能够讲述物联网的基本特征，能解释说明物联网与互联网之间的联系与区别。

◎ 能够结合具体案例识别出实际应用案例中需要的支撑技术，描述出实际应用系统的层次结构，概括和评估出实际物联网应用能带来的社会意义。

本章导引

众所周知，计算机网络是计算机技术与通信技术相结合的产物，以解决机器与机器、机器与人之间的信息共享问题。同样地，可以认为物联网是信息感知技术、反馈控制技术与信息处理技术、网络通信技术相结合的产物，以解决物体与物体、物体与人之间的环境共享问题。物联网的出现将消除因特网（Internet）时代下形成的机器世界与物理世界之间的鸿沟，实现计算、网络、人类社会和自然世界之间的无缝融合。

6.1 物联网概述

在物联网时代，人们可以做到"一部手机走天下"，现金都可能会从人们的生活中逐渐消失。手机既可以实现出行预订、身份验证和购物付款，也可以遥控家里的智能电器，接收安防设备自动发送的报警信息。物联网提供了一个全球性的自动反映真实世界信息的通信网络，让人们可以无意识地享受真实世界提供的一切服务。物联网有着广阔的应用前景，被认为是21世纪产生巨大影响的技术之一。

6.1.1 物联网的发展史

1. 物联网的起源

近一个世纪来，在信息与通信技术（information and communication technology，ICT）领域

诞生了一系列重要发明和创造，极大地推动了人类社会的发展，如图 6-1 所示。进入 21 世纪 20 年代后，5G 移动网络开始普及，大数据处理及人工智能技术进一步发展，将推动物联网向纵深领域发展，相关应用层出不穷。

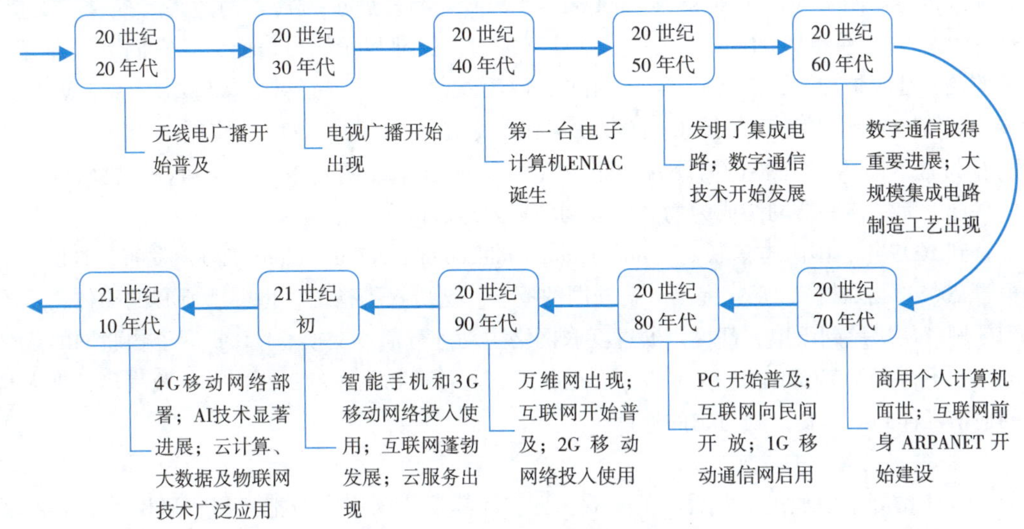

图 6-1　近一个世纪以来 ICT 发展历程

据资料记载，最早的物联网系统雏形是一台在线可乐贩卖机。20 世纪 80 年代，美国卡内基梅隆大学计算机系的三名程序员，为了了解大楼内一台自动售卖机内可乐的数量和冰凉程度，在机器里安装了微动开关，并将微动开关的变动信息通过网络实时发送给一台服务器，由服务器上程序计算出机器内可乐的状态并可在线随时查询，从而解决了“他们能喝到新鲜冰凉的可乐”这一需求。

施乐公司首席科学家 Mark Weiser，在 1991 年发表了 *The Computer for the 21st Century* 一文，首次提出“普适计算”的概念，对计算机的未来发展进行了大胆预测。他提出计算机在形态上将“普物化”、在功能上将“普适化”、在联网上将“泛在化”三个主要观点，认为计算机将最终“消失”，网络和计算将无缝融合到人们的生活中，让人意识不到但又到处存在。Weiser 的观点极具革命性，它昭示了人类对信息技术发展的总体需求。今天看来，Weiser 的预言“计算机将普物化”已逐渐成为一种共识。

微软公司联合创始人比尔·盖茨在 1995 年出版了图书《未来之路》，书中描写了未来 30 年新的科学技术将带来的各种生活场景，其中就包括了“物品定位”“移动支付”“身份识别”等物联网应用。虽然这些预测受限于当时的网络和设备发展水平，并未引起世人重视，但作者本人身体力行，在自家地盘开展实践，通过修建智能豪宅，来实现自己的物联网梦想。比尔·盖茨的个人豪宅花费 7 年时间、耗资 1 亿美元打造，于 1997 年落成，凝聚了当时前沿数字科技结晶，基于环境感知和人员感知技术实现了家居生活的自动化和智能化，成为将物联网技术付诸实践的范例。

无线电射频识别（radio frequency identification，RFID）是物联网的早期基础技术之一，它通过无线电波来识别和追踪由电子标签附着的物体。从 20 世纪 90 年代开始，这种技术在零售、物流、供应链管理等领域得到了广泛应用。在此基础上，美国麻省理工学院的自动识别中心于1999年首次提出了物联网概念的雏形，将其定义为“通过RFID技术将物理对象连接到因特网的全球系统”。这个概念的核心是将RFID标签附着在物体上，通过读取器收集数据，然后将这些数据通过网络传输，实现对物体的追踪、监控和管理。

无线传感器网络（wireless sensor networks，WSN）的发展也为物联网的兴起提供了支持。WSN由大量的传感器节点组成，这些节点具有感知、处理和无线通信能力。它们可以部署在环境监测、健康护理、智能交通等多个领域，收集关键数据并通过网络传输给后台系统处理。无线传感器网络的研究起始于20世纪90年代，并在21世纪初被广泛应用。2001年，美国《商业周刊》将无线传感器网络评为21世纪最有影响力的21项技术之一。随着“物联网”概念的兴起，无线传感器网络成为物联网架构的重要组成部分。

直到2005年，国际电信联盟（international telecommunication union，ITU）发布《ITU因特网报告2005：物联网》，正式提出了物联网的概念。这份报告指出，世界上所有的物体，从轮胎到牙刷、从房屋到纸巾，都可以通过互联网络主动进行信息交换。ITU扩展了物联网的定义和范围，不再只是基于RFID和WSN，而是利用嵌入各种物品中的短距离移动收发器，把人与人的通信延伸到人与物、物与物的通信。

2. 物联网在国外的发展

2008年国际金融危机爆发后，美、欧、日、韩等发达国家纷纷把发展物联网等新兴产业作为应对危机和占领未来竞争制高点的重要举措，制定出一系列战略规划和扶持政策，使全球范围内物联网技术得到持续发展，标准和产业体系逐步建立，初步形成了传感器与无线射频识别等感知制造业、网络设备与通信模块基础设施服务、机器到机器（machine-to-machine，M2M）终端与运营服务以及应用软件与集成服务等产业链。

美国是最早提出物联网概念的国家。2008年IBM公司进一步提出“智慧地球”概念，即把传感器放到电网、铁路、桥梁和公路等物体中，通过极其强大的计算机群，能够对整个网络内部人员和物体实施管理和控制，使得人类可以更加精确地动态管理生产活动和生活方式，达到智慧状态。该计划提出后，得到美国奥巴马政府的积极回应，并升级为美国国家战略，将物联网作为振兴经济的重要武器。2009年2月美国颁布《美国复苏与再投资法案》（简称ARRA法案），强调了物联网技术的重要性，并在电网、教育、医疗卫生等领域增加了政府投资，以此推动经济复苏和国家竞争力的提升。此外，ARRA法案也提出了促进物联网发展的政策，如政府投资、减税等措施，旨在改善经济状况和增加就业机会。美国拥有在因特网时代积累下来的强大技术优势，特别是在芯片、软件、网络互联和高端应用集成等领域，无论在物联网基础设施、技术水平还是产业链发展方面，美国都处于世界前列。

物联网概念提出后，欧盟积极投身于发展物联网。2008年，欧洲智能系统集成技术平台（EPoSS）在*Internet of Things in 2020*报告中预测了未来物联网的发展将经历四个阶段，2010年之前为简单互联阶段（基于RFID等技术实现低功耗、低成本的单个物体间的互联），2010至2015年为物体互联阶段（即依托传感器网络及无所不在的RFID标签实现物与物之间的广泛互联），2015年至2020年为半智能化阶段（广泛使用具有可执行指令的标签使得物体进入半智能化），2020年后为全智能化阶段（不同的物联网系统能够协同交互，物体具有智能的响应行为，人、物和服务深度融合）。这些预测大部分均已实现。

欧盟委员会于2009年6月提出《物联网——欧洲行动计划》（*Internet of Things: An action plan for Europe*）。这项战略行动旨在推动物联网的发展，涵盖了多个关键领域，包括物联网治理、个人隐私与数据保护、物联网信任与安全、标准化、技术研发、开放创新、废物管理、国际对话和未来发展等。欧盟的物联网战略还伴随着后续的多个具体举措，如2014年启动的“地平线2020”科研计划、在2015年成立“物联网创新联盟（alliance for internet of things innovation，AIOTI）”，以及其他各种试点项目和标准制定工作。总体上，《物联网——欧洲行动计划》及其后续行动是一项全面战略，旨在通过多个层面的努力推动物联网技术的发展和应用，以应对当今社会的挑战，并促进欧洲在全球数字经济中的领导地位。

2001年以来，日本相继制定了“e-Japan”“u-Japan”“i-Japan”等多项信息技术发展战略，从大规模信息基础设施建设入手，拓展和深化信息技术应用，直接或间接促进物联网发展。2001年日本政府制定并实施了“e-Japan”计划，在宽带化、信息基础设施建设和信息技术的应用方面加快日本信息化社会的建设，通过高速及超高速因特网的普及、教育信息化的加强、网络内容充实、电子政府和国际化建设的推进，为物联网的发展提供了必要的网络环境和人才支持。2004年日本政府继续推出了基于物联网的国家信息化战略“U-Japan”，希望建成一个在任何时间、任何地点，任何人都可以上网的环境，实现人与人、物与物、人与物之间的连接。2009年7月，日本推出新一代的信息化战略——“i-Japan”战略，为了让数字信息技术融入每一个角落，政府的政策目标聚焦在三大公共事业——电子化政府治理、医疗健康信息服务、教育与人才培育，提出到2015年，通过数位技术达到“新的行政改革”，使行政流程简化、效率化、标准化、透明化，同时推动电子病历、远程医疗、远程教育等应用的发展。

2006年，韩国也提出了“u-Korea”战略，重点支持泛在网的建设。“u-Korea”战略扶持促进IT产业发展的新兴技术，旨在建设智能型网络，为民众提供无所不在的便利生活，强化产业优势和国家竞争力。2009年10月，韩国进一步出台了《物联网基础设施基本规划》，确定了韩国2012年“通过构建世界最先进的物联网基础设施，实现未来广播通信融合领域超一流通信技术强国”的目标。

3. 物联网在国内的发展

21世纪以来，我国政府通过政策引导，不断推动物联网技术在各行各业的应用，取得了一系列成果，促进了物联网在国内的快速发展。

（1）政策推动

2006年，《国家中长期科学和技术发展规划纲要（2006—2020年）》将物联网列入重点研究领域。2009年8月，时任国务院总理温家宝提出“感知中国”建设举措，物联网被正式列为国家五大新兴战略性产业之一，并写入政府工作报告。自此物联网在中国受到了全社会极大的关注，并逐渐掀起物联网应用浪潮。2009年9月，“传感器网络标准工作组成立大会暨‘感知中国’高峰论坛”在北京举行。在2009年12月的国务院经济工作会议上，明确提出了要在电力、交通、安防和金融行业推进物联网的相关应用。2010年3月，教育部办公厅下发《关于战略性新兴产业相关专业申报和审批工作的通知》，我国高校开始创办物联网工程专业。2010年6月，由工信部等相关组织组成的物联网标准联合工作组成立。2010年9月，国务院通过《关于加快培育和发展战略性新兴产业的决定》，确定物联网等新一代信息技术为我国七个战略性新兴产业之一。2015年7月，国务院发布《关于积极推进“互联网+”行动的指导意见》，“互联网+”将在创业创新、协同制造、现代农业、智慧能源、普惠金融、益民服务、高效物流、电子商务、便捷交通、绿色生态和人工智能（artificial intelligence，AI）方面开展重点行动，这进一步加快了我国物联网的发展。2021年9月，工信部等八部门联合印发《物联网新型基础设施建设三年行动计划（2021—2023年）》（以下称《行动计划》），明确到2023年底，在国内主要城市初步建成物联网新型基础设施，物联网连接数突破20亿。业内人士表示，《行动计划》为物联网产业发展注入了“强心剂”。随着相关政策和技术不断完善，中国物联网产业有望实现持续、高效、有序发展。《行动计划》明确，到2023年底，要突破一批制约物联网发展的关键共性技术，培育一批示范带动作用强的物联网建设主体和运营主体，催生一批可复制、可推广、可持续的运营服务模式，导出一批赋能作用显著、综合效益优良的行业应用，构建一套健全、完善的物联网标准和安全保障体系等。近年来，国家又陆续出台了《工业能效提升行动计划》《扩大内需战略规划纲要（2022—2035年）》《数字中国建设整体布局规划》等产业政策鼓励物联网行业发展与创新。

（2）应用发展

我国是以RFID的广泛应用作为物联网发展的基础。工业和信息化部（以下简称工信部）认为应从物联网的基础抓起，先做好RFID的标准、产业和应用，实现从闭环应用到开环应用的转变，从而形成我国的物联网。早在2004年，我国就把射频识别作为“金卡工程”的一个重点，启动了RFID应用试点。2004年以后，我国每年都推出新的RFID应用试点，项目涉及身份识别、电子票证、动物和食品追踪、药品安全监管、煤矿安全管理、电子通关与路桥收费、智能交通与车辆管理、供应链与现代物流管理、危险品与军用物资管理、贵重物品防伪、票务及城市重大活动管理、图书及重要文档管理、数字化景区及旅游等。

2008年底，我国铁路RFID应用已基本涵盖铁路运输的全部业务，成为我国最成功的RFID应用案例。铁路车号自动识别系统（automatic train identification system，ATIS）是我国最早应用RFID和应用RFID范围最广的系统，并且拥有自主知识产权。采用RFID技术以后，铁路车辆管理系统实现了统计的自动化，降低了管理成本，可实时、准确、无误地采集机车的运行数据，如机车车次、车号、状态、位置、去向、到发时间等信息。

RFID技术在我国大型组织活动中的应用也得到验证。2010年，上海世博会召开，为提高世博会信息化水平，上海市在世博会上大量采用RFID系统。世博会使用了嵌入RFID技术的门票，用于对主办者、参展者、参观者、志愿者等各类人群的信息服务，包括人流疏导、交通管理、信息查询等。上海世博会期间，相关水域的船舶也安装了船舶自动识别系统（automatic identification system，AIS），相当于给来往船只设置了一个“电子身份证”，没有安装“电子身份证”的船舶将面临停航或改航。上海世博会还在食品管理方面启用了“电子标签”，以确保食品的安全，只要扫描一下芯片，就能查到世博园区内任何一种食物的来源。在2008年的北京奥运会上，RFID技术就得到广泛应用，有效提高了北京奥运会的举办水平。

目前，智慧城市建设是全球城市化的新趋势，而物联网等相关技术的发展也将逐步推动城市“部件”之间实现“万物互联”。在江苏省宿迁市泗阳县，依托5G物联网技术打造的基层防汛预报预警体系迎来“实战”考验。2021年7月，台风“烟花”登陆江苏，台风预警和洪水预警双双高挂。在防汛预报预警体系的帮助下，泗阳县防汛工作人员通过屏幕实时监控该县主要河湖水位站、闸站的水位流量信息，第一时间做出了防汛部署。

作为新型技术的重点发展方向，物联网产业蕴藏着巨大的创新发展空间。在诸多利好政策和技术经验的驱使下，我国物联网在各行业的应用正在不断深化，更多新产品、新模式和新应用场景将陆续推出，物联网产业将以高增长态势持续发展。

6.1.2 物联网的概念及特征

1. 物联网的概念

物联网的英文名称为 The Internet of things，简称 IoT。这个名词意味着物联网是“物与物相连的全球互联网”。随着自动识别技术、感知技术、定位技术、无线通信技术和纳米制造技术的不断发展，以及云计算、大数据与人工智能等前沿信息技术的兴起，物联网的内涵也在不断地完善与演进。在物联网发展的过程中，多个机构和组织在不同时期从不同维度给出了多种定义。尽管随着物联网的发展，其定义的内涵与表述仍可能变化，但当前业界比较认可的物联网定义如下：物联网是指通过条形码、射频识别、传感器、全球定位系统、激光扫描器等信息传感设备，按照约定的协议，把任何物品与因特网连接起来，进行信息交换和通信，以实现智能化识别、定位、跟踪、监控和管理的一种网络系统。它是在因特网基础上延伸和扩展的网络。

物联网的定义比较具体、清晰地描述了物联网的连接对象、连接方式和联网目的。物联网的连接对象是包含人、机器在内的任何物品，物联网的连接方式是利用各种传感设备、通信技术和标准化协议，物联网的联网目的是实现各种智能服务。物联网的定义中还包含了两层内涵：第一，物联网的核心和基础仍然是因特网，是在因特网的基础之上延伸和扩展的一种网络；第二，其用户端由传统机器延伸和扩展到了任何物品，人与物可以通过互联网络进行信息的交换和通信。

2. 物联网的特征

物联网不仅对“物”实现连接和操控，它还通过技术手段的扩张，赋予网络新的含义。与因特网相比，物联网具有全面感知、互联互通和智慧运行三个技术特征。物联网需要对物体具有全面感知的能力，对信息具有互联互通的能力，并对系统具有智慧运行的能力，从而形成一个连接人与物体的信息网络。在此基础上，人类可以用更加精细和动态的方式管理生产和生活，提高资源利用率和生产力水平，改善人与自然的关系，达到更加“智慧”的状态。

(1) 全面感知

全面感知是指利用各种感应、捕获、测量等技术手段，实时对物体进行信息的采集和获取。全面感知的主要功能是识别物体、采集信息，解决的是人类社会与物理世界的数据获取问题。

实际上，人们在多年前就已经实现了局部区域下对“物”的感知处理。例如，测速雷达对行驶中的车辆进行车速测量，自动化生产线对产品进行识别、组装等。现在，物联网全面感知是指物联网在信息采集和信息获取的过程中追求的不仅是信息的广泛和透彻，而且强调信息的精准和效用。“广泛”描述的是地球上任何地方的任何物体，凡是需要感知的，都可以纳入物联网的范畴；“透彻”是通过装置或仪器，可以随时随地提取、测量、捕获和标识需要感知的物体信息；“精准和效用”是指采用系统和全面的方法，精准、快速地获取和处理信息，将特定的信息获取设备应用到特定的行业和场景，以实现对物体的智能化管理。

(2) 互联互通

互联互通是全面感知和智慧运行的中间环节，指通过各种移动通信网与因特网的融合，将物体的信息接入网络，进行信息的可靠传递和实时共享。互联互通的主要功能是实现信息的接入和信息的传递，解决的是信息传输问题。

互联互通要求网络具有开放性，全面感知的数据可以随时进入网络，这样才能带来物联网的包容和繁荣。互联互通要求传送数据的准确性，这就要求传送环节具有更大的带宽、更高的传送速率、更低的误码率。互联互通还要求传送数据的安全性，由于无处不在的感知数据很容易被窃取和干扰，因此要求保障网络的信息安全。

互联互通不可避免地带来网络“神经末梢”的高度发达。从某种意义上来说，互联互通就是利用因特网的“神经末梢”将物体的信息载入因特网，它将带来因特网的扩展，让网络的触角伸到物体之上，网络将无处不在。在技术方面，建设无处不在的网络，不仅要依靠有线网络的发展，还要积极发展无线网络，其中光纤到路边（fiber To the curb，FTTC）、光纤到户（fiber To the home，FTTH）、无线局域网（wireless lAN，WLAN）、全球定位系统、短距离无线通信（如 RFID、蓝牙、NFC）、低功耗广域网（low Power wide area network，LPWAN）等都是解决“网络无处不在”问题的重要技术。有人预测，不久的将来，世界上万物互联的业务量跟人与人通信的业务量相比，将达到 30∶1。如果这一预测成为现实，物联网的网络终端将迅速增多，无所不在的网络“神经末梢”将真正改变人类的生活。

(3) 智慧运行

仅将物连接到网络，还远远没有发挥出物联网的最大能力。物联网的意义不仅是连接，更重要的是交互，以及通过互动衍生出来的更多智慧特性。物联网的精髓是实现人与物、物与物之间的相融与互动、交流与沟通。在这些功能中，智慧运行是其核心与灵魂。

智慧运行是指利用数据管理、数据处理、模糊识别、大数据和云计算等各种智能计算技术，对跨地区、跨行业、跨部门的数据及信息进行分析和处理，以便整合和分析海量、复杂的数据信息，增强对物理世界、经济社会、人类生活各种活动和变化的洞察力，实现智能决策与控制，以更加系统和全面的方式解决问题。智慧运行解决的是分析、处理和决策问题。智慧运行建立在网络管理中心、信息中心、智能处理中心等平台之上，主要功能是对信息的深入分析和挖掘、理解和决策等高效处理。

6.1.3 物联网的发展前景

物联网在因特网的基础上诞生，并通过吸纳新技术不断延伸发展。物联网将在实现人与物之间、物与物之间相互连接的基础上，进行信息资源共享与智能服务，最终完成现实世界与虚拟世界的融合。

1. 物联网 1.0 时代

物联网 1.0 时代是指物联网发展的早期阶段。自从物联网概念被提出后，各种感知技术、短距离通信技术和移动接入技术不断发展，与同时期的因特网相结合，使得万物感知和互联互通逐渐得以实现，物联网的应用领域得到不断拓展。

物联网 1.0 时代被视为因特网的自然延伸和发展，因特网使用标准化的 TCP/IP 协议族，确保数据能够在不同的网络和设备之间正确地传输。因特网解决了计算机之间互相连接进行数据传输的问题，实现了“机器与机器”之间的联系；而物联网则是在因特网的基础上进一步融合了其他新兴技术，以实现包括计算机在内的所有物体互联互通的一个巨大系统。

物联网 1.0 时代的主要特点和成就如下：

① 万物互联的实现。物联网 1.0 时代的核心是实现了互联互通。通过射频识别、红外感应器、全球定位系统、激光扫描器等信息传感设备，物联网使得各种实体和虚拟的物理对象

及终端设备能够通过网络连接起来，进行信息交换和协同交互。

② 技术思想的形成：物联网的技术思想是“按需求连接万物”，这意味着通过各种网络技术及信息传感设备，根据约定协议将所有能够被独立标识的物端连接起来，进行信息传输和协同交互，以实现智能化信息感知、识别、定位、跟踪、监控和管理。

③ 信息化到智能化的转变：物联网推动了人类社会从信息化向智能化转变，这一转变体现在对日常物品和物理设备的智能化管理和控制上。物联网技术使物与物、人与物之间能够以新的方式进行主动的协同交互，形成一个物理世界内生互联的智能协同网络。

④ 应用领域的拓展：物联网的应用领域广泛，从工业制造、农业生产到交通、医疗和民生等，物联网都发挥着重要作用。这一时期，物联网开始在全球范围内展现出其巨大的潜力和影响力。

总体上，物联网 1.0 时代是一个基础设施建设和互联互通的时代，通过将日常物品和物理设备连接到因特网，扩展了因特网的连接范围和应用领域，为后来的物联网发展奠定了基础。物联网的发展不仅仅是技术的进步，它还推动了生产组织方式的变化，促进了产业革命，为人类生产和生活开辟了新的前景。

2. 物联网 2.0 时代

2017 年以来，物联网已经悄然迈入 2.0 时代。随着人工智能、大数据、云计算和 5G 网络技术的不断发展完善，人们对这些新技术与物联网的关系已取得共识，均认可“新技术将成为物联网产业链的一部分”，也即物联网在技术和应用领域上出现了重大转变。

物联网 2.0 的核心特征是“通感智值一体化”，也即将传感、通信、计算、执行等能力深度打通，追求更高的智能化和价值化。在这一阶段，物联网不仅仅关注于设备的互联互通，而是更多地强调智能化和价值化，使得设备更加智能和高效。

物联网 2.0 时代的另一个重要特点是物联网与实体经济的深度融合。随着技术的发展和成熟，物联网在工业制造、农业生产、交通、医疗和民生等领域得到了广泛应用，不断创造出新业态、新模式和新市场。例如，截至 2023 年，中国的物联网连接数显示了显著增长。根据中国工业和信息化部 2023 年通信业统计公报，中国的蜂窝物联网用户数量已达到 23.32 亿户，这一数字较移动电话用户数还要高出 6.06 亿户，占移动终端连接数的比重达到了 57.5%，显示出物联网在中国数字化转型和新旧动能转换中的关键作用。中国的物联网发展正在迈向一个更加智能和高效的时代，这不仅推动了数字经济的发展，也为各行各业的创新和升级提供了动力。

从应用的角度来看，物联网 2.0 不再是简单的信息化向物的延伸，而是更多地关注于应用牵引的新概念发展模式。这意味着“物联网即服务”理念的落地。物联网 2.0 要求各行各业以行业应用为切入点，提出解决方案，通过新兴的前沿技术，不断提升自动化、智能化的服务水平，为全球经济和社会发展带来新的机遇。

3. 向泛在网络演变

泛在网络（ubiquitous networking）的核心理念是将网络通信和信息服务融入人们的日常生活和工作，使网络变得像空气和水一样无所不在，无时无刻不在使用，但却不被人所察觉。泛在网络具有“无缝连接”“智能服务”“高度融合”“普适存在”“安全可靠”等特征，其目标是实现一个智能化、高度融合、无处不在的网络环境，为用户提供更加便捷、高效、安全的网络服务。

物联网向泛在网络的演变是一个自然的发展过程，涉及技术、应用和服务等多个方面的变革。物联网 1.0 时代着重于实现物与物之间的连接，强调的是技术层面的互联互通。而物联网 2.0 时代着重于服务和应用的落地，强调智能和高效地实现、技术与实体经济的融合。随着技术的发展，物联网正在向更高层次的泛在网络演变，这一演变主要体现在以下几个方面：

① 技术融合与升级：物联网的发展不仅仅局限于设备的连接，更要在云计算、大数据、人工智能等先进技术的不断融合下，使得物联网在工业、能源、交通、医疗等领域得到更广泛的应用。这些技术的融合使得物联网在功能和效率上得到大幅提升。

② 从连接到智能的转变：物联网的发展不再仅仅满足于简单的连接，而是向智能化的方向发展。这包括通过智能终端和网络的结合，实现更高效的数据采集、处理、决策和控制。泛在网络的构建使得物联网技术应用更加广泛和深入，推动了从连接到智能的转变。

③ 应用服务的深化：随着物联网技术的发展，其应用服务也在不断深化。未来的泛在网络将提供更下沉的“服务”，例如通过低成本终端提供真正的连接万物的能力，使得智能数据采集和分析服务更加普及和高效。

物联网向泛在网络演变的愿景正在逐步成为现实，并在智能家居、智慧城市、工业互联网等多个领域不断得到体现。总体上，物联网向泛在网络的演变是一个技术不断融合、应用不断深化、服务不断升级的过程，它将推动社会向更智能、更高效的方向发展。

6.2 物联网系统组成

当物联网被广泛应用于社会各行各业，人们的生活方式将被彻底改变。物联网要解决的是一个信息世界和现实世界如何融合以更好地服务于人类生产和生活的系统论问题。当物体具有智慧并能相互联系和自动协调后，整个世界将构成一个有机整体，形成一个巨大的智慧系统。要深入认识物联网，需要从物联网的系统组成开始分析，了解系统的内部结构和各部分功能，从而理解系统中信息从产生、传输、存储、加工到反馈控制的整个闭环处理过程，以及整个处理过程中需要涉及的主要技术。

6.2.1 物联网层次结构

物联网让物体拥有了“智慧”，实现了人与物、物与物之间的沟通。物联网的价值就在于通过综合末端的物体感知、中间的信息传输和后端的信息处理这三个环节实现高效和智能的生产、生活方式。为了理解和实现庞大而又复杂的物联网，可借鉴因特网分层理念，将物联网所涉及的各种软硬件对象根据其在信息处理中所处的环节，划分为物联网的三个不同组成部分：感知部分，即以二维码、RFID、传感器为主，实现对“物”的识别；传输部分，即通过现有的因特网、广电网络、通信网络等实现数据的传输；处理部分，即利用云计算、数据挖掘、中间件等技术实现对物品的自动控制与智能管理等。在业界，物联网大致被公认为有三个层次，从下向上依次称为感知层、网络层和应用层，如图 6-2 所示。这三个层次对应体现了物联网的三个基本特征：全面感知、互联互通和智慧运行。在各层之间，信息不是单向传递的，会有相互交互、彼此控制。在层间传递的信息多种多样，包括在特定应用内能唯一标识物品的识别码、物品的静态与动态信息以及控制指令等。

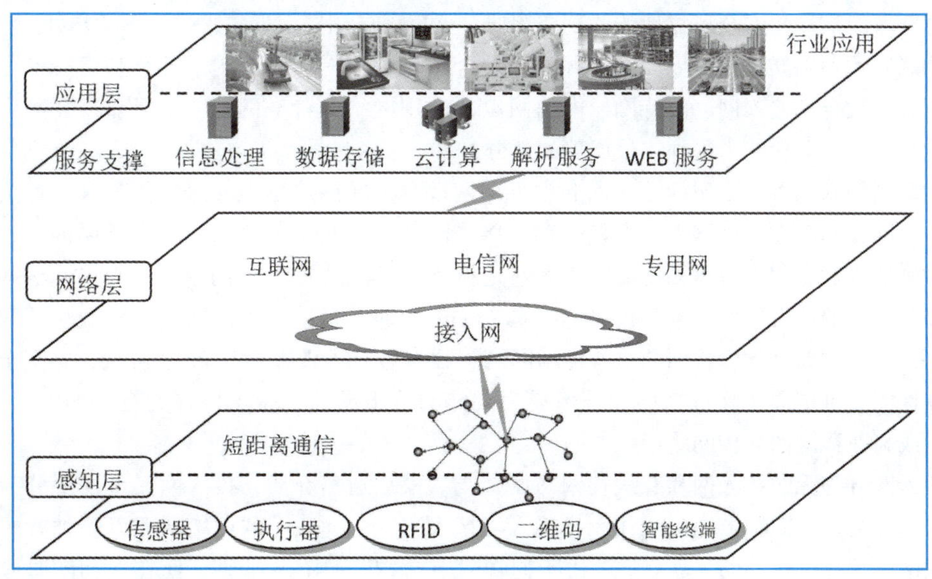

图 6-2　物联网层次架构

1. 感知层

感知层处于物联网三层结构的最底层，是物联网发展和应用的基础，除了感知对象本身之外，感知层主要包含两个主要部分：其一是用于数据采集和最终控制的终端装置，这些终端装置主要由电子标签和识别设备、传感器、执行器以及各类智能终端等构成，负责获取信息或执行相应的物理操作；其二是信息的短距离传输网络及其组成节点，短距离传输网络负责收集终端装置采集的信息，并负责将信息在终端装置和网关之间双向传送。实际上，感知层信息获取、信息短距离传输这两个部分的元件常常集成在一起，同时具有数据的获取、接收或发送功能，在物理上不能明确划分。

感知层的主要功能就是要解决如何收集物理世界中各种"物"的属性数据及其周围的环境数据的问题，包括信息的获取、转换、收集、整理和反馈执行等处理。具体来说，感知层由识别器、传感器或智能终端感知信息，例如，获取身份、位置信息，或感知温度、湿度、图像等信息，并自行组网传递到接入网关，由网关将收集到的感应信息通过网络层提交到后台处理，当后台对数据处理完毕后，发送执行命令到相应的执行器，调整被控或被测对象的控制参数或执行相应的操作。如果将物联网比喻成为人的话，感知层就像人的皮肤、五官以及四肢，能感受到周围的环境状态并把感受到的信息传给大脑或接受大脑的指挥做出相应的动作。

感知层是物联网的基础层，具有物联网全面感知的核心能力。感知层在物联网的实现过程中，实现对物体信息的全面感知，使得物联网与传统网络相比，具有了"物"的特色。也就是说，物联网中的"物"正是通过感知层在物联网中呈现出来的，涉及的技术主要是激光扫描、射频识别、全球定位系统、传感器及无线传感网络等技术，感知层的目标是利用上述诸多技术实现对客观世界的全面感知。

2. 网络层

网络层处于物联网三层结构的中间层，是感知层和应用层的桥梁，解决的是"互联互通、可靠传送"问题。如果把物联网比喻成人，那么网络层就相当于人的神经中枢系统，负责将感知层获取的信息，安全可靠地传输到应用层，然后由应用层根据需求进行下一步处理。

物联网的网络层是一个庞大网络体系，融合了各种通信技术，用于整合和运行整个物联网。网络层融合了接入网、因特网、电信网以及专用网络等各类网络，是目前物联网中标准化程度最高、产业化能力最强、最成熟的部分。

物联网的网络层主要包括接入网和主干网两部分，在网络层上，感知信息先通过接入网进入主干网，然后在主干网进行高效传输。接入网负责感知层各类物体与主干网的连通，而主干网则负责数据的高速可靠传输。接入网是指能在“几公里”范围内将感知层通信网关与主干网相连接的所有通信技术和设备的总称。主干网通常是指除接入网和用户端驻地网之外的网络，目前主要是指因特网的核心传输网络。目前主干网都基于TCP/IP协议，具有全球覆盖、高性能、可扩展、高可靠性和技术最为成熟的分组网络，能支持各类有线的、无线的、静态的或高速移动的异构网络接入。

接入网分为无线接入网和有线接入网两大类。根据通信介质，接入网又可以划分为铜线接入、光纤接入、同轴电缆接入和无线接入等接入方式。物联网的网络层要以多种方式为各类物联网终端提供广泛的互联互通。由于物联网中“物”具有异构性、泛在性和随时联网等特性，接入网络需要具有覆盖范围广、建设成本低、部署方便、具备移动性等特点，因此无线入网将是物联网网络层的主要接入方式。

与传统因特网相比，物联网的网络层将承载更大的数据量和更高的服务质量的要求。物联网既要求网络层的接入部分能提供广泛、灵活的连接性，又要求网络层的主干部分能高效安全地传输感知信息，解决远距离数据传输的问题。在实现上，物联网将对现有各类网络进行整合和扩展，不断吸纳新技术实现全面的互联互通功能。

3. 应用层

应用层位于物联网三层结构中的顶层，来自感知层的数据主要在应用层处理、存储和应用，因此应用层就好比人的大脑，需要解决的主要问题是“信息处理”和“人机交互”。应用层主要功能有：提供数据的认证、清洗、整理、聚合能力，通过处理接收到的感知数据形成统一的数据中心；提供强大的计算能力以满足海量数据的预处理、存储、分析和决策的计算需要；对资源和算力进行统一调度和安全控制管理；要提供支持应用系统的开发和运行的环境。应用层的这些功能以中间件或信息处理中心的形式提供，支持各行各业物联网应用的实现。物联网最终还是要以人为本，服务于人，物联网的行业应用系统需要与最终用户“人”进行交互，这里的“人机交互”已经远远超过了人与计算机交互的范畴，而是泛指与应用系统相连的各种终端设备与人之间可能发生的所有交互场景。

应用层内部可划分为“服务支撑”和“行业应用”两个子层。对数据进行整理、存储、查询、分析、决策处理和支持应用系统开发、运行的各类服务平台和中间件组成了“服务支撑”子层。“服务支撑”子层还包含了对信息的辨别、认证、授权、计费等服务管理功能。“行业应用”子层是物联网技术与各行业业务需求结合，最终实现的智能化应用系统。这些应用系统基于各种终端设备由人操作，与人交互，服务于人类社会生产和生活的需要。

应用层的各项功能主要基于软件技术和计算机技术实现，涉及M2M技术、云计算技术、大数据技术、人工智能技术、中间件和面向服务的架构（service-oriented architecture，SOA）技术等。

应用层与底端的感知层一起，是物联网的显著特征和核心所在。物联网的应用领域十分广泛，并将逐渐普及所有领域。亿欧智库发布的《2018 物联网行业应用研究报告》整理了物联网产业的发展，其中总结了物联网在物流、交通、安防、能源、医疗、建筑、制造、家居、零售和农业中的十大应用领域。应用层的不断开发将会带动物联网技术的研发，带动物联网产业的发展，最终带来物联网的普及。

6.2.2　物联网技术体系

物联网是一个庞大的网络系统，综合应用 RFID、传感器、嵌入式系统、微机电系统（Micro Electron Mechanical Systems，MEMS）、网络通信、SOA、云计算、数据挖掘、人工智能等多个门类的技术，实现图 6-2 所示的层次架构中的各层功能。把物联网中涵盖的关键技术映射到物联网的层次架构中去，形成了图 6-3 所示的技术体系架构。图 6-3 可视为对图 6-2 在技术上的实现描述。为了系统分析物联网技术体系，图 6-3 中将物联网技术体系划分为感知层技术、网络层技术、应用层技术、公共技术和支撑技术，其中公共技术和支撑技术纵贯各层架构，横向融合到各层功能面板中。

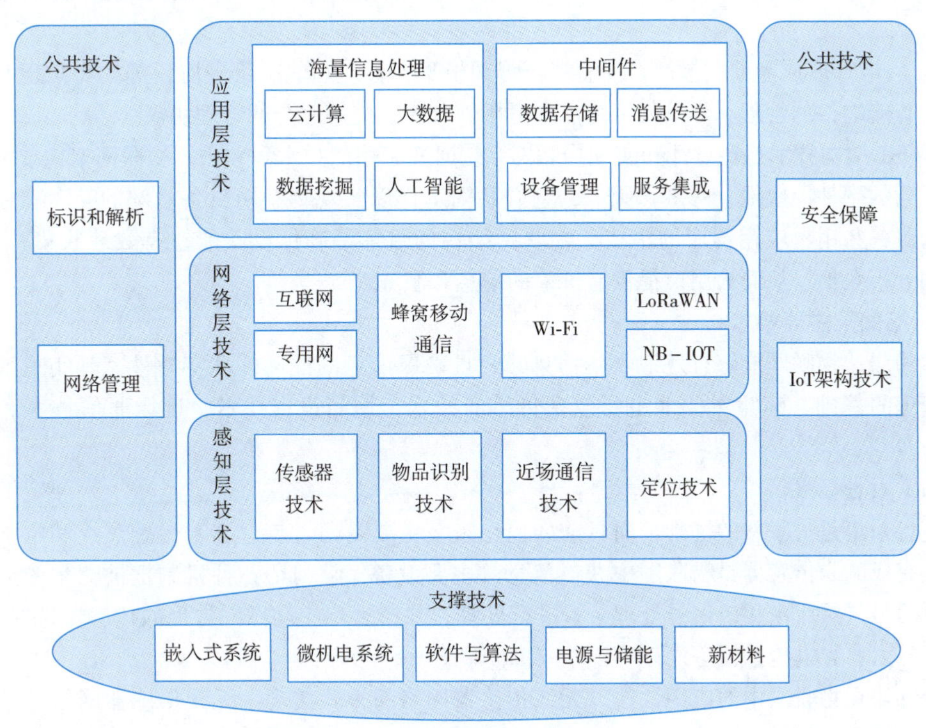

图 6-3　物联网技术体系架构

1. 支撑技术

物联网支撑技术包括嵌入式系统、微机电系统、软件与算法、电源和储能、新材料。

① 嵌入式系统可满足物联网对设备功能、可靠性、成本、体积、功耗等的综合要求，可按不同应用定制嵌入式计算机技术，是实现物体智能化的基础。

② 微机电系统可实现对传感器、执行器、处理器、通信模块、电源系统等的集成，是支撑传感器节点微型化、可执行化的技术。

③ 软件和算法是实现物联网功能、决定物联网行为的主要技术，重点包括各种物联网计

算系统的感知信息处理、交互与优化软件和算法、计算系统体系结构与软件平台研发等。

④ 电源和储能是物联网关键支撑技术之一，包括电池技术、能量储存、能量捕获、恶劣情况下的发电、能量循环、新能源等技术。

⑤ 新材料主要是指应用于传感器的敏感元件实现的技术。传感器敏感材料包括湿敏材料、气敏材料、热敏材料、压敏材料、光敏材料等。新敏感材料的应用可以使传感器的灵敏度、尺寸、精度、稳定性等特性获得改善。

2. 公共技术

公共技术包括标识和解析、安全保护、网络管理技术、IoT 架构技术等。

① 标识和解析技术是对物联网中任何物理实体、通信实体和应用实体赋予的或其本身固有的一个或一组属性，并能正确标识和解析的技术。物联网标识和解析技术涉及不同的标识体系、不同体系的互操作、全球解析或区域解析、标识管理等。

② 安全保护技术包括安全和隐私保护技术、网络安全与数据安全技术、智能物件的广泛部署对社会生活带来的潜在安全威胁防护、个人信息保护、安全管理机制和各类保证措施等。

③ 网络管理技术重点包括管理需求、管理模型、管理功能、管理协议等。为实现对物联网各类智能物件的管理，涉及网络功能和适用性分析，应用适合的管理协议。

④ IoT 架构技术是指设计和实现物联网系统时所采用的技术和方法。物联网架构技术包括了一系列的硬件、软件、网络和服务，它们共同工作以实现物联网设备之间的互联互通，以及与云服务和用户应用程序的集成。物联网架构的目标是确保设备能够有效地收集、传输、处理和分析数据，从而为用户提供有价值的信息和服务。

3. 感知层主要技术

感知层让物联网能够有效地收集信息，并且确保信息的准确性和实时性，是实现智能监控和管理的基础。感知层技术主要包括传感器技术、物品识别技术、近场通信技术和定位技术。

（1）传感器技术

信息采集是物联网的基础，而目前的信息采集主要是通过传感器、传感节点和电子标签等方式完成的。传感器是物联网中获得信息的主要设备，它利用各种机制把被测量的数据转换为电信号，然后由相应信号处理装置进行处理，并产生响应动作。常见的传感器包括温度、湿度、压力、光电传感器等。

传感器在物联网中的应用往往以无线传感器网络的方式实现。无线传感器网络的基本功能是将一系列空间分散的传感器单元通过自组织的无线网络进行连接，从而将各自采集的数据通过无线网络进行传输汇总，以实现对空间分散范围内的物理或环境状况的协作监控，并根据这些信息进行初步分析和处理。利用传感器网络，物联网实现较大物理区域内的信息感知。传感器网络中的传感节点既能进行数据的采集和处理，又能实现数据的融合和路由，综合本身采集的数据和收到的其他节点发送的数据，转发到其他网关节点。传感节点的好坏会直接影响整个传感器网络是否能正常运转以及功能健全与否。

传感器技术是材料学、仿生学、微电子学、精密机械学、纳米嵌入技术、分布式信息处理技术、无线通信技术等多学科综合技术。作为一种检测装置，传感器是物联网感知层获取信息的关键器件。由于传感器所在的环境通常比较恶劣，因此物联网对传感器技术提出了较高的要求：一是其感受信息的能力，二是传感器自身的智能化和网络化。传感器技术在这两方面将不断得到发展与突破。

(2) 物品识别技术

物品识别技术包括RFID、条形码扫描、光学字符识别（OCR）、编码技术等。RFID技术在物流和供应链管理中尤其重要，可以实现对物品的实时追踪和监控。条形码和OCR技术则主要用于商品的识别和信息的快速采集。

RFID是一种非接触式的自动识别技术，利用射频信号及其空间耦合传输特性，实现对静态或移动待识别物体的自动识别，用于对采集点的信息进行“标准化”标识。由于RFID技术可实现无接触的自动识别，具有全天候、识别穿透能力强、无接触磨损、多目标自动识别等诸多特性，在物联网“识别”信息和近程通信的层面中，起着至关重要的作用。

条形码是能够存储数字、字母和其他特殊符号的视觉表示。根据编码方式的不同，条形码可以分为一维条形码和二维条形码。条形码应用非常广泛，包括商品追踪、库存管理、物流运输、身份认证等。OCR技术是指使用光学设备（如扫描仪、摄像头等）读取纸上或其他介质上的文字和图案，并将其转换为计算机可处理的电子数据的技术，以实现信息的电子化和自动化管理。

编码技术可以为物联网中的“物”建立身份标识，通过条形码、二维码或电子标签附着于物体上，再通过光学扫描或RFID技术即可实现目标的识别和数据读写。将编码及其识别技术应用到物联网领域，使其与因特网、通信技术结合，可实现全球范围内物品的跟踪与信息的共享。EPC（electronic product code，电子产品代码）系统的核心就是提供了一个全球统一的物品标识标准，并采用RFID电子标签作为载体，附着在产品或其包装上，可以被自动读取，从而实现快速、准确地追踪产品的流动。

RFID等物品识别技术的出现大大推动了物联网的发展和应用。在未来的几年中，RFID电子标签、读写器、系统集成软件、公共服务体系、标准化等方面都将取得新的进展。随着技术进步，RFID产品的种类将越来越丰富，应用和衍生的增值服务也将越来越广泛。

(3) 近场通信技术

近场通信技术指的是在短距离内进行数据交换的技术，允许物联网设备在短距离内建立连接，实现数据的传输或控制指令的下达。这些技术通常具有低成本、低功耗的特点，并且易于使用。以下是一些常见的近场通信技术：

① 蓝牙（Bluetooth）：蓝牙是一种广泛使用的无线技术，用于在短距离内（通常在10 m范围内）交换数据。它支持多种设备，如手机、耳机、计算机等。

② NFC（near field communication）：NFC是一种短距离的无线通信技术，通常用于电子设备之间的数据交换，如支付、身份验证和标签读取等。NFC的有效通信距离通常在几厘米到几米之间。

③ 红外线（infrared，IR）：红外线通信是一种使用红外线光波进行数据传输的技术。它常用于电视遥控器、红外数据传输等。

④ Wi-Fi：是一种支持百米范围内进行无线移动通信的网络技术，主要用于将电子设备通过无线信号连接形成局域网。它基于IEEE 802.11系列标准，主要特点包括无线连接、覆盖范围、速度快、安全性高、兼容性好、低成本和易普及。Wi-Fi广泛应用于家庭、办公室和公共区域等不同场所，实现高速联网。

⑤ ZigBee：ZigBee 是一种低功耗的无线通信协议，用于构建个人区域网络。它通常用于家庭自动化、医疗监控和工业自动化等场景。

⑥ Thread：Thread 是一种基于 IPv6 的物联网通信协议，用于家庭内的设备联网。它旨在提供安全、可靠和低功耗的网络连接。

⑦ Z-Wave：Z-Wave 是一种专为家庭自动化设计的无线通信协议。它使用低功耗的无线电波，适用于控制智能家电和其他智能家居设备。

⑧ UWB（ultra-wideband）：UWB 是一种短距离通信技术，利用非常宽的频带传输信号，具有高带宽、低延迟、高精度定位、抗干扰、低功耗、安全性高的特点，在智能家居、工业自动化、医疗监测和汽车等领域有着广泛的应用前景。

这些近场通信技术各有特点，适用于不同的应用场景和需求。随着物联网的发展，这些技术在智能家居、可穿戴设备、移动支付等领域得到了广泛应用。

(4) 定位技术

定位服务（location based services，LBS）又称位置服务，是由卫星定位与地理信息系统（geographic information system，GIS）结合，加上移动通信网络与相关技术的支持，获得移动终端、用户或实体的实际位置，如其经纬度坐标、高程数据或对应的电子地图上的标示点，实现各种与位置相关的各类服务。该领域中，"位置"这一概念包括：①地理位置（空间坐标）；②对象处在该位置的时刻（时间坐标）；③处在该位置的对象（身份与标识信息等）。定位服务对于物联网系统应用是不可或缺的，是通过对接收到的无线电波的一些参数进行测量，根据特定的算法以判断出被测物体的位置。测量参数一般包括传输时间、幅度、相位和到达角等，而定位精度取决于测量的方法。物联网中的定位技术主要包括以下几种：

① 卫星定位：通过接收卫星提供的经纬度坐标信号来进行定位。主流的卫星定位系统包括美国的 GPS、俄罗斯的 GLONASS、欧洲的 GALILEO 系统以及中国的北斗卫星导航系统。卫星定位技术成熟，精度高，覆盖广，但成本昂贵且功耗大，主要用于室外定位。

② 基站定位：通过电信移动运营商的网络获取移动终端用户的位置信息。基站定位精度在几十米左右，适用于手机用户的位置服务。

③ Wi-Fi 定位：利用移动设备和三个无线网络接入点的无线信号强度，通过差分算法进行定位。这种技术适用于室内定位，精度可达 2 m 左右。

④ 蓝牙 Beacon 室内定位：通过蓝牙技术发送和接收信号，实现室内定位。Beacon 基站不断发送信号，移动设备收到信号后，通过计算信号强度来确定距离，从而实现定位。

⑤ RFID 室内定位技术：利用射频方式，通过固定天线调制无线电信号形成电磁场，实现物品的识别和三角定位。这种技术可以在几毫秒内得到厘米级的定位精度，但作用距离较近，抗干扰能力较差。

⑥ 超宽带（UWB）定位技术：通过发送和接收纳秒或微秒级以下的极窄脉冲来传输数据，适用于室内精确定位，如战场士兵位置发现、机器人运动跟踪等。超宽带技术具有穿透力强、功耗低、抗干扰效果好、安全性高、系统复杂度低等优点。

这些定位技术各有优缺点，如何选择通常取决于应用场景的具体需求，如精度、成本、功耗、覆盖范围等。

4. 网络层主要技术

物联网络层是建立在因特网、移动通信网等现有网络基础上，综合了各类接入通信技术和成熟的网络互联技术，实现“物物相联”的需求。具体来说，物联网综合运用了因特网互联、2G/3G/4G/5G 蜂窝移动通信、Wi-Fi、LoRaWAN、NB-IoT 等通信技术，实现有线与无线的结合、宽带与窄带的结合、感知网与通信网的结合。

（1）互联网技术

这里的互联网技术主要指屏蔽终端、设备和网络的异构性并实现跨域网络通信的相关技术集合。互联网技术的核心是一套称为 TCP/IP 簇的通信协议，它规定了数据封装格式、数据在终端上收发的处理流程和在网络中传输方式。这套协议还约定因特网中使用 IP 地址来唯一标识连接到网络上的每一台设备，从而确保数据能够准确地发送到目标。

因特网的实现得益于通信和互联网技术的迅速发展，其物理基础设施包括电缆、光纤、无线电磁波等通信介质以及交换机和路由器等通信设备，通过这些基础设施解决了设备接入、数据高速传输和跨网路由等问题。基于互联网技术，现在的因特网核心部分已成为一个超高速、高可靠、易扩展的高效分组传输网，为实现物联网中“物”的互联互通提供了基础性支持，可视为物联网中用于高速传输海量数据的主干网络。

21 世纪以来，因特网正逐渐引入 IPv6 技术，彻底解决 IP 地址不足问题，使得网络不仅可以为人类服务，还将服务于众多硬件设备，如家用电器、传感器、远程照相机、汽车等，它将使物联网无所不在、无处不在地深入社会每个角落。

（2）移动通信技术

物联网的网络层还要负责将感知层识别设备、本地传感器网络、可独立通信的感知器件和执行器以及各种智能终端接入主干传输网络。移动通信技术具有可移动、长距离、广覆盖的特点，适合解决物联网网络层的接入需求。这里的移动通信技术主要指适合长距离通信的蜂窝移动通信网络（2G/3G/4G/5G）、LoRaWAN 和 NB-IoT。

① 蜂窝移动通信网络已发展到第 5 代，简称 5G。5G 技术是一种具有高速率、低时延和大连接特点的新一代宽带移动通信技术，不仅能解决人与人通信，为用户提供增强移动宽带（eMBB）、超高可靠低时延通信（uRLLC）和机器类通信（mMTC），能满足移动医疗、车联网、智能家居、工业控制、环境监测等物联网应用需求。

② LoRaWAN 是一种专为物联网（IoT）设计的远程广域网络协议，具有长距离通信、低功耗、大容量、低成本和部署灵活的特点。LoRaWAN 作为物联网应用中的一种理想选择，尤其适用于远距离通信和低功耗要求较高的场景；但由于其带宽和延迟的限制，可能不适用于对实时性和大规模数据传输要求较高的应用。在实际应用中，需要根据具体需求和场景来选择是否使用 LoRaWAN 通信技术。

③ NB-IoT（窄带物联网）也是一种专注于低功耗广域通信的网络技术标准，主要针对物联网市场。与其他同类技术相比，它具有更强连接、更高覆盖、低功耗、低成本和灵活部署的显著特点，能被广泛应用于公共事业、医疗健康、智慧城市、消费者、农业环境、物流仓储、智能楼宇、制造行业等多个领域。由于 NB-IoT 的显著特性，已成为物联网应用中一个重要的技术选择。随着技术的不断成熟和应用领域的拓展，NB-IoT 将在未来物联网的发展中扮演更加重要的角色。

物联网要求网络层能够把感知层感知数据无障碍、高可靠性、高安全性地进行传送，这就意味着物联网需要融合现有各类网络，综合运用各类通信技术以实现更加广泛和高效的互联功能。物联网网络层的技术选择取决于具体的应用场景、设备要求、数据传输距离、功耗和网络覆盖等因素。随着物联网技术的发展，网络层的技术也在不断演进，以适应更广泛的应用需求和挑战。

5. 应用层主要技术

物联网应用层的技术专注于如何有效地处理、分析和利用感知层收集的数据，以提供具体、智能的服务和解决方案。应用层需要适配各行各业的应用场景并与用户交互。物联网应用层技术主要有云计算、大数据、数据挖掘、人工智能、中间件等。

(1) 云计算

云计算在各个行业中的应用越来越广泛，包括企业级应用、大数据分析、人工智能、物联网等领域。云计算已成为全球 IT 行业的增长引擎，国内外各大云服务提供商都在中国设立了数据中心，以满足不断增长的市场需求。同时，中国政府也在积极推动云计算产业的发展，出台了一系列政策和支持措施，以促进云计算技术的创新和应用。

物联网的发展和云计算技术的支持密不可分、相辅相成。物联网和云计算之间是应用与平台的关系。物联网提供了数据的来源，而云计算提供了存储、处理和分析这些数据的平台和能力。云计算提供了强大的存储能力和计算资源，使得物联网设备产生的数据可以得到有效管理，可以帮助从物联网设备产生的数据中提取有价值的信息和洞察。这些分析结果可以用于优化业务流程、改进产品设计、提升用户体验等。云计算提供的基础设施和资源，可以根据物联网应用的需求动态调整。这使得物联网应用能够灵活地应对数据量的变化和计算需求的波动。对于某些物联网应用，如实时监控和智能控制，需要快速响应和低延迟。云计算平台还可以通过边缘计算等技术，将数据处理和分析部分放在离设备更近的位置，以减少延迟。

(2) 大数据

大数据技术主要包括大数据技术平台、大数据处理过程、数据挖掘与可视化三个方面的应用技术。大数据技术平台将用于解决大数据处理的采集、挖掘、预处理、存储、管理、分析等技术问题的算法和模型进一步封装，形成了比较简单易用的操作平台。大数据处理过程这里是指除数据挖掘和可视化之外的数据采集、数据存储、数据清洗、数据转换、数据的统计分析、数据安全与治理等环节。数据挖掘（data mining）是从大量的、不完全的、有噪声的、模糊的及随机的实际应用数据中，挖掘出隐含的、未知的、对决策有潜在价值的数据的过程。数据可视化是指使用图形和图像来表示数据的分析结果，以便更容易地理解和解释数据。

物联网与大数据的关系非常紧密。物联网提供了数据的来源，而大数据技术则提供了处理和分析这些数据的工具和方法。物联网设备产生的大量数据，包括传感器数据、用户行为数据、环境数据等，这些数据往往具有大数据特点。大数据技术能够帮助人们从物联网设备产生的海量数据中提取有价值的信息和知识，为决策提供支持。随着物联网平台的发展，大数据、云计算和人工智能技术的结合将为智能化决策和优化提供了强大的支持，是未来数字化世界的重要基础。

(3) 人工智能

人工智能是研究、开发用于模拟、延伸和扩展人的智能的理论、方法、技术及应用系统的一门新的技术科学。经过长期的发展，人工智能正在以它巨大的力量影响着人们的生活。人工智能将是新一轮产业变革的核心驱动力，将进一步释放历次科技革命和产业变革积蓄的巨大能量，并创造新的强大引擎，重构生产、分配、交换、消费等经济活动各环节，形成从宏观到微观各领域的智能化新需求。2012 年以来，数据的爆发式增长为人工智能提供了充分的“养料”，深度学习算法在语音和视觉识别上实现突破，令人工智能产业落地和商业化发展成为可能。

物联网与人工智能技术是相互促进的关系。物联网设备收集的大量数据为人工智能技术提供了丰富的数据源。这些数据包括环境监测、设备状态、用户行为等多种类型的信息，为人工智能的训练和学习提供了基础。人工智能技术，特别是机器学习和深度学习，能够处理和分析物联网设备产生的大量复杂数据，从中提取有价值的信息和模式，为决策提供支持。物联网设备可以通过人工智能技术实现更高级的自动化和智能化控制。例如，智能家居系统可以根据用户的习惯和偏好自动调节室内环境，智能工厂可以利用 AI 进行预测性维护和优化生产流程。人工智能技术可以分析用户的交互数据，为用户提供个性化的服务和体验。

物联网提供了数据的来源和应用的场景，而人工智能技术提供了处理和分析这些数据的智能方法。两者的结合为智能化决策和优化提供了强大的支持，是物联网 2.0 时代的重要发展趋势。

(4) 中间件

中间件一般是指一种独立的系统软件或服务程序。分布式应用系统借助这种软件，可实现在不同的应用系统之间共享资源。与支撑软件和实用软件不同，中间件是由“平台”和“通信”两部分构成的，是位于平台（底层硬件、操作系统或服务资源）和上层应用之间的通用服务，这些服务具有标准的程序接口和协议。

物联网中间件是一种独立的系统软件或服务程序，介于上层应用系统和底层硬件、公共服务平台之间，将各种可以公用的信息处理能力进行统一封装，提供给物联网应用层业务系统使用。中间件在物联网应用中起着至关重要的作用，它提供了信息处理、计算等通用基础服务设施、能力及资源的调用接口，使得物联网应用能够高效地运行。

物联网采用中间件技术，屏蔽了底层多类感知硬件的差异和中间层上公共平台的软硬件系统的异构性，为最上层的应用系统提供共享资源和统一调用接口，最终形成一个资源丰富、功能强大的服务系统，最大限度地发挥物联网系统的作用。数据处理是中间件最重要的功能。同时，中间件还支持数据的搜集、过滤、整合与传递等处理，以便将有效信息传到后端的应用系统。

6.3 物联网应用案例

随着物联网技术的飞速发展，物联网技术在工业、农业、医疗、交通、服务业等领域都将拥有广泛的应用前景。按照应用对象所属性质，物联网的应用领域主要分布在以下三个方面：

① 公共服务：以政府管理与公共基础设施建设为主，包括智慧水务、智能电网、智能交通、智慧医疗、智慧园区、公共安全保障、再生资源回收处置等。

② 行业应用：主要包括智慧物流、物品溯源、节能环保、工业物联网、农业物联网等。

③ 个人应用：主要包括智能家居、娱乐教育、节能低碳、智能卡等。

目前，物联网应用以政府带动为主，随着技术的不断发展、商业模式的不断完善，将逐渐渗透到社会的方方面面（见图 6-4）。

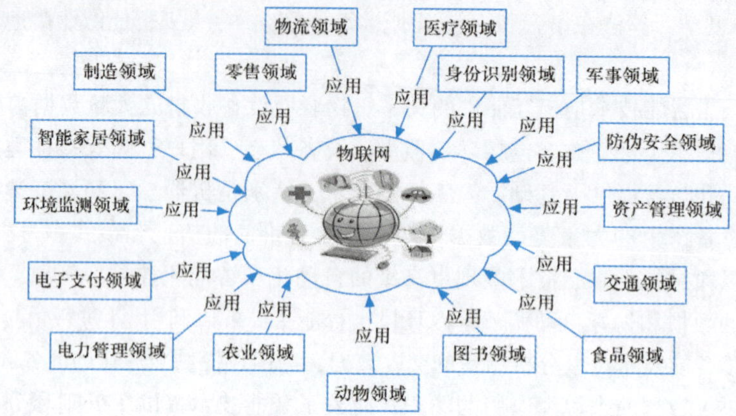

图 6-4　物联网的应用领域

6.3.1　目的与意义

计算机和网络的出现，人类即进入了信息时代；网络应用的蓬勃发展和技术进步又诞生了物联网时代。物联网应用已在全球各地、人类生活各领域遍地开花，并继续向着一个高度融合的智能化时代迈进。物联网时代的万物互联和普遍感知，产生了巨量的交互数据。大数据涵盖的价值和规律是促进人类社会更好发展的宝贵资源。要解决好“数据驱动社会更好发展”这一问题需要将物联网、大数据、云计算、人工智能等新兴技术相互交融、科学部署，形成统一协调、普适存在的运作体系和应用系统。

本节从两个公共服务领域选取了部分应用案例，以它们为代表，去观察物联网技术如何在应用领域落地生根，并了解物联网在发展过程中是如何融入云计算、大数据、人工智能等先进技术，从而理解这些技术如何相互促进并创造新的应用场景。这些物联网应用案例为学习者提供一个了解物联网技术及其应用的窗口，有助于培养学习者的系统思维、创新能力和前瞻性规划能力。

案例的学习价值具体体现在以下几个方面：

① 跨领域应用：可以了解不同行业如何利用物联网技术解决特定问题，以及如何实现不同系统间的互联互通。

② 技术融合与创新：物联网在发展中融入了云计算、大数据、人工智能等各种先进技术，从而推动了物联网向更广泛的应用领域发展，如工业、能源、交通、医疗等。

③ 系统化解决方案：案例展示了如何将感知层、网络层和应用层的技术有效整合，形成系统化的解决方案。这有助于学习者掌握如何构建综合性的智能系统，以及如何通过系统集成优化资源配置和提高效率。

④ 创新管理模式：案例将展示物联网技术如何促进管理模式的创新，例如通过远程监控和自动化控制提高交通管理和城市服务效率。学习这些案例有助于掌握如何运用物联网技术改进和创新现有的管理方法。

⑤ 社会经济效益：这些案例揭示了技术如何为社会带来经济效益，例如提高城市管理效率、优化资源使用、降低运营成本等。学习这些案例有助于理解物联网技术如何转化为实际

的社会和经济效益。

⑥ 未来发展趋势：物联网技术的发展趋势为学习者提供了对未来技术进步的预见。理解物联网的发展方向有助于学习者做出前瞻性的决策，并为未来的职业生涯做好准备。

6.3.2 智慧交通案例

智慧交通系统（intelligent transportation system，ITS）是将先进的信息技术、数据通信传输技术、电子传感技术、控制技术及计算机技术等有效地集成并运用于交通系统，从而提高交通系统效率的综合性应用系统，其目标在于提高运输效率，保障交通安全，缓解交通拥堵，减少空气污染。系统中强调智慧交通管理的概念，要在高度信息化、综合化的交通管理系统中，融入大数据、云计算、物联网、人工智能等先进技术来实现交通系统的智能化管理和运营，注重于通过创新和整合各种资源和技术，为用户提供更加智能、便捷、个性化的交通服务。智慧交通还包括对城市交通规划、公共交通系统、物流配送、绿色出行等方面的整体考虑。

1. 智慧交通系统架构

基于物联网的智慧交通系统总体上也分为三个层次，如图6-5所示。

① 感知层：这是智慧交通系统的最底层，主要由各种传感器组成，如摄像头、雷达、地磁传感器、GPS等，用于实时采集交通信息，如车流量、车速、道路状况等。

② 网络层：这是智慧交通系统的中间层，主要负责将感知层采集到的交通信息传输到处理层。传输层通常采用有线或无线网络，如4G/5G、LoRa、Wi-Fi、主干分组交换网等。

③ 应用层：由支撑平台和应用系统两个子层组成。支撑平台是智慧交通系统的核心层，主要由数据库、云计算平台、大数据分析平台等组成，负责对传输层传来的交通信息进行处理和分析，如交通流量预测、路径规划、模式识别等。应用系统处于智慧交通系统的最顶层，面向用户，提供各种智慧交通服务，如导航、实时路况查询、电子警察、自动驾驶、车位管理、信号灯控制等。

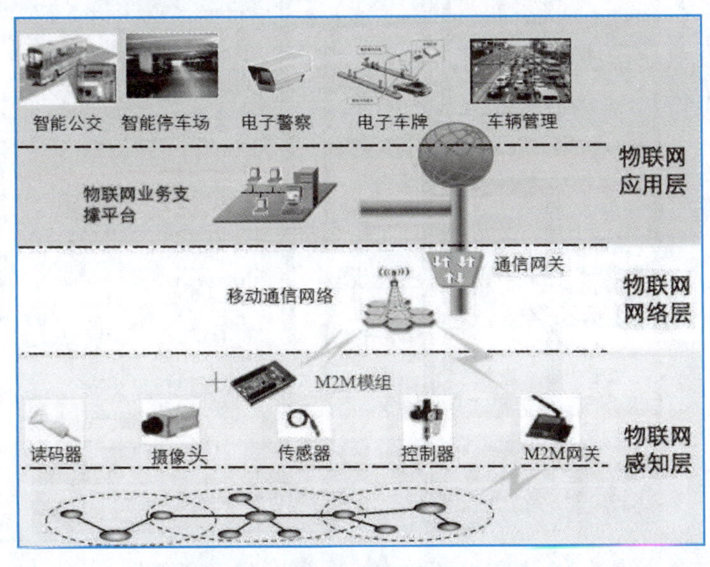

图6-5 智慧交通系统的总体架构

在物理构成上，智慧交通系统又可以具体划分为交通信息采集、交通信号控制、交通监控、交通诱导、智能公交、电子警察、治安卡口、指挥中心等多个子系统，如图 6-6 所示。智慧交通系统在总体上是一个多层次、多维度、多技术的复杂系统。只有通过各层次功能部件和各物理子系统的紧密配合与协同工作，才能实现智慧交通的目标。

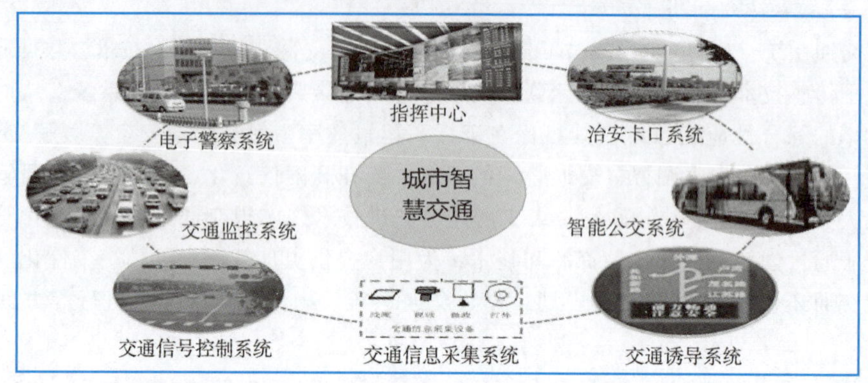

图 6-6　智慧交通系统中的子系统

根据业务数据处理的需要，可将智慧交通系统的总体功能结构从下至上划分为五层（见图 6-7），对应的业务处理过程为：将采集自底层的跨时空、大量、实时的数据收集起来，然后准确、迅速地通过高速信息传输网络传送到后台，再进行筛选、整理、存储、处理、分析、评估、决策，最后及时下达处理结果并执行相应的监控指令。智慧交通系统在应用层主要划分为两大服务平台——交通信息服务和交通综合管控，前者为公众提供交通信息服务，后者为交管部门提供决策支持和管理服务。

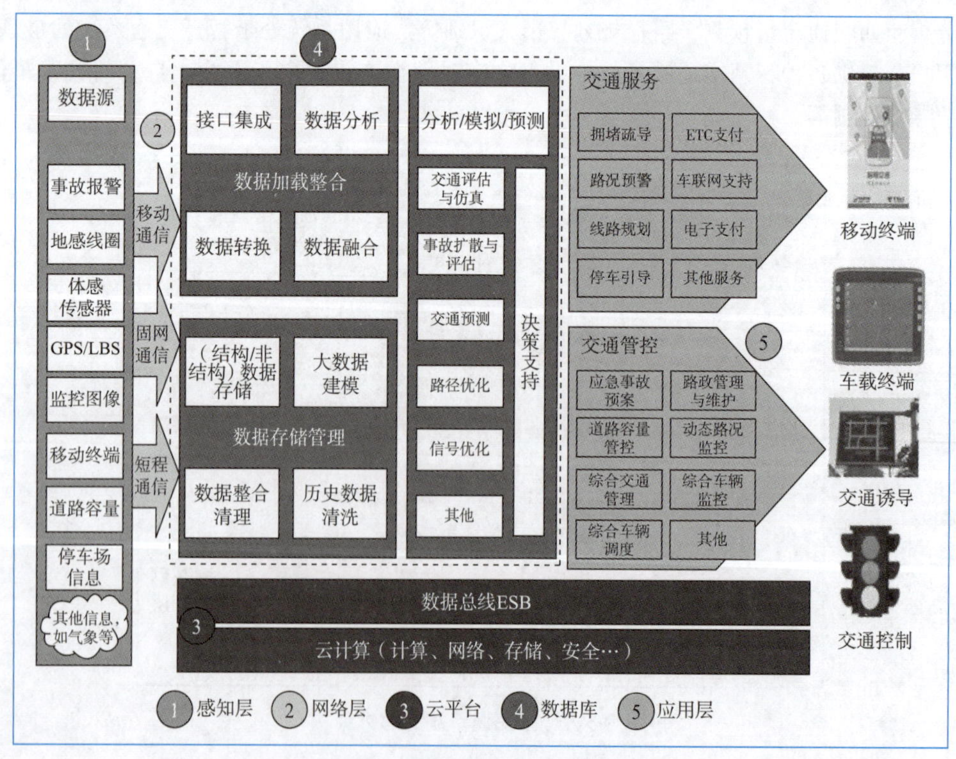

图 6-7　智慧交通系统功能构架

(1) 交通信息服务平台

智慧交通系统的信息服务是指通过收集、处理和发布交通相关信息，为交通参与者提供实时、准确的交通状况和出行建议的服务。这些服务旨在帮助交通参与者做出更合理的出行决策，从而提高交通效率、减少拥堵、增强交通安全和改善出行体验。服务的对象主要包括驾驶员、公共交通乘客、行人、环境保护部门等。

信息服务平台具体服务内容有：向驾乘人员提供路况信息、导航服务、交通预测、停车信息、安全提醒和公共交通的实时运行信息服务等；为行人提供过街信号、步行导航、出行规划服务等；为环境保护部门提供交通相关的环境监测数据等。

(2) 交通综合管控平台

智慧交通综合管控平台是一个以提高交通管理服务水平、提高交通管控效率为目的，综合利用多种交通管控资源，为提高公安交通管控的快速反应能力和交通指挥中心的工作效能提供技术保障的交通信息集成综合应用系统。

城市的交通综合管控平台涵盖城市道路交通管理各个方面。系统主要包括交通执法、稽查布控、分析研判、交通诱导、运维监管、指挥调度、态势研判和监控等业务功能。

2. 智慧交通系统建设成效

智慧交通系统的应用场景非常广泛，涉及流量分析、车辆监控、信号控制、智能停车、公共交通管理、车联网与自动驾驶等。这里选择部分基础应用系统的建设情况进行介绍。

(1) 交通数据感知采集系统

交通数据感知采集系统是智慧交通系统的基础，它负责收集交通领域的各种数据，为交通管理、规划和控制提供支持。这些数据包括车辆速度、流量、道路占有率、行人活动、交通事故、天气状况等。交通数据感知采集系统的物理构成通常包括识别器、传感器、数据采集处理单元、通信接口、用户接口和辅助设备。识别器和传感器是交通数据采集的关键设备，包括但不限于：

① RFID：用于识别目标车辆身份。

② 环形线圈：用于检测车辆通过时的磁场变化。

③ 地磁传感器：检测车辆通过时对地磁场的扰动。

④ 雷达传感器：通过发射雷达波并接收反射波来测量车辆的速度和距离。

⑤ 摄像头：用于视频监控，可以分析车辆和行人的行为。

⑥ 微波传感器：用于测量车辆的行驶速度和车间距离。

⑦ 光学传感器：如红外线、激光等，用于检测车辆和行人的存在。

图6-8所示为典型的道路感知传感设备。

(2) 智能信号灯控制系统

系统采用地磁感应车辆检测器完成对道路横截面车流量、道路交叉路口车辆通过情况的检测，以自组网的方式建立智能控制网络，通过系统平台数据与信号机自适应数据协同融合处理的方式，制定符合试点路网车辆通行最优化的信号机配时方案。以“智能分布式”控制交通流量的网络平衡技术，对路口、区域交通流、道路交通流饱和度、总延误、车辆排队长度、通行速度，进行交通流的绿波控制和区域控制。

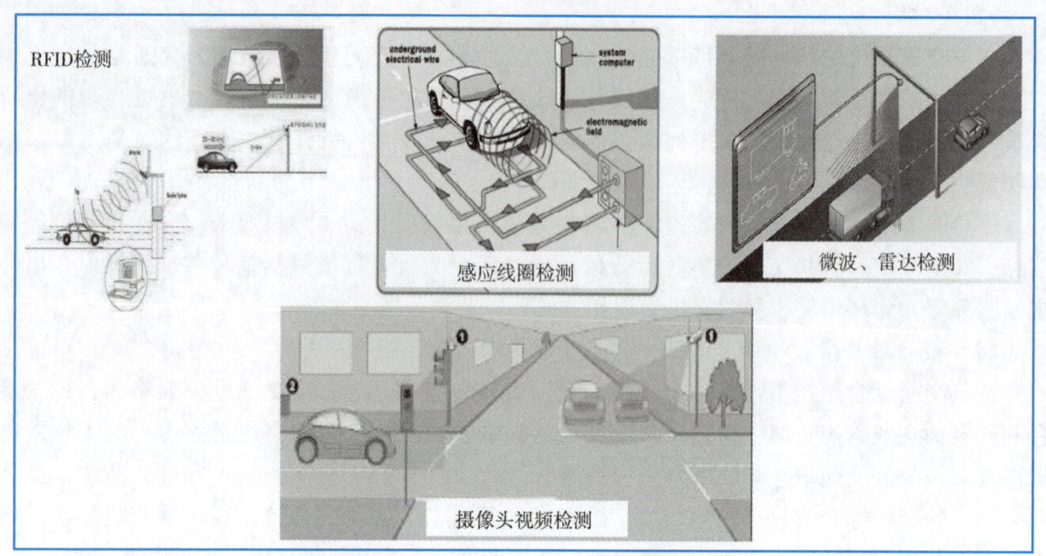

图 6-8　典型的道路感知传感设备

信号灯智能控制系统总体结构如图 6-9 所示。系统通过布设在道路上的车辆检测器，实时采集道路车流量信息、道路拥堵信息、车队长度、车道占有率信息、单车道平均车速信息等；并将采集数据发送至系统中心平台，中心平台对于相应车道车流量的统计数据进行融合处理，自适应变更交叉口信号灯配时方案，实行绿波控制，最大限度保证道路交叉口的通行顺畅。

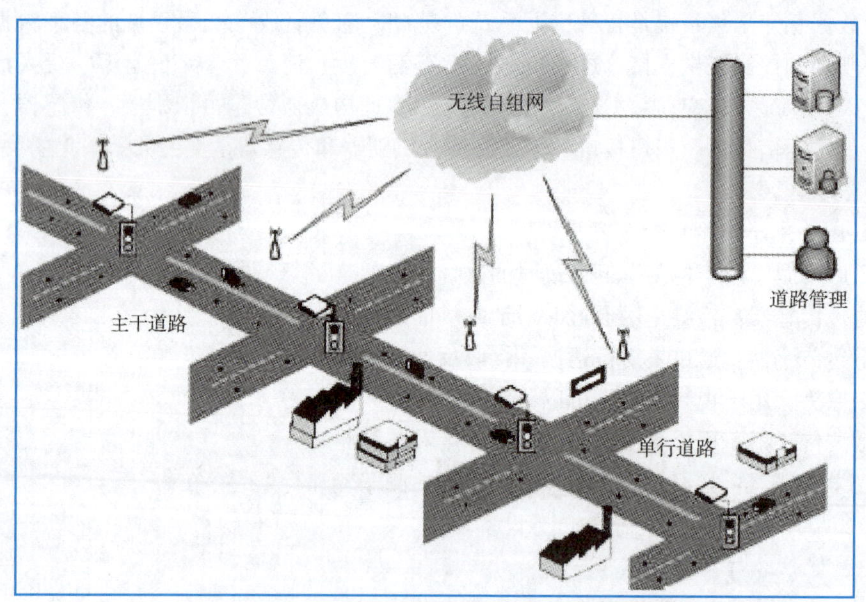

图 6-9　智能信号灯控制系统结构示意

(3) 交通诱导系统

交通诱导系统是智慧交通系统的一个重要组成部分，它通过提供实时的交通信息和出行建议，引导交通参与者（如驾驶员、行人、公共交通乘客等）做出更合理的出行决策。交通诱导系统的目标是优化交通流、减少交通拥堵、提高道路通行效率、增强交通安全，并改善出行体验。随着技术的不断进步，交通诱导系统将变得更加智能化和个性化，为城市交通管理提供更有效的解决方案。

交通诱导系统的主要功能包括：

① 实时交通信息提供：通过不同的渠道（如交通广播、智能手机应用、车载导航系统、可变信息标志等）向交通参与者提供当前的交通状况，包括道路拥堵情况、事故信息、施工信息、天气状况等。

② 路线规划和导航：基于实时的交通数据，为交通参与者提供最优或备选的出行路线，帮助他们避开拥堵和施工区域。

③ 旅行时间预测：预测不同路线或出行方式的旅行时间，帮助交通参与者规划行程。

④ 停车信息指引：提供停车场的位置、空余车位、停车费用等信息，帮助驾驶员快速找到停车位。

⑤ 公共交通信息：提供公共交通的实时运行情况，如公交、地铁、火车等的到站时间、线路调整、故障信息等。

⑥ 安全提醒和警告：发布交通安全提醒和预警信息，如危险路段提醒、交通管制信息、超速提醒等。

交通诱导系统的工作原理是通过集成多种交通信息采集技术（如传感器、摄像头、GPS等）和通信技术（如无线网络、卫星通信等），实时收集和分析交通数据，然后通过信息发布平台和终端向交通参与者提供实时的交通信息和出行建议。

城市动态交通诱导系统由交通信息采集平台、交通数据综合处理平台和交通信息动态发布平台组成，一些典型的交通诱导系统组成结构如图 6-10 和图 6-11 所示。

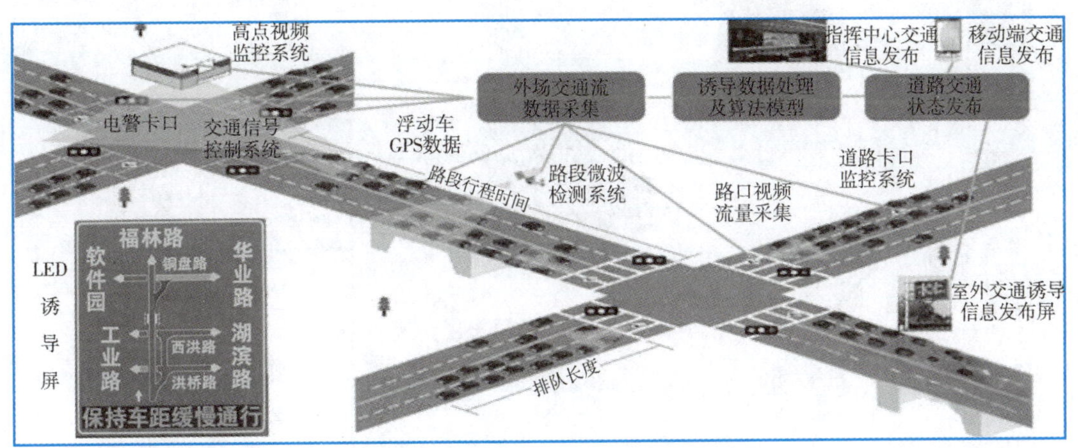

图 6-10　基于流量监测的交通诱导系统结构示意

例如，江苏省五峰山过江通道接线项目在智慧高速公路建设中，设置了 10 km 车道级雾天行车诱导系统试点。系统通过在车道两侧安装的激光测距车检器，可以准确感知车辆所在车道和位置；这些数据第一时间进入系统后，由系统控制车道两侧路面下安装的诱导灯，使得前行车辆的后方一定距离范围内均以红灯显示警示区域，达到提醒后方车辆保持距离、实现车道级安全诱导行驶的目的。

(4) 智慧公交系统

智慧公交系统是运用系统工程理论将交通流诱导技术、车辆定位技术、地理信息系统技术、公交运营优化与评价技术、计算机网络技术、数据库技术、通信技术、电子技术、智能卡技术等先进技术科学集成，形成集智能化调度、公交电子收费、信息服务、网络通信于一体的公共交通管理系统，如图 6-12 所示。

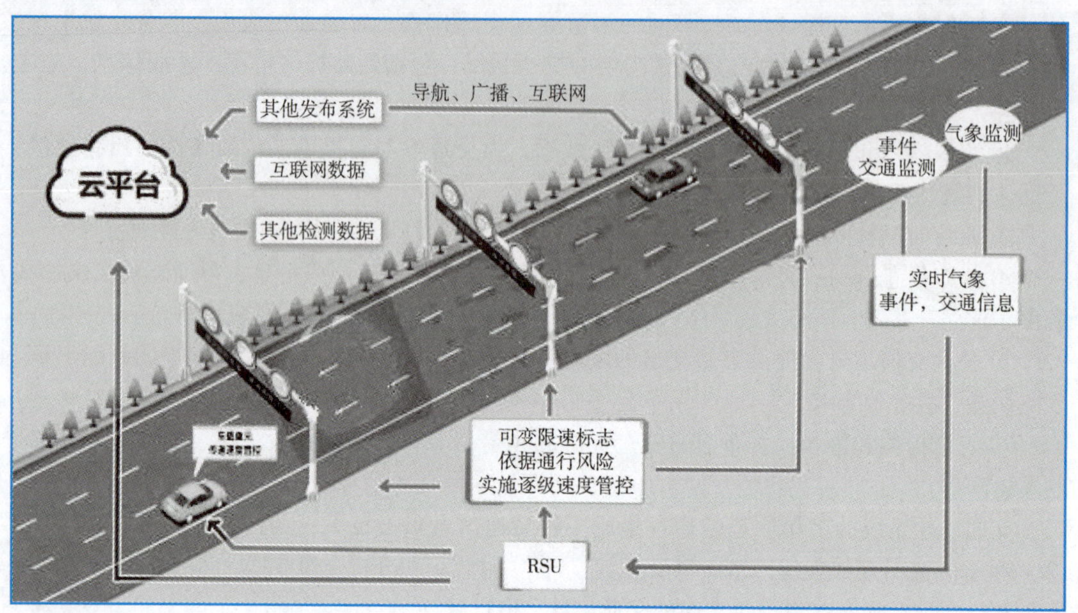

图 6-11　基于天气和事件检测的交通诱导结构示意

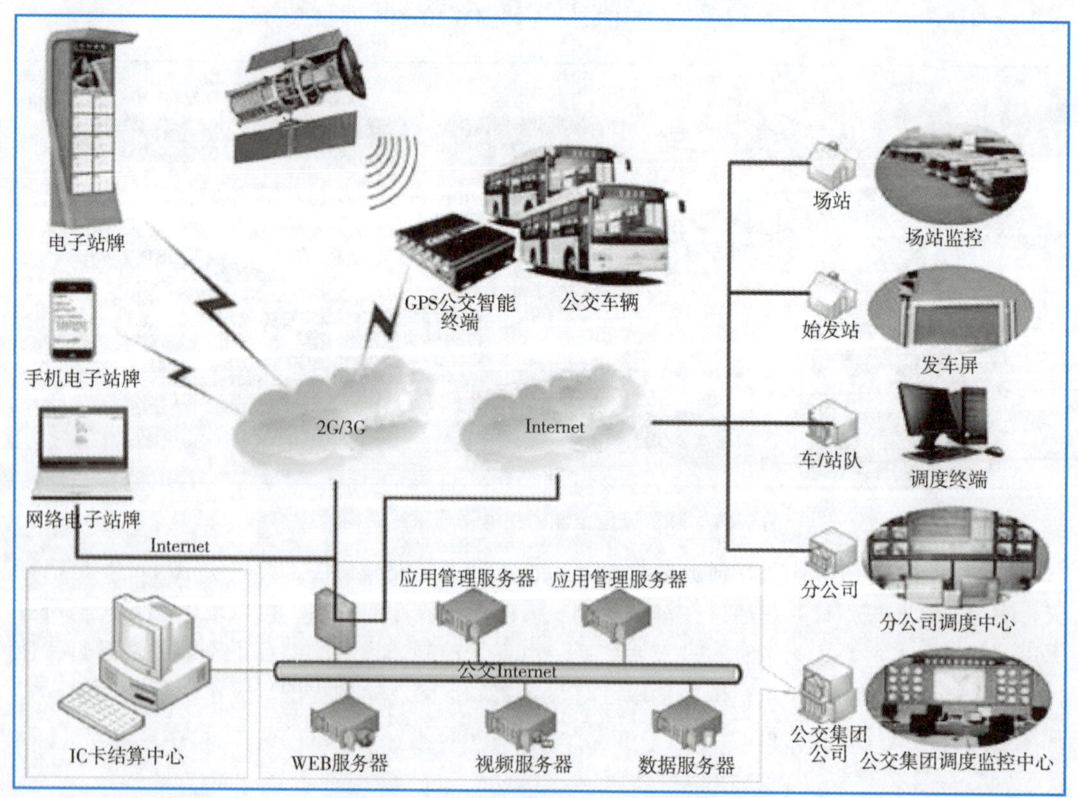

图 6-12　智慧公交系统组成结构示意

智慧公交系统通过提高公交运营效率、优化乘客体验、减少能源消耗和环境污染，推动城市公交系统的可持续发展。智慧公交系统的构成通常包括以下几个方面：

① 智能车辆：包括电动公交车、混合动力公交车等，这些车辆通常配备有位置导航系统、自动驾驶技术、节能环保的发动机等。

② 车载设备：如 GPS 定位系统、智能公交调度系统、电子显示屏、车载 Wi-Fi、监控摄像头等，用于实时监控车辆运行状态、提供乘客信息和服务。

③ 公交调度中心：负责监控整个公交网络的运行状态，通过智能调度算法优化车辆运行路线和班次，提高运营效率。

④ 乘客信息平台：通过智能手机应用、电子站牌、网站等渠道，向乘客提供实时的公交运行信息、车辆位置查询、预计到站时间等。

⑤ 电子票务系统：包括线上购票、手机支付、刷卡支付等，方便乘客快速购票，减少现金交易。

⑥ 安全监控系统：通过车载摄像头、紧急报警按钮等设备，提高公交车的安全性。

智慧公交系统的意义主要体现在以下几个方面：

① 提高运营效率：通过智能调度和管理，减少车辆空驶率，提高公交车的运行效率。

② 优化乘客体验：提供实时信息和便捷的支付方式，使乘客的出行更加舒适和便捷。

③ 促进节能减排：使用新能源和清洁能源车辆，减少公交系统的能源消耗和尾气排放。

④ 提升交通安全：通过车载监控和智能驾驶技术，提高公交车的行驶安全。

⑤ 支持城市可持续发展：智慧公交系统有助于缓解城市交通拥堵，减少环境污染，促进城市的可持续发展。

智慧公交系统的实施需要政府、公交企业、技术提供商等多方面的合作，通过技术创新和模式创新，不断提升公交服务质量和城市交通的整体水平。

（5）智慧停车系统

智慧停车系统是利用现代信息技术和智能设备来优化停车体验和管理效率的系统。它通过提供实时的停车位信息、导航帮助、电子支付等功能，旨在解决城市停车难的问题，提高停车位的利用效率，减少交通拥堵。智慧停车系统的构成通常包括以下几个方面：

① 导航和寻车系统：帮助驾驶员找到空闲的停车位，并在大型停车场内找到自己的车辆。

② 车位检测传感器：安装在停车位上，用于检测车位是否被占用，并将状态信息传输到管理系统。

③ 数据处理中心：接收来自传感器的数据，处理和分析停车位的状态，并通过应用程序或显示屏向驾驶员提供信息。

④ 电子支付系统：允许驾驶员通过手机应用或停车场内的支付终端进行快捷支付，无须使用现金。

⑤ 信息发布平台：通过智能手机应用、网站、路边显示屏等渠道，向驾驶员提供实时的停车位信息、价格、可用性等。

智慧停车系统的组成结构示意如图 6-13 所示。

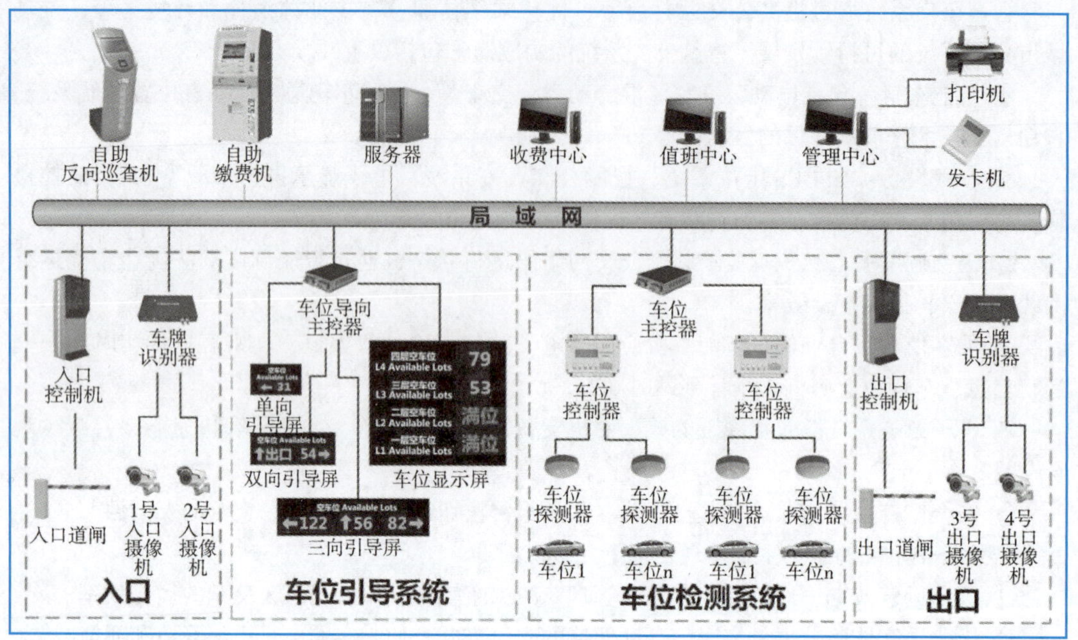

图 6-13 智慧停车系统的组成结构示意

智慧停车系统不仅可以应用于室内或地下停车场，还可以推广大城市街道、景区以及开放式停车广场等管理场景。利用云系统设施，还可以把一个城区范围内的所有车位信息进行实时采集、汇总、统计进行集中管理，为公众提供便捷的出行服务。

智慧停车系统的意义主要体现在以下几个方面：

① 提高停车效率：通过实时信息，驾驶员可以快速找到停车位，减少寻找停车位的时间。

② 减少交通拥堵：智慧停车系统可以帮助驾驶员避开繁忙的街区，减少因寻找停车位而产生的交通流量。

③ 提升停车体验：电子支付和导航系统提供了更加便捷和舒适的停车体验。

④ 优化资源利用：通过实时数据，停车场管理者可以更好地管理停车位资源，提高停车位的利用率。

⑤ 支持城市管理：智慧停车系统可以为城市管理者提供停车需求的数据分析，帮助他们做出更好的城市规划决策。

智慧停车系统的实施需要城市基础设施的支持，包括传感器的安装、数据网络的构建、用户界面的设计等。随着城市化和汽车保有量的增长，智慧停车系统在缓解城市停车问题方面发挥着越来越重要的作用。

6.3.3 智慧城市案例

智慧城市（smart city）是以发展更科学、管理更高效、生活更美好为目标，以信息技术和通信技术为支撑，通过透明、充分的信息获取，广泛、安全的信息传递和有效、科学的信息处理，提高城市运行效率，改善公共服务水平，构建以低碳城市生态圈为特点的新城市形态。随着科技的飞速发展和信息化社会的到来，智慧城市已成为今后城市规划的新方向。2023 年，我国智慧城市建设方面的投资持续增加，技术不断革新，主要发展领域包括智慧政务、智慧应急、智慧交通和智慧医疗等。智慧城市不仅能够提高城市治理的效率和质量，而且在应对环境变化、提升居民生活质量方面发挥着重要作用。展望未来，随着城市数智化转型、绿色低碳发展和技术创新多元化发展，包括数字孪生、元宇宙等新兴技术的深入应用，将使城市服务更加智能化和人性化。

智慧城市的核心驱动力是通过深度的城市信息化来满足城市发展转型和管理方式转变的需求。通过智慧的应用解决方案，实现智慧感知、建模、分析、集成和处理，以更加精细和动态的方式提升城市运行管理水平、政府行政效能、公共服务能力和市民生活质量，推进城市科学发展、跨越发展、率先发展、和谐发展，达到前所未有的高度“智慧”状态。

1. 智慧城市体系架构

智慧城市建设以城市基础设施管理的智能化、精准化，城市经济和社会组织的高效化、协作化，城市社会服务的普惠化、人性化为重点，强调城市信息的全面感知、城市生活的智能决策和处理及能为城市居民提供多样化、多层次的普适服务。从对数据的处理流程看，智慧城市包括四个阶段（见图 6-14）：一是通过深层感知全方位地获取城市系统数据；二是通过广泛互联将孤立的数据关联起来，把数据变成信息；三是通过高度共享的智能设施将信息转化成知识；四是融合知识与技术并应用到城市运营各行各业实现智慧。

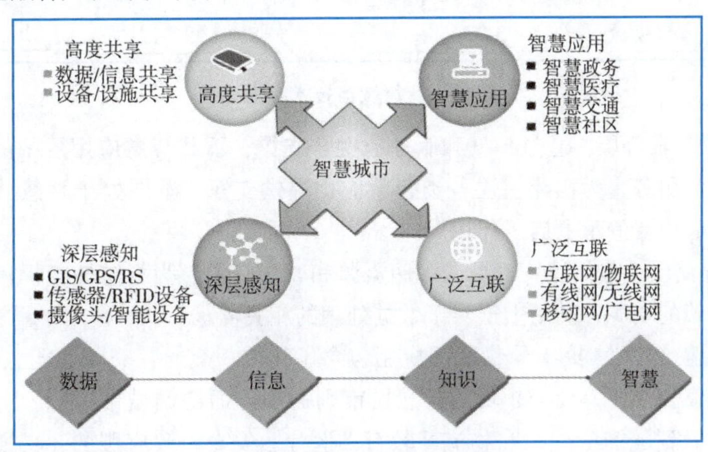

图 6-14　智慧城市数据处理流程

2017 年，中国国家标准化管理委员会发布《智慧城市技术参考模型》（GB/T 34678-2017）。该标准从城市信息化整体建设层面考虑，以信息与通信技术为视角，规定了智慧城市技术参考模型，如图 6-15 所示。基于实际情况和自身需求，社会公众、企业、政府这三类用户可通过多种渠道接入相关智慧应用，使用相关服务或产品。

在信息与通信技术视角下的智慧城市技术参考模型中，物联网是智慧城市相关应用与服务实现的重要技术要素之一，其相关设备、技术主要用于实现参考模型中的物联感知层和网络通信层，为上层数据处理及服务融合发挥支撑作用。模型中的其他各层要素描述如下：

① 智慧应用层：在数据及服务融合层、计算与存储层、网络通信层、物联感知层的基础之上建立的各种基于行业或领域的智慧应用及应用整合，如智慧政务、智慧交通、智慧教育、智慧医疗、智能家居、智慧社区等，为社会公众用户、企业用户、政府用户等提供整体的信息化应用和服务。

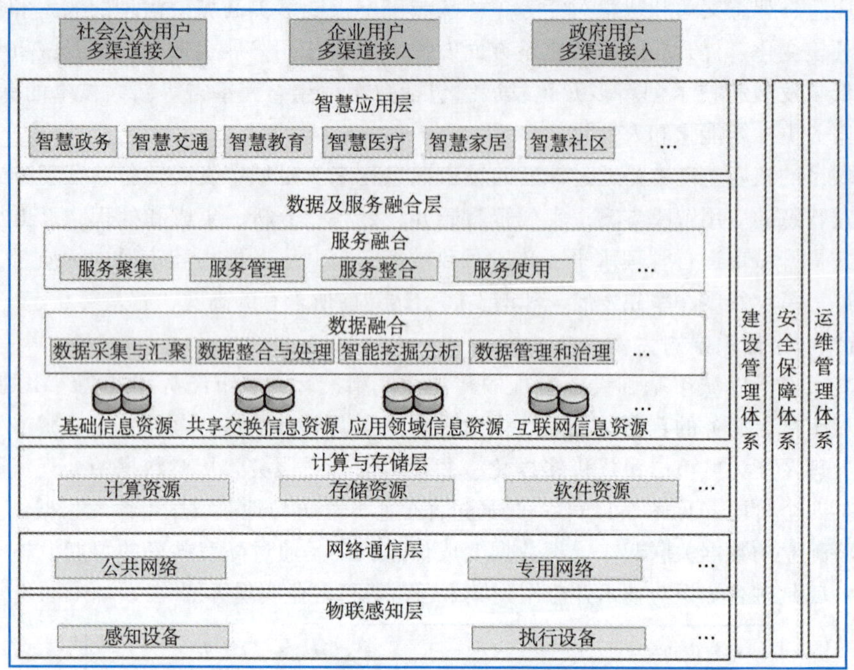

图 6-15　智慧城市技术参考模型

② 数据及服务融合层：通过数据和服务的融合支撑，承载智慧应用层中的相关应用，提供应用所需的各种服务，为构建上层各类智慧应用提供支撑。本层处于智慧城市总体参考模型的中上层，具有重要的承上启下作用。

③ 计算与存储层：包括计算资源、存储资源和软件资源，为智慧城市提供数据存储和计算及相关软件环境的资源，满足上层对于数据处理的相关需求。

国际电信联盟（ITU）提出的物联网应用包含了物流、交通、安防、能源、医疗、建筑、制造、家居、零售和农业等十个领域。智慧城市则需多方面协调城市运行，全面感知城市动态，使城市运行做到随需应变，在物流、教育、医疗、安全、政府服务、交通、能源、居民生活等各社会服务方面实现智慧化。物联网的应用领域与智慧城市的内涵高度重合，表明智慧城市是物联网集中应用的平台，也是物联网技术综合应用的典范，是由多个物联网功能单元组合而成的巨大工程，承载和包含几乎所有的物联网相关技术。

2. 智慧城市建设成效

我国正成为全球最大的智慧城市建设实施国。最新信息显示，目前国内的智慧城市建设正向纵深领域发展，主要侧重于四个方面，包括智慧民生带动城市发展、智慧产业带动城市发展、以信息技术改造基础设施为路径的智慧城市发展、以提高城市创新能力和综合竞争力为目的的智慧运营能力发展。

（1）智慧灯杆建设

智慧灯杆，也称为多功能杆，是一种集成了多种功能的城市基础设施。它的设计理念是“多杆合一、一杆多用”，将照明、5G 微基站、Wi-Fi 热点、停车充电、视频监控、广告交互等多种功能集成在一起，如图 6-16 所示。智慧灯杆以道路照明灯杆为基础，整合了公安、交通信号、通信、交通标识牌等设施，实现了多杆合一，减少了路面立杆，释放了公共空间资源。

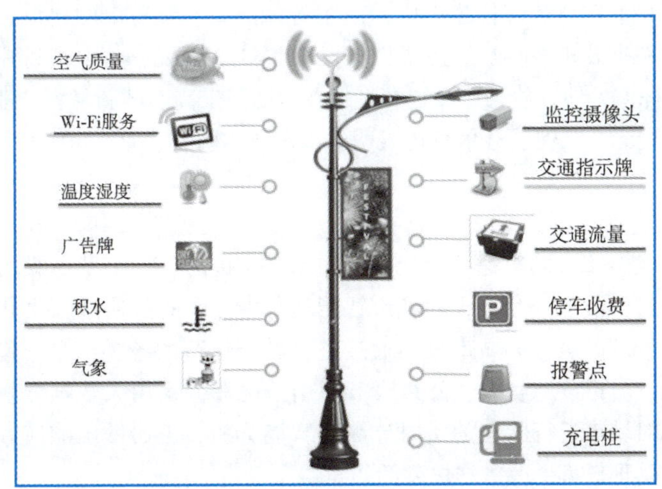

图 6-16　多功能智慧灯杆承载功能示意

智慧灯杆不仅是智慧城市建设的重要载体，也是物联网的端口，具有“综合体”的作用。它被认为是5G基站室外覆盖较优的载体，随着智慧城市和5G基站建设的推进，智慧灯杆将从单一的照明功能转变为新型公共基础设施。智慧杆为城市感知提供基础平台，是打造城市“神经网络”的实现途径，如图6-17所示。智慧灯杆的外部形态是路灯灯杆，但其内核已经演变成能源业务、公共安全、智慧交通、无线通信、环境监测、信息发布等多个行业赛道的集合体。

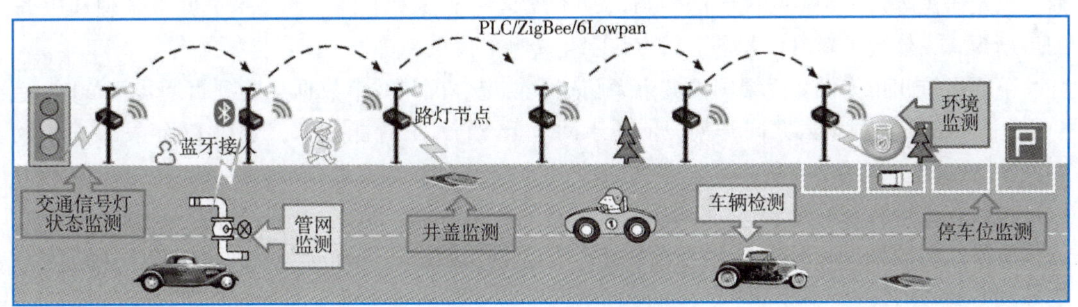

图 6-17　基于智慧灯杆的城市感知

智慧灯杆可以承载的功能已达到二三十项，其中排名前五的分别是智慧照明、视频监控、LED信息屏、环境监测和5G基站。此外，还包括公共广播、充电桩、气象监测、多媒体交互等。智慧灯杆还可通过加载安防摄像头、交通摄像头、环境数据采集传感器、通信基站、LED显示屏、智能语音广播、充电桩等设备，扩展出更多功能。

下面以山东省为例，介绍国内智慧灯杆建设情况。从2019年起，山东就开始遴选新型智慧城市建设试点城市，计划于2025年新型智慧城市建设覆盖率达到100%。在《国务院　关于支持山东深化新旧动能转换　推动绿色低碳高质量发展的意见》文件中提及了山东深化新旧动能转换，打造全国重要的区域创新高地和科技创新策源地；促进工业化数字化深度融合，促进数字技术全链条赋能实体经济。

近年来，山东省开始积极推进智慧灯杆建设。截至2023年上半年，山东省智慧灯杆数量达11 574套，占全国智慧灯杆数量的3%，占比不高，但随着政策陆续出台，山东省智慧灯杆的建设前景可观。目前在智慧灯杆建设中，山东省菏泽市、青岛市的建设力度最大。据最新项目信息显示，山东省胶州市临空经济区拟投资 13 481. 2 万元，将在李哥庄镇道路共新建综合智慧灯杆 1 773 杆；另外，包含建设智慧灯杆在内的泰安高新区新材料产业园基础设施建设项目，拟投资 3. 9 亿元。其他公开信息还表明，山东省东明县、潍坊市、菏泽市都将开展智慧灯杆建设项目。

(2) 城市大脑建设

智慧城市中的“城市大脑”是一个比喻性的术语，指的是一个城市级的智能中枢或者控制系统。城市大脑的实质是一个集成的城市智能运行中心，能够通过收集和分析大量数据来支撑城市的智能化管理和服务。城市大脑通过整合城市运行的各类信息，包括交通流量、环境监测、公共安全、城市设施状态、公共服务使用情况等，运用大数据分析、云计算、人工智能等技术，实现对城市运行状态的实时监测和智能分析，进而做出响应和调整，以优化资源配置，提高城市治理效率，改善居民生活质量。

在具体的功能实现上，城市大脑通常会建立一个数字孪生模型，即在数字层面构建一个城市模型，这个模型能够反映城市的实际状态和运行情况。通过这个模型，决策者可以直观地了解城市运行情况，并对可能出现的问题进行预测和预警。此外，城市大脑还会连接城市的各个系统和设备，如交通信号灯、摄像头、传感器等，使其能够自动收集数据，智能地做出决策，比如自动调节交通信号以优化交通流量，或者自动调节公共设施的运行状态以节能减排。

城市大脑的构建和运行，需要多个部门的协同合作，包括政府管理部门、技术服务提供商，以及居民等众多利益相关者的参与。它不仅是一个技术平台，更是一个城市管理和服务的创新模式，体现了新时代背景下城市数字化转型的发展趋势。

下面以杭州市为例，介绍国内城市大脑建设情况。杭州城市数据大脑项目起步于 2016 年 4 月，由杭州市与阿里云共同开创，依托于阿里云 ET 人工智能技术，于 2017 年发布 1. 0 版本，2018 年底升级为 2. 0 版本（城市大脑综合版）。该项目以交通领域为突破口，开启了利用大数据改善城市交通的探索，到 2020 年已迈出了从“治堵”向“治城”跨越的步伐，取得了许多阶段性的成果，已形成 11 大系统、48 个场景同步推进的良好局面。杭州城市大脑总体架构如图 6-18 所示。

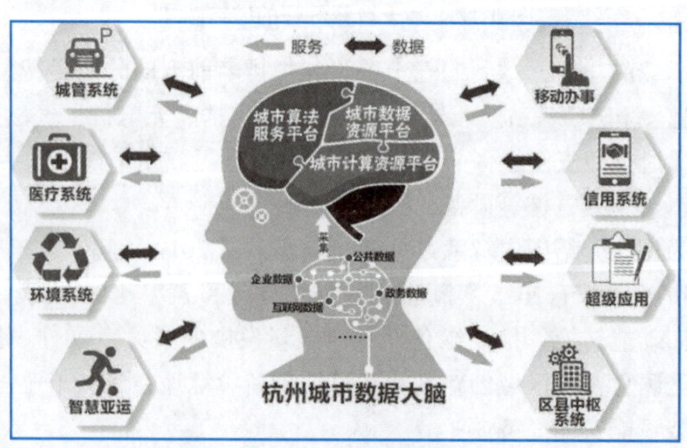

图 6-18　杭州城市大脑总体架构

截至 2021 年 1 月，杭州城市大脑（2.0 版）已取得以下成效：

① 促进城市空间结构优化。城市大脑能够缩短城市中心与边缘地区的逻辑距离。大量高成本的城市物理活动将通过智慧商务、智慧政务等在线实现，降低城市对空间上人口集聚和产业集聚的依赖；同时，城市的精细化管理将提高公共资源的使用效率，从而有效降低城市中心区的拥挤成本和环境治理成本。如利用城市大脑，杭州上塘高架路 22 km 里程，出行时间平均节省 4.6 min，约为 10%；萧山区 104 个路口信号灯自动调控，车辆通过速度提升 15%，平均节省时间 3 min。

② 推动城市绿色发展。信息技术产业具有低能耗、低污染特征，该产业以智力资源和信息资源这些“无形”资源作为主要投入要素，可以有效降低经济发展的资源消耗。此外，城市大脑以数字化的方式改变城市生活、工作、学习、旅游的运作方式，可以实现减排的目标，而对民生、环保、公共安全等城市需求做出智能响应，天然具备可持续内生动力的安全、高效绿色的城市形态。城市大脑的应用还能改造传统产业，促进传统产业转型升级，培育战略性新兴产业。

③ 强化城市治理能力。在日新月异的今天，对城市的治理要有更高、更宽的视野，更新、更灵的工具。城市大脑就是城市治理者的全新工具，不仅能实时掌握一手资料，而且能通过分析、比较作出更精准的决策。城市大脑能做到各种资源体系协同共享，形成具有统一性的城市资源体系，任何一个应用环节都可以在授权后启动相关联的应用，并对其应用环节进行操作，从而使各类资源可以根据系统的需要，各尽其能地发挥其最大的价值，如用电、用气数据与独居老人生活状况关联等。

④ 提升市民生活品质。目前，杭州城市大脑已在城管、卫健、旅游、出行、教育、医保、住房、政策以及其他等 11 个重点领域打造了 48 个应用场景，包括智慧交通、便捷泊车、舒心就医、30 秒入住、20 秒入园、数字旅游专线、应急防汛、叶菜基地管理、食安慧眼、电梯智管、易租房、智慧环保等，让市民有真真切切的获得感，改善了生活品质，提升了幸福指数。

⑤ 杭州城市大脑 2.0 版的建设从惠民利民的一些小事切入，打造了丰富多彩的应用场景。例如卫健系统的“舒心就医”，原来到医院就诊，挂号、放射检查、化验、配药每个环节都要往返付费，在杭州城市大脑的协同下，在本市参加医保且信用良好的病人，就医全程无须先付费，就诊结束后 48 小时内通过自助机、手机等方式一次性支付，实现“最多付一次”。目前已在 220 多家医疗机构推行，医院的收费窗口下降了一半以上，大大节约了管理成本。又如城管系统的“便捷泊车”，扫码一次，终身绑定，全城通停，并实现“先离场后付费”。已开通的场库 1 857 个，开通泊位总数 30.3 万余个。此项服务注册用户总数已达 22 万，平均每天新开通用户 4 000 个，日均支付笔数 1 万多笔。更进一步，推出“无杆”停车，已有 75 个政府投资的公共停车场取消栏杆，自由进出。再如文旅系统的应用场景已将 10 秒找房、30 秒入住、20 秒入园成为现实，在西湖景区的景点和四星级以上酒店做到了全覆盖。

2024 年 3 月，杭州市又一次召开城市大脑 2.0 推进会，通过抢抓人工智能机遇，聚力增智提效赋能，持续推动杭州城市大脑迭代升级。杭州城市大脑正在不断推动更多的 AI 原生应用落地。例如，杭州文旅数字人“杭小忆”模型应用会根据游客的预算和偏好为游客介绍景点。客流量大也不怕，它会告诉游客景点实时客流，不仅告诉游客去哪里玩、哪里购，还把预订链接发给游客。又例如“亲清小 Q”模型应用就像企业服务的小助理，能实现政策与企业的最优匹配。它也会成为“主动上门”的政策快递员，每当有新政策发布，就会自动将政策信息送达“最符合政策要求”的企业。

杭州城市大脑当前的成功和持续发展表明，城市大脑的建设不仅仅是技术创新，更是社会创新、社会治理模式的创新，揭示了城市未来的发展模式，预示着城市文明新阶段的到来。

习题 6

1. 简述物联网的概念及其基本特征。

2. 简述物联网的层次结构及各层功能。

3. 简述物联网技术体系结构组成，试着列举出每个组成部分的若干代表性技术。

4. 简述物联网与互联网之间的联系和区别。

5. 在教材中所列举的实现案例之外，试列举一个智能交通系统在现实中已经投入使用的应用案例。

6. 汽车自动驾驶正在逐渐成为现实，试分析物联网相关技术在汽车自动驾驶中所起的作用。

7. 试分析说明智慧城市建设的内涵和意义。

8. 结合自身体会，以离你最近的城市为标的，了解并概括智慧城市建设情况。

9. 了解物联网在其他领域（如家居、制造、物联、医疗等）的应用案例，准备相应的文字材料并与他人分享。

10. 结合案例学习，谈谈物联网如何与新兴信息技术融合推动社会发展。

第7章 信息安全

学习目标

本章介绍信息安全的定义、目标和内涵等基础概念以及主要安全技术，隐私泄露问题及其保护措施。通过本章学习，要求：

◎ 知悉信息安全的内涵。

◎ 了解信息安全保障相关技术。

◎ 能够认知当前信息安全面临的主要威胁来源及其对应的主要防范措施。

◎ 能够认识到树立信息安全防范意识的重要意义。

本章导引

随着网络技术的飞速发展和网络应用范围的日益广阔，信息安全以及网络空间安全保障等问题越来越突出。近几年来，有一些利用计算机犯罪的案例，其使用的技术手段较高明，给社会造成了损失，信息安全正面临着挑战。

2023年12月，中国网络空间安全协会组织国家互联网应急中心、南开大学、天津理工大学、恒安嘉新、深信服、网宿科技、绿盟科技、360等会员单位对2023年11月这一个月的国内安全监测数据进行研判，结果显示：当月网络安全漏洞总数2 796个，较上个月略有提升，中危漏洞占比从47%提高到66%；网站攻击态势上升明显，Web攻击总数为177.44亿次，较上月增长30%；监测到的DDoS攻击次数达2 902万余次，较上月有所下降；恶意代码安全态势较上月有所上升，拦截到恶意代码攻击共有25.21亿次，其中勒索病毒恶意代码数量增长了20%；移动互联网恶意程序略有增长，新增移动互联网恶意程序153 368个；工业互联网的安全态势与上月基本一致，发现暴露的工业资产平台2.9万个，移动端工业App 2.8万个，将给企业安全生产带来严重的风险和隐患，甚至造成重大经济损失；APT攻击活动未见明显变化，APT攻击活动仍然围绕当前国际热点事件和热点地区。

尽管存在上述各类风险，但广大用户的安全意识和防护措施还不够充分。提升网民的安全意识，普及安全知识，以及推广使用安全软件和工具，对于改善我国信息安全状况至关重要。

7.1 信息安全概述

20世纪70年代以来，随着计算机的广泛应用，以计算机网络为主体的信息系统迅速发展。同以前的通信保密和计算机安全保障需求相比，现在的信息安全问题要复杂得多，涉及计算机系统、通信网络系统、物理环境、辅助设备、操作人员等各个方面。信息安全不仅是对信息本身的保护，也包括对信息系统的保护和防御，主要保障措施有加密技术、防病毒软件、漏洞扫描、恢复技术、防火墙、入侵检测、VPN（虚拟专用网络）、安全管理和审计等。信息安全旨在保障信息及其处理系统免受未授权的访问、盗窃、损坏或破坏，维护系统和组织正常运营，以保护个人、组织机构和国家利益。

7.1.1 信息安全的概念

要理解什么是信息安全，首先要清楚信息本身的含义以及处理信息的工具，在此基础上再进一步讨论安全的目标要素及其包含的内容。

1. 信息和信息系统

根据《信息技术安全管理指南》中的标准，信息是通过在数据上施加某些约定而赋予这些数据的特殊含义。信息是无形的，需借助媒介以多种形式存在。数据、信息和知识是三个密切相关但不同的概念，它们在组织和个人决策过程中扮演着重要角色。

数据是原始的事实、数字或符号，没有特定的意义或上下文，形式上可以是数字、文字、图像、声音等，在计算机系统中数据最终通过二进制表达。单独的数据点通常没有太多价值，例如数字“42”本身只是数据，没有提供任何有用的信息。

信息是数据在特定上下文中的解释，它回答了“谁、什么、哪里、何时、为什么”等问题。信息具有实用价值，可以帮助人们做出决策或理解某个主题。例如，当知道“42”代表某个产品的价格时，这个数字就变成了有用的信息。

知识是基于经验、学习和理解的信息，是通过将信息与个人或集体的经验、洞察力和理解相结合而形成的事实和原理。知识允许人们预测、分析和解决问题。例如，了解产品的价格（信息）以及如何根据市场趋势调整价格（知识）。

总之，数据是原始材料，信息是对数据的解释，而知识是对信息的深入理解和应用。

信息系统是由计算机及其相关的和配套的设备、设施（含计算机网络）构成的，按照一定的应用目标和规格对信息进行采集、加工、存储、传输、检索等处理的人机系统。信息系统既是承载信息的数据的存储场所，又是对数据进行加工形成信息和从信息中提取知识的工具。信息处理就是用信息系统完成数据的采集和加工，以实现信息的存储和传播、分析和挖掘，以获得知识的处理过程，帮助人们提高决策质量和创新能力，实现现代化生产和生活方式。

2. 信息安全的属性

信息安全问题自古以来就存在，随着人类社会技术的发展与进步，信息安全的概念与内涵也在与时俱进、不断发展。在广泛使用数据处理设备之前，人们主要是依靠人工变换、物理保存和行政管理手段来保证重要信息的安全。随着信息化的发展、计算机及网络通信等技术的应用，现代信息安全保护的目标、技术和体系均发生了重大变化。

一般认为，信息安全的基本属性有机密性、完整性、可用性、可控性、不可否认性和可存活性，其中，机密性、完整性和可用性通常被称为信息安全 CIA 三要素。

① 机密性（confidentiality）。表示对信息资源开放范围的控制，使信息不被泄露给未授权的人、实体或进程。机密性可以保证信息即使泄露，非法用户在有限的时间内也不能识别真正的信息内容。常用的保密措施包括防侦听、防辐射、信息加密和物理保密（限制、隔离、隐蔽、控制）等。

② 完整性（integrity）。是指信息未经授权不能进行改变的特性，即信息在存储和传输过程中不被非法修改。影响信息完整性的主要因素包括设备故障、误码、人为攻击以及计算机病毒等。

③ 可用性（availability）。是指信息可被合法用户访问并按要求使用的特性，当合法用户访问信息时不致被拒绝。合法用户访问信息时要进行身份识别与确认，并且对用户的访问权限加以规定的限制。

④ 可控性（controllability）。是指对信息和信息系统实施安全监控管理，保证掌握和控制信息与信息系统的基本情况，可对信息和信息系统的使用实施可靠的授权、审计、责任认定、传播源追踪和监管等控制。互联网上针对特定信息和信息流的主动监测、过滤、限制、阻断等控制能力，反映了信息及信息系统的可控性的基本属性。

⑤ 不可否认性（non-repudiation）。主要用于信息的交换过程，保证信息交换的参与者都不可能否认或抵赖曾进行的操作，信息的发送者无法否认已经发出的信息，信息的接收者无法否认已经收到的信息，类似于在发文或收文过程中签名和签收的过程。不可否认性可以看作是可用性的子集，是为了保证系统确实能够遵守游戏规则，不能恶意使用所反映的可用性属性。

⑥ 可存活性（survivability）。是指在面对各种安全威胁和攻击时，系统能够维持关键功能的能力。它强调了系统在遭受攻击后仍能继续运行的重要性，确保业务流程不中断、关键数据不丢失，且能在遭受攻击后迅速恢复。

总之，凡是涉及信息机密性、完整性、可用性、可控性、不可否认性等保护方面的理论与技术，都是信息安全所要研究的范畴，也是信息安全得以保障的基础。

3. 信息安全的定义

信息安全是一个广泛而抽象的概念，在不同的发展阶段或不同应用领域对其概念的阐述也会有所不同，下面列出一些法规、标准和机构从不同的角度给出的定义。

《中华人民共和国计算机信息系统安全保护条例》中提到，计算机信息系统的安全保护，应当保障计算机及其相关的设备、设施（含网络）的安全，运行环境的安全，保障信息的安全，保障计算机功能的正常发挥，以维护计算机信息系统的安全运行。

《美国联邦信息安全管理法案》对信息安全的定义：保护信息与信息系统，防止未授权的访问、使用、泄露、中断、修改或破坏，以保护完整性、机密性和可用性。

《国际信息安全管理标准体系》对信息安全的定义：信息安全是使信息避免一系列威胁，保障商务的连续性，最大限度地减少商务的损失，最大限度地获取投资和商务的回报，涉及的是机密性、完整性、可用性。

《信息安全管理体系》中将信息安全定义为：保护信息的保密性、完整性、可用性及其他属性，如不可否认性、可控性、真实性、可审查性、可靠性。

这里采用国际标准化委员会对信息安全的描述作为信息安全的基本定义：为数据处理系统建立和采取的技术上的和管理上的安全保护，保护信息系统相关硬件、软件及数据，使之不因偶然或恶意侵犯而遭受破坏、更改、泄露，保证系统能够连续、可靠、正常地运行。

信息安全定义清楚地回答了人们所关心的信息安全主要问题，它包括三方面含义：

① 信息安全的保护对象是被处理的信息以及处理信息的系统，这里主要是指计算机系统和网络系统。

② 信息安全基本目标就是保证信息安全的三个基本属性。信息被泄露意味着保密性受到影响，被更改意味着完整性受到影响，被破坏意味着可用性受到影响，而保密性、完整性和可用性三个基本属性是信息安全的最终目标。

③ 实现信息安全目标的途径要借助两方面的控制措施，即技术措施和管理措施。保障信息安全要遵循技术和管理并重的基本思想，重技术轻管理或者重管理轻技术，都是不科学的，并且是有局限性的错误观点。

总之，信息安全就是在信息产生、存储、传输与处理的整个过程中，综合运用各种保护措施，使得信息处理系统能够稳定、可靠地运行，受控、合法地使用，从而保证信息的机密性、完整性、可用性等安全属性能够得到保持。

4. 信息安全的内容

信息安全的保护内容包括实体安全、运行安全、数据安全和管理安全四个方面。

（1）实体安全

实体安全主要指计算机、网络硬件设备和通信线路的安全。保证各种物理实体的安全是保障整个系统安全的前提。实体安全的目的是保护计算机系统、网络服务器等硬件实体和通信线路免受自然灾害、人为破坏和搭线攻击，抑制和防止电磁泄漏，确保计算机系统有一个良好的电磁兼容工作环境，建立完备的安全管理制度，防止非法进入计算机控制室和各种偷窃、破坏活动的发生。实体安全包括以下三个方面：

① 环境安全。信息设备大多属易碎品，不能受重压或强烈的震动，更不能受强力冲击，各种自然灾害（如地震、风暴等）对设备安全构成了严重的威胁。另外，一些设备对环境（如温度、湿度等）的要求也很高，环境事故可以造成整个系统的毁灭。

② 设备安全。主要包括：设备的机能失常、电源故障和电磁泄漏。任何一种设备都或多或少存在着不同类型的缺陷，有时会出现一些比较简单的故障，而有些则是灾难性的。有些故障是当它们已经破坏了系统数据或其他设备时才被发现，其后果是非常严重的。由于各种意外原因，网络设备的供电电源也可能突然中断或产生较大波动，造成正在进行操作的数据的出错或丢失，对系统硬件设备产生不良后果，使系统无法正常工作。还有，计算机和其他一些网络设备普遍都是电子设备，工作时容易产生电磁泄漏而引起信息的失密。

③ 媒介安全。主要是搭线窃听和电磁泄漏。搭线窃听是非法者常用的一种手段，即将导线搭到无人值守的网络传输线路上进行监听，通过解调和协议分析可以完全掌握通信的全部内容。另外，与计算机和网络设备一样，电子通信线路同样也存在辐射问题。

（2）运行安全

运行安全是指保证系统正常运行、不被非授权人恶意使用，包括网络操作系统的运行安全和应用系统的运行安全。

① 操作系统的运行安全。操作系统的安全问题主要有：未进行系统相关安全配置、软件的漏洞和“后门”、协议的安全漏洞。无论是 Windows 还是 UNIX 操作系统以及其他厂商开发的应用系统，其开发厂商都可能留有“后门”，而且这些系统本身必定存在安全漏洞，这些

“后门”和安全漏洞都将存在重大的安全隐患。另一方面，目前因特网提供的一些常用服务所使用的协议，在安全方面也都存在一定的缺陷，网络协议的漏洞是当今因特网面临的一个严重安全问题。

② 应用系统安全。应用系统的安全涉及资源共享、电子邮件系统、病毒侵害等很多方面，应用系统是动态的、不断变化的，应用系统的安全性也是动态的。系统运行安全主要涉及访问控制策略、防黑客的恶意攻击、隔离控制策略、入侵检测和病毒防护。

（3）数据安全

数据安全就是保证数据的真实性、机密性、完整性和抗否认性。数据安全策略主要包括数据加密技术、数字签名技术和身份认证技术。

（4）管理安全

安全和管理是分不开的，即便有好的安全设备和系统，也应该有好的安全管理方法并贯彻实施。管理的缺陷可能造成系统内部人员泄露机密，也可能造成外部人员通过非法手段截获而导致机密信息的泄露。在信息安全中，除了采用技术措施之外，加强安全管理，制定有关规章制度，对于确保信息的安全将起到十分重要的作用。信息的安全管理策略包括确定安全管理等级和安全管理范围、制定有关操作使用规程和人员出入机房管理制度、制定网络系统的维护制度和应急措施等。

7.1.2　信息安全保障

1. 信息安全威胁类型

信息社会化与社会的信息化，使广为应用的计算机信息系统在推动社会发展的同时，也面临着形形色色的威胁和攻击。信息安全威胁是指对信息资源的机密性、完整性、可用性、可控性及不可否认性等方面所造成的危害。计算机信息系统本身，无论是在存取运行的基本原理上，还是系统本身的设计、技术、结构、工艺等方面都存在的缺陷，成为被攻击的目标或被利用为有效的攻击途径。

信息系统面临的威胁可能来自各个方面，如图 7-1 所示。影响和危害信息系统安全的因素总体上可分为自然和人为两类。人为因素又分为无意和故意两种。无意破坏包括由于操作失误、编程缺陷、意外丢失、管理不善等行为造成的破坏；人为故意的破坏主要指恶意组织

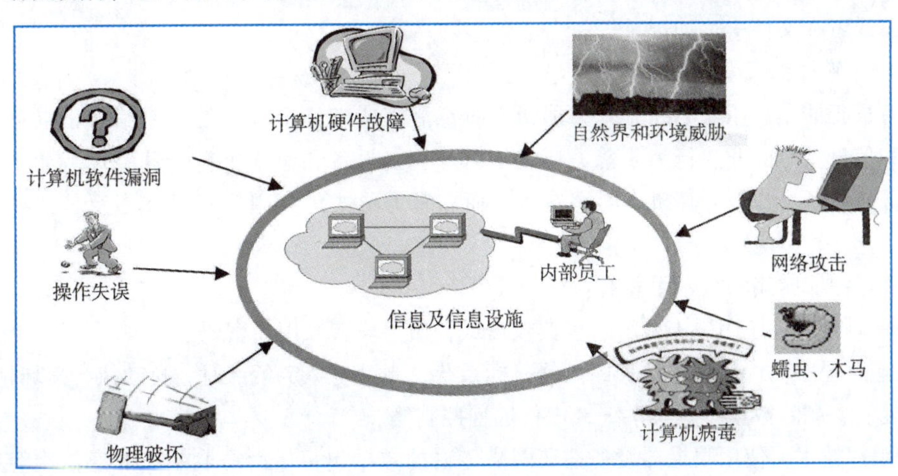

图 7-1　信息系统面临的各种威胁

和个人发起的网络攻击和基于物理破坏或技术手段实施的各种计算机犯罪带来的破坏。

(1) 自然威胁

自然因素包括各种自然灾害，如水、火、雷、电、风暴、烟尘、虫害、鼠害、海啸和地震等；系统的环境和场地条件，如温度、湿度、电源、地线和其他防护设施不良造成的威胁；电磁辐射和电磁干扰的威胁；硬件设备自然老化，可靠性下降的威胁等。

例如，有些机房因没有防震、防火、防水、避雷、防电磁泄漏或干扰等措施，接地系统疏于周到考虑，抵御自然灾害和意外事故的能力较差、事故不断，因断电而造成设备损坏、数据丢失的现象也屡见不鲜。

(2) 网络攻击威胁

对网络系统实施的攻击方式主要有截获、中断、篡改和伪造四种。其中：截获属于被动攻击，难以察觉；中断、篡改和伪造属于主动攻击，干扰系统正常运行，如图 7-2 所示。

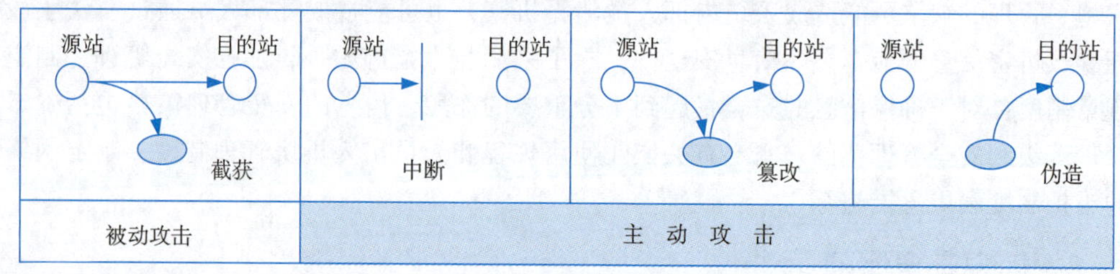

图 7-2　对网络的被动攻击和主动攻击

截获是指一个非授权方介入系统，通过复制或窃听方式造成信息泄露，破坏了信息的保密性。非授权方可以是一个人，也可以是一个程序。截获攻击并不对传输的信息进行任何修改，所以难以被检测出来。

中断是指阻止合法的网络用户对信息资源的正常使用，妨碍合法用户获取服务或信息传递等，破坏了信息的可用性。例如，硬件的破坏、通信线路的切断、操作系统的瘫痪等。

篡改是以非法手段窃得对信息的管理权，通过未授权的创建、修改、删除和重放等操作，使信息的完整性受到破坏。篡改攻击主要改变数据文件或程序，使之不能正常使用。

伪造是指非授权方将伪造的信息插入到系统，破坏信息的真实性。例如，在网络中插入假信件，或者在文件中追加记录等。

(3) 计算机犯罪威胁

计算机犯罪是利用暴力和非暴力形式，故意泄露或破坏系统中的机密信息，以及危害系统实体和信息安全的非法行为。暴力形式是对计算机设备和设施进行物理破坏，如使用武器摧毁计算机设备、炸毁计算机中心建筑等。而非暴力形式是利用计算机技术及其他技术进行犯罪活动。

计算机犯罪常用的技术手段有：

① 密码攻击：使用暴力破解、字典攻击或钓鱼手段获取用户密码。

② 恶意程序：伪装为正常程序入侵目标系统，当满足特定条件时会自动执行破坏性操作，如自我复制、删除数据、瘫痪系统或进行远程控制等。

③ 嗅探技术：使用嗅探器设备捕获网络传输的数据包，从而窃取用户的通信内容、账号信息等。

④ 网络钓鱼：通过虚假页面或发送看似合法的电子邮件或消息，诱骗用户点击链接或提供个人信息。

⑤ 分布式拒绝服务攻击（distributed denial of service，DDoS）：通过大量网络请求淹没目标服务器，使其无法处理合法流量。

⑥ 零日攻击：是指利用软件中未被开发者知晓或尚未修补的安全漏洞进行的攻击。

⑦ 高级持续性威胁（advanced persistent threat，APT）：有组织地针对特定目标进行的一系列隐蔽且持续的攻击活动。

计算机犯罪的领域不断扩大，从金融系统已发展到邮电、科研、卫生、生产等几乎所有领域，成为公害；计算机犯罪的主体社会化、作案范围国际化，危害目的多样化已经呈现，而且随着物联网、量子计算和人工智能技术的发展，计算机犯罪的手段将不断演变，对安全行业提出了更高挑战。

2. 信息安全保障体系

信息安全建设的内容多、规模大，涉及安全技术、安全管理、人员组织、教育培训、资金投入等因素，必须进行全面的统筹规划，明确信息安全建设的工作内容、技术标准、组织机构、管理规范、人员岗位配备、实施步骤、资金投入等，才能保证信息安全建设有序可控地进行，才能使信息安全体系发挥最优的保障作用。

信息安全保障体系由一组相互关联、相互作用、相互弥补、相互推动、相互依赖、不可分割的信息安全保障要素组成。一个系统、完整、有机的信息安全保障体系的作用远远大于各个信息安全保障要素的保障能力之和。信息安全保障体系的总体结构如图7-3所示。在此框架中，以安全策略为指导，融汇了安全技术、安全组织与管理和运行保障三个层次的安全体系，达到系统机密性、完整性、可用性、可控性、可存活性等安全目标。

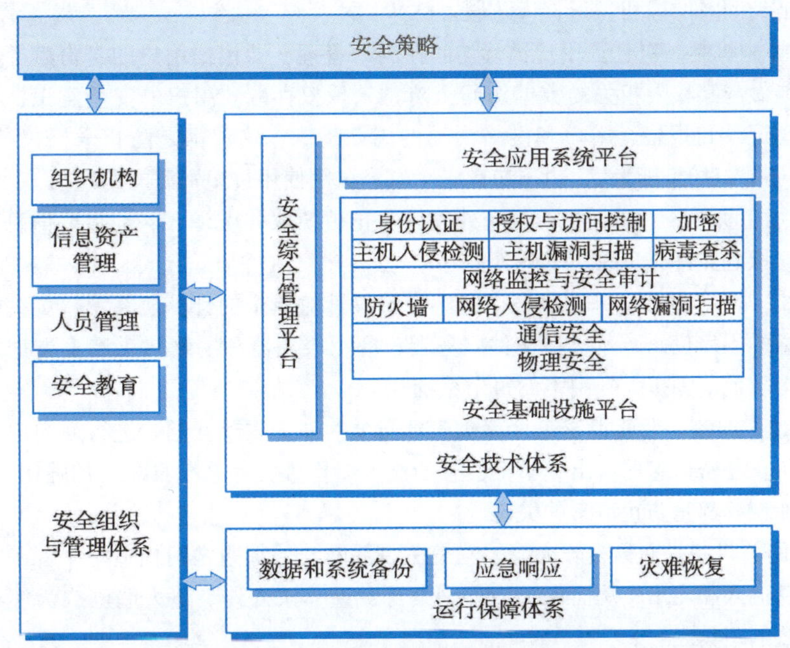

图7-3　信息安全保障体系总体结构

信息安全不仅是国家安全问题，也是组织机构和个人都必须重视的问题。信息及其系统的安全与人、应用及相关计算环境紧密相关，不同的场合对信息的安全有不同的需求。这种人们在特定应用环境下对信息安全的要求称为安全策略。不同的安全策略表现为不同的安全目标的集合。具体的安全目标有数据的机密性与完整性、系统运行时的可用性、不可抵赖性及访问可控性等。

信息安全保障体系由安全技术体系、安全组织与管理体系和运行保障体系组成。安全技术体系就是从物理和通信安全防护、网络安全防护、主机系统安全防护、应用安全防护等多个层次出发，立足于现有的成熟安全技术和安全机制，建立起各个部分相互配合的、完整的安全防护体系。安全技术体系通过安全应用系统平台为各类应用系统提供安全服务，通过安全综合管理平台接受统一管理、配置和控制。安全组织与管理体系是由安全策略与制度管理、安全风险管理、人员和组织管理、环境和设备管理、网络和通信管理、系统软硬件管理、数据安全和加密管理等几个部分组成，与安全技术体系相互配合，提高技术防护体系的效率和效果，同时也弥补当前技术无法完全解决的安全缺陷。运行保障体系由安全技术和安全管理紧密结合的内容所组成，包括系统可靠性设计、系统数据的备份计划、安全事件的应急响应计划、安全审计、灾难恢复计划等，以保障信息系统的持续运营。

3. 信息安全防护机制

信息安全就是研究在特定的应用环境下，依据特定的安全策略，如何对信息及其系统实施防护、检测和恢复的科学。安全目标需要通过一些必要的方法、工具和过程来实现，这些方法称为安全机制。有效抵抗信息安全威胁的常用的安全机制有身份确认机制、访问控制机制、数据加密机制、病毒防范机制、信息监控机制、安全网关机制和安全审计机制等。

① 身份确认机制。对发送和接收信息者的身份进行确认。发送信息者只能将信息发送给确认的接收者，不能是无关的第三者，更不能是他人冒充的。身份确认是一项很重要的原则，必须严格验证访问者的确切身份，谨防假冒。

② 访问控制机制。对合法用户进行访问控制的管理，即根据用户的身份赋予其相应的权限，使其只能做与其权限相关的数据访问，防止未授权存取。用户的安全意识、良好口令管理、登录活动记录和报告、用户和网络活动的周期检查，这些都是防止未授权存取的关键。一个系统不应被非法用户侵入，也不应被一个有意试图使用过多资源的用户损害。

③ 数据加密机制。对数据进行加密处理，防止被窃取并破译，保证重要信息不外泄。即使非法用户窃取到文件，也无法了解其内容。

④ 恶意代码防范机制。恶意代码防范不应仅仅针对单个的计算机系统，更关键的是要加强对整个网络的不良代码防范。在文件服务器、应用服务器和网络防火墙上增加防范恶意代码的软件，把防范范围扩大到网络的每个系统。

⑤ 信息监控机制。防止泄密是计算机信息安全的一个重要问题。进行面向内容的信息监控，有利于防止秘密信息的流出或不良信息的流入。检查文件系统日志、加强用户安全意识、对数据进行加密等都是防止泄密的关键。

⑥ 安全网关机制。亦称为防火墙，就是在内部网与外部网之间构造一个保护层，防止未经许可的信息流入和流出，从而保护内部网资源免遭非法入侵。防火墙已成为实现网络安全策略的最有效的工具之一。

⑦ 安全审计机制。定期地对网络系统安全措施实施情况进行检查，并对所产生的安全报告进行综合审计。同时，还要对系统资源的使用状况进行分析，提出系统最需解决的安全问

题，及时发现漏洞给予修补，使入侵者无机可乘。

7.1.3 信息安全技术

信息安全机制包含了系统的防护、检测和恢复三个方面。防护机制涉及加密（保密通信、数字签名）、身份认证、消息鉴别、访问控制等信息安全技术；检测机制则涉及入侵检测、漏洞扫描、恶意代码查杀等信息安全技术；恢复机制则涉及数据备份与恢复、系统响应与恢复等信息安全技术。

1. 加密技术

加密技术是保证信息安全的基础性技术，是实现数据秘密性、数据完整性、鉴别交换、口令存储与校验等的基础。

数据加密系统基本模型如图7-4所示。加密系统中至少包括四个组成部分：明文（未加密的文件）、密文（加密后的文件）、加密解密设备或算法、加密解密的密钥。采用现代数据加密技术对存储或传输中的数据进行加密，可将重要的和秘密的信息由明文变为密文，达到信息隐蔽的作用。加密后的数据在传输、使用和转换时即使被窃取或截获，窃取者也不能了解信息的内容，从而保证信息传输的安全。

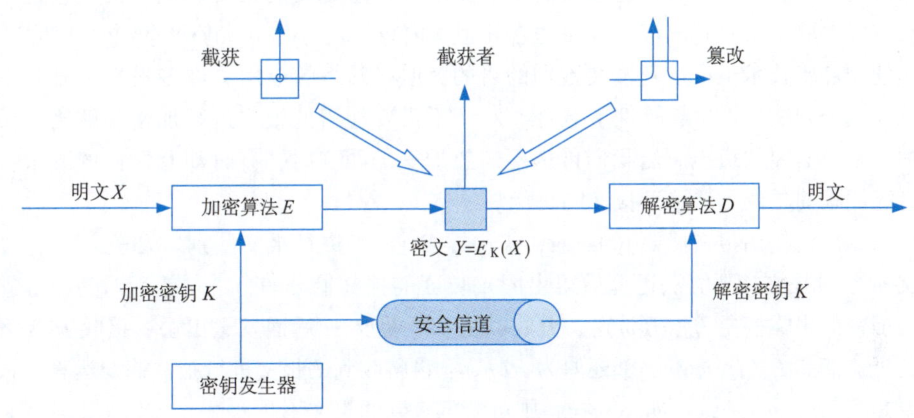

图7-4 数据加密系统基本模型

由于加密系统中数据的加密和解密算法一般是公开的，系统的保密性就只取决于密钥的安全性。因此，密钥在加密方和解密方之间的传递和分发必须通过安全通道进行，在公共网络上使用明文传递密钥是不合适的。如何产生满足保密要求的密钥以及如何安全、可靠地传送密钥成为十分重要的问题。

目前常用的加密技术可以分为两类，即对称加密与非对称加密。在传统的对称密码系统中，加密用的密钥与解密用的密钥是相同的，密钥在通信中需要严格保密。在非对称加密系统中，加密用的公钥与解密用的私钥是不同的，加密用的公钥可以向大家公开，而解密用的私钥是需要保密的，所以非对称加密技术又被称为公钥加密技术。

与对称加密系统相比，由于非对称加密系统中每个用户只需一对密钥，因此整个网络系统中需要管理的密钥数量大大降低。以接收方的公钥作为加密密钥，只能用接收方自己的私钥解密，从而实现保密通信。另外，非对称加密系统还支持数字签名，如果用户以自己的私钥作为加密密钥生产密文（如同签了名），则密文的接收方可以用发送方的公钥作为解密密钥进行恢复（如同核实签名），这种使用方式虽然无保密可言，但可让接收方确认发送方的身份，适用于实现数字签名。

2. 数字签名技术

纸质书信或文件是根据亲笔签名或印章来证明其真实性，那么在计算机网络中传送的报文又如何盖章呢？这就要使用数字签名。数字签名是实现认证的重要工具。在信息安全，包括身份认证、数据完整性、不可否认性以及匿名性等方面有重要的应用。

数字签名可以保证以下三点：

① 接收者能够核实发送者对报文的签名，任何人无法伪造，这就叫报文鉴别。

② 接收者确信所收到的报文没有被篡改，和发送者发送的完全一样，这就实现了报文的完整性。

③ 发送者事后不能抵赖对自己报文的签名，满足不可否认性。

通过数字签名能够实现对原始报文的鉴别和不可否认性。采用公钥加密技术的数字签名的实现方法是：发送者 A 用秘密密钥对报文进行签名后形成密文，将密文传送给接收者 B，B 用已知的 A 的公开密钥核实签名（解密过程）。

3. 报文鉴别

在信息的安全领域中，对付主动攻击中的篡改和伪造则要用报文鉴别。报文鉴别使得通信的接收方能够验证所收到的报文（发送者和报文内容、发送时间、序列等）的真伪。

虽然使用加密技术也可达到报文鉴别的目的，但在网络的应用中许多报文本身并不需要保密。例如，公开文件下发、软件下载等。对于不需要加密的报文进行加密和解密，会使计算机增加很多不必要的负担。当我们传送不需要加密的明文时，有时却有这样的要求：应当使接收者能用很简单的方法鉴别报文的真伪。

近年来，广泛使用报文摘要（message digest，MD）来进行报文鉴别。发送方 A 将可变长度的报文 m 经过报文摘要算法运算后得出固定长度的报文摘要 $H(m)$；然后对 $H(m)$ 进行加密，得出加密的报文摘要 $E_K(H(m))$，并将其追加在报文 m 后面发送出去；接收方 B 将收到的加密的报文摘要 $E_K(H(m))$ 解密还原为 $H(m)$，再将收到的报文进行报文摘要运算，核对得出的摘要是否与 $H(m)$ 一致；如不一样，则可断定收到的报文不是发送方 A 发来的原始内容。

报文摘要的优点在于仅需要对短得多的定长报文摘要 $H(m)$ 进行加密，这比对整个长报文 m 进行加密要简单得多。对鉴别报文 m 来说，两种做法达到的效果是一样的。也就是说，报文 m 和加密的报文摘要 $E_K(H(m))$ 合在一起是不可伪造的，是可检验的和不可否认的。

4. 身份认证

身份认证是信息安全的一个重要方面。加密保证了交易信息的机密性，签名和鉴别则分别保证了信息的真实性和完整性，而认证主要是为了核实使用者的合法性。一个安全的认证系统应满足防伪造、防否认、防窃听、防篡改的要求。

通常，用户的身份认证可以通过三种基本方式或其组合的方式来实现：

① 所知：个人所掌握的密码、口令等。

② 拥有：个人的身份证、护照、信用卡、钥匙等。

③ 特征：个人特征包括很多，如容貌、肤色、发质、身材、姿势、手印、指纹、脚印、唇印、颅相、口音、脚步声、体味、视网膜、血型、遗传因子、笔迹、习惯性签字、打字韵律，以及在外界刺激下的反应等。

根据安全要求和用户可接受的程度，以及成本等因素，可以选择适当的组合，来设计一个自动身份认证系统。在安全性要求较高的系统，由口令和证件等提供的安全保障是不完善的。口令可能被泄露，证件可能丢失或伪造。更高级的身份验证是根据用户的个人特征来进行，它是一种可信度高，而又难于伪造的验证方法。

5. 防火墙技术

防火墙是实施安全防范的网络设备（计算机或路由器等），也是一种访问控制机制。防火墙位于内部受信任的网络和外部不受信任的网络之间，是保护内部网络安全的第一道防线，如图7-5所示。

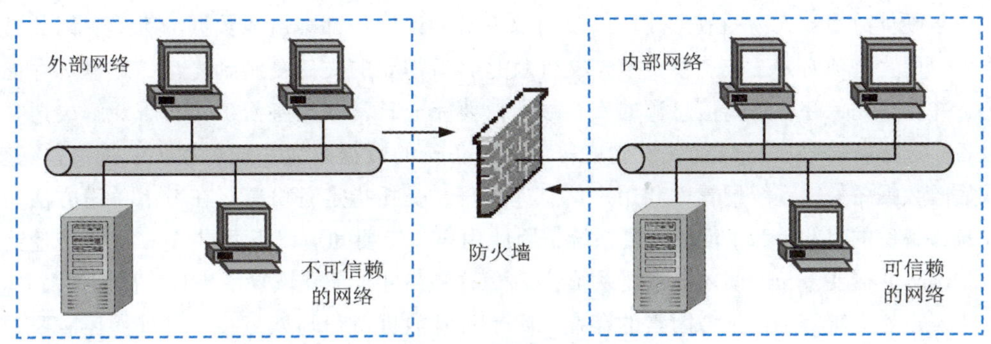

图7-5 防火墙的位置

防火墙的主要功能有：

① 检查所有从外部网络进入内部网络的数据包。

② 检查所有从内部网络流出到外部网络的数据包。

③ 执行安全策略，限制所有不符合安全策略要求的数据包通过。

④ 具有防攻击能力，保证自身的安全性。

所有的信息都必须通过防火墙，防火墙只允许核准了的合法数据包进出，阻止不安全数据的传递。防火墙系统决定了内部哪些区域可以被外界访问，以及哪些外部服务可以被内部用户访问。使用防火墙可以限制他人进入内部网络，过滤掉不安全的服务和非法用户，防止入侵者接近网络防御设施，能提供网络是否受到攻击的详细信息，为网络安全提供保障。

6. 网络入侵检测技术

防火墙难以独立承担保障网络安全的重任，对很多新的入侵攻击方式无能为力，也难以提供实时入侵检测功能，尤其对来自内部网络的攻击束手无策。因此，常在防火墙后安装入侵检测系统（intrusion detection system，IDS）作为网络的第二道安全防线，通过动态检测与跟踪技术，对入侵攻击行为进行实时检测、动态分析与报警无疑对网络安全有着特别重要的意义。

入侵检测，就是对任何未经授权的连接企图作出反应，对可能发生的入侵行为进行监视、报警，甚至抵御。如同公路上巡逻的交通警察，IDS将检测设备分布在保护网络的主干节点上，通过信息的集中收集与分析，从中发现是否有违反安全策略的行为和遭到攻击的迹象。IDS是一种集检测、记录、报警、响应于一体的动态安全技术，不仅能检测来自外部的入侵行为，同时也监督内部用户的未授权活动，为网络安全提供实时的入侵检测及相应的防御手段。入侵检测系统的基本功能包括：

① 监控、分析用户和系统的行为。

② 检查系统的配置和漏洞。

③ 评估重要的系统和数据文件的完整性。

④ 对异常行为的统计分析，识别攻击类型，并向网络管理人员报警。

⑤ 对操作系统进行审计、跟踪管理，识别违反授权的用户活动。

7. 备份与恢复技术

备份与恢复技术是信息技术领域中至关重要的组成部分，它确保了在发生数据丢失、系统故障或其他意外情况时，能够迅速恢复业务运营。

由于硬件故障或人为的故意破坏以及内部人员的误操作都会造成数据的丢失，因此日常数据备份成为一项必要工作。备份数据文件就是将所需要的文件复制到光盘、磁盘等存储介质上，并将它们保存在远离信息源的安全场所。要完成日常数据备份工作，需要解决选择备份设备、选择备份程序与建立备份制度等问题。备份的数据内容一般包括：系统文件备份、修改后的数据备份、系统配置库和用户信息库备份、受托指定备份等。在考虑备份方法时必须注意，备份的目的是为了能够恢复系统，因此用户一定要知道以下两点：① 在系统遭到破坏的情况下，需要多长时间才能恢复系统；② 怎样备份才可能在恢复系统时数据损失最少。

由于自然灾害等不可抗力因素的存在，除了日常数据备份与恢复技术之外，还需要系统级的灾备服务。系统灾备（disaster recovery，DR）是指为了在发生灾害时保证信息系统能够正常运行，帮助企业实现业务连续性目标的一系列策略和措施。灾备计划通常包括数据备份、系统冗余、故障转移和恢复操作等方面。系统级灾备有同城容灾、异地容灾以及两地三中心等解决方案，灾备级别分为数据级容灾、应用级容灾和业务级容灾三种，对应的业务恢复速度由高到低，运行维护成本则反之。

8. 恶意代码查杀

恶意代码是指故意编制或设置的对网络或计算机系统会产生威胁或潜在威胁的计算机代码。恶意代码的表现形式多种多样，有的是嵌入合法程序，获得在系统中生存和执行破坏功能的机会；有的伪装成合法软件，伺机非法获取或篡改系统资源和敏感数据。恶意代码出现的早期形式是计算机病毒，逐渐地由文件感染性病毒发展为蠕虫病毒、特洛伊木马程序、僵尸软件、后门软件等形式。

随着计算机网络的快速发展，从早期以炫耀技术、破坏数据和影响操作等目的为主的传统计算机病毒，演变到今天趋利性越来越强的勒索软件以及威胁性更大的 APT 攻击，恶意代码呈现出更加组织化、规模化、产业化的特征。恶意代码对信息安全的威胁日益严重，如何防范恶意代码的攻击和破坏是信息安全技术的重要方面之一。

（1）感染型病毒

感染型病毒是指插入 PE（可执行）文件寄生，即将自己的病毒代码添加到 PE 文件中，使得病毒代码和正常 PE 文件同时在计算机系统中运行。

（2）蠕虫病毒

蠕虫病毒是具有自我繁殖能力、无须外力干预便可自动在网络环境中传播的恶意代码。蠕虫病毒一般不采用插入 PE 文件的方法，而是通过复制自身在网络环境下进行传播。蠕虫病毒的目标是感染互联网内的尽可能多的计算机。局域网条件下的共享文件夹、电子邮件、网络中的网页以及大量存在着漏洞的服务器都是蠕虫传播的重要目标与途径。

(3) 特洛伊木马病毒

特洛伊木马病毒简称木马病毒，是通过伪装成合法程序，欺骗用户执行，从而达到未经授权的收集、伪造或销毁用户数据的一类恶意代码。同时，攻击者也可以利用木马病毒实现远程控制。

(4) 僵尸网络

僵尸网络是攻击者出于恶意目的，传播僵尸程序（bot 程序），控制大量主机，从而在控制者与被感染主机之间形成一个由一对多的命令与控制信道所组成的网络。僵尸程序是具有恶意控制功能的程序代码，它能够自动执行预定义的功能、可以被预定义的命令控制。

(5) 后门软件

后门软件是一类运行在目标系统中，用以提供对目标系统未经授权的远程控制服务的恶意代码。此类恶意代码能够绕过安全控制机制而获取对程序或系统的访问权。起初是程序员为将来可以修改程序中的缺陷而有意在程序代码内创建的登录入口，后来这种技术被恶意代码制作者用来获取程序或系统的控制权。

尽管恶意代码的具体种类有很多，但是它们中的大部分都有一些共同的特征，如传染性、破坏性、隐蔽性等。

① 传染性。传染性是大多数恶意代码都具有的一大特性。通过传染其他计算机，恶意代码就可以扩散。恶意代码实现传染和扩散的方法之一是通过修改磁盘扇区信息或文件内容并把自身嵌入到其中，被嵌入的程序称为宿主程序。这种传染也可能并不需要宿主程序，而是通过直接驻留在目标主机的文件系统中的形式实现。另外，网络和系统漏洞也是恶意代码扩散自身的主要途径。

② 破坏性。大多数恶意代码在发作时都具有不同程度的破坏性，包括干扰计算机系统的正常工作、占用系统资源、修改和删除磁盘数据或文件内容，以及窃取系统数据等。

③ 隐蔽性。恶意代码的隐蔽性表现在两个方面：一是扩散的隐蔽性，大多数恶意代码在进行传播时一般不具有外部表现，不易被人发现；二是恶意代码存在的隐蔽性，一般的恶意代码藏身于正常程序之中，很难被发现，有些甚至采用了各种伪装技术进行隐藏。恶意代码侵入系统后，一般具有一定的潜伏期。在潜伏期中，恶意代码只是不断地进行自我复制和传染。一旦既定的条件满足，恶意代码就开始发作，发作的条件依编写的程序不同而不同。

虽然恶意代码的行为表现各异，破坏程度千差万别，但其基本作用机制大体相同，一般都是依次执行“侵入系统”“维持或提升现有特权”“隐蔽与潜伏”“传播与破坏”等几个步骤。对付恶意代码最理想的方法是预防，即一开始就不让其进入系统。恶意代码的防范可以从以下几个方面进行全面考虑：

① 预防。在系统中安装病毒防护软件，一旦有病毒入侵，系统立刻就能察觉出来。用户自身应增强自我防范意识，对于来源不明的数据、文件和程序等保持警惕。

② 检测。一旦觉察到感染病毒，就立即使用最新版的杀毒软件对文件进行扫描，或者利用恶意代码分析技术进行手动分析，从而确定有哪些文件被什么样的病毒所感染。

③ 消除。一旦识别出特定的病毒，就要立即消除已感染文件中的所有病毒，使文件恢复到最初的状态。如果成功地检测到了病毒，但既无法识别也无法消除，那么一种替代方法是删除已感染的程序，重新安装该程序的副本。

7.1.4 隐私泄露与保护

在大数据的洪流之下，个人隐私信息被严重盗用、滥用。在大数据分析和人工智能推荐面前，我们每个人的隐私在不经意的点击中都可能被泄露。数字时代，了解个人隐私权、正确看待隐私保护和社会需求之间的平衡关系、掌握隐私保护的法律武器和技术手段具有重要意义。

1. 隐私的定义

"隐私"在《现代汉语词典》中的解释是"不愿告人的或不愿公开的个人的事"，这个字面上的解释给出了隐私的保密性以及个人相关这两个基本属性。此外，哥伦比亚大学的 Alan Westin 教授指出：隐私是个人能够决定何时、以何种方式和在何等程度上将个人信息公开给他人的权利。这一说明又给出了隐私能够被所有者处置的属性。结合以上属性，隐私概念可以定义为：隐私是与个人相关的具有不被他人搜集、保留和处置权利的信息资料集合。个人隐私权是一种基本人权，旨在保护个人的私人生活、通信和数据不受不当干扰，强调的是信息的私密性和个人对信息的控制权，即所有者有权决定隐私公开的时间、方式和程度。

根据隐私定义，信息隐私权保护的客体可分为直接和间接两个方面：

①"直接"的个人属性。这是隐私权保护的首要对象，如一个人的姓名、年龄、婚否、身份证件号码、通信联系方式、住址等。

②"间接"的个人属性。如个人的消费记录、浏览网页记录、通信内容、财务资料、工作、病历等记录，这类资料含有高度的个人特性因而能辨识该个人的本体，也应以隐私权加以保护。

隐私保护是对个人隐私采取一系列的安全手段防止其泄露和被滥用的行为。隐私保护的对象主体是个人隐私，其包含的内容是采取一系列的安全措施来保障个人隐私安全，而其用途则是防止个人隐私遭到泄露以及被滥用。例如，隐私信息在未经信息所有者许可的情况下，都不应当被各类搜索引擎、门户网站等在线服务商获得。而在有必要获取部分用户信息以提供更好的用户体验的情形中，使用者必须事前告知用户以及获得用户的许可，并且严格按照用户许可的使用时间、用途来利用这些信息，同时，也有义务确保这些信息的安全。

2. 隐私泄露问题

在高速移动互联网环境下，人们通过 PC 以及手机、平板电脑等移动通信工具，在包括社交网络平台在内的各个网站、各类信息系统中活动，从而在网络中留存了大量的个人数据资料。政府、法律执行机关、国家安全机关、各种商业组织甚至包括个人用户都可以通过数据挖掘、大数据分析等多种新技术和搜索引擎、第三方共享平台、社交软件等新途径对网络用户的资料，尤其是大量的用户个人隐私信息，进行搜集、下载、加工整理，用作商业用途或其他方面。

各国政府均通过不同方式开展了公开资源情报（open source inteligence，OSINT）的应 用。公开资源情报是相对于"秘密情报"而言，是一门通过公开渠道获取信息并对其加以分析以得到有价值情报的学问。其输入是信息，输出是情报。公开资源包括大众媒体（例如报纸、电视、广播、杂志和网站等）、社交媒体（例如微博、微信、视频分享网站等）、搜索引擎、公共数据库、地图和商业图像，这些资源可以来自因特网访问，也可以来自暗网（一类隐藏在日常万维网之下需要特殊方式才能访问的网络）。

以下几项是个人进行网络访问时，会造成个人隐私泄露的途径。

① 搜索历史：搜索引擎通常会记录用户的搜索历史，以便提供个性化的搜索结果和广告。如果这些历史记录被不当处理或泄露，可能会导致个人信息暴露。

② 数据共享：某些搜索引擎或门户网站可能会与第三方共享用户数据，用于广告定位或其他商业目的。如果第三方没有妥善保护这些数据，可能会造成个人信息泄露。

③ 访问跟踪：搜索引擎和其他网站可能会使用Cookies、像素标签、本地存储等网络跟踪技术来追踪用户的网络访问行为。这些技术可以用来收集用户的个人信息，如果管理不善，就会对隐私构成威胁。

④ 网页暴露：有时搜索引擎可能会索引并显示包含个人敏感信息的网页，如电子邮箱、联系方式、社会保障号码、银行账户信息等。如果这些信息被未授权的人访问，可能会导致隐私泄露。

⑤ 网络钓鱼：用户遇到恶意网站或钓鱼链接，如果不小心点击了这些链接，可能会导致个人信息被盗取。

⑥ 社交信息：用户自身通过社交媒体或社交软件公开的消息、帖子、图片以及访问信息等，这些公开信息可被用于深入分析和利用，可能会造成个人隐私的泄露。

3. 隐私保护与外界需求

生活中常常会遇到这样的情况，政府部门出于管理需要或特殊机构出于业务需要不得不去收集相关的个人信息，可能会对信息所有者的个人隐私造成侵害，例如信息填报、税务申报、财产登记、卫生防疫等情形。相关机构对隐私信息的收集本身就会带来对隐私保护的压力和隐私冲突。另外，隐私冲突还会存在于后续使用隐私的过程中。现实中有的隐私信息使用过程甚至是隐私所有者很难知悉或不可能知道的。隐私冲突的频繁出现，使得隐私的所有者越发关注如何平衡隐私保护和外界需求这一问题。

大多数情况下，对个人隐私信息的收集往往是为了维护隐私收集方的利益。例如，对政府部门来说，换取的是社会和国家的公共利益能够得到保障。从利益的得失出发，易于解决“如何平衡隐私保护和外界需求”这一问题。通常情况下，隐私所有者放弃或减弱对隐私保护的要求，往往是出于获得比保护自己隐私更为有利的事物的目的，不妨称之为“隐私的交易”。例如，个人在银行开办存款账户的时候，需要提供自己的身份证号、家庭住址、联系方式等隐私信息，但用户通过提供这些隐私信息，获得了如遗忘密码重置、重办丢失的储蓄卡、消费通知和预警等银行更好更安全的服务；类似的情况还包括其他的医疗救助、证券交易、金融信贷或电子商务服务等。

在日常生活中，如果某种隐私交易是有必要进行的，那么在实施过程中要尽可能减小甚至消除对隐私所有者隐私权的影响，一般涉及的考虑因素有：

① 法律框架——制定法律来界定隐私权的范围和外界需求的合法性。

② 知情权——个人应该被告知他们的信息将被如何使用，并有权决定是否同意这些使用方式。

③ 必要性原则——在收集个人信息时，应该只收集实现目的所必需的数据。

④ 数据保护措施——隐私使用者应该实施适当的技术和组织措施来保护数据，防止未授权的访问、泄露、破坏或其他形式的非法处理。

⑤ 责任与问责——个人信息处理者应该对其处理活动负责，并在发生数据泄露或违反隐

私权时承担相应的责任。

⑥ 持续地评估与调整——随着技术的发展和社会的变化，定期评估隐私保护的需求和外界需求的变化。

4. 如何保护隐私

网络隐私权的保护是一项系统工程，不仅需要相关的法律法规进行保护，需要所有与互联网相关的行业自律，更需要网民在使用网络的时候进行自我保护。

(1) 我国公民隐私权受到法律保护

《中华人民共和国民法典》第一千零三十二条规定："自然人享有隐私权。任何组织或者个人不得以刺探、侵扰、泄露、公开等方式侵害他人的隐私权。隐私是自然人的私人生活安宁和不愿为他人知晓的私密空间、私密活动、私密信息。"

《中华人民共和国民法典》第一千零三十八条规定："信息处理者不得泄露或者篡改其收集、存储的个人信息；未经自然人同意，不得向他人非法提供其个人信息，但是经过加工无法识别特定个人且不能复原的除外。"

《中华人民共和国民法典》第一千零三十九条规定："国家机关、承担行政职能的法定机构及其工作人员对于履行职责过程中知悉的自然人的隐私和个人信息，应当予以保密，不得泄露或者向他人非法提供。"

我国其他涉及公民隐私权保护的法律法规还有《中华人民共和国刑法》《中华人民共和国网络安全法》《中华人民共和国治安管理处罚法》《中华人民共和国传染病防治法》《突发公共卫生事件应急条例》和《中华人民共和国政府信息公开条例》等。

(2) 网民的自我保护是网络隐私权保护的重要环节

网民进行保护网络隐私权的方式有很多，主要包括：

① 将个人信息与互联网隔离。当某计算机中有重要资料时，最安全的办法就是将该计算机与其他上网的计算机切断连接。这样，可以有效避免被入侵的个人数据隐私权侵害和数据库的删除、修改等带来的经济损失。换句话说，网民用来上网的计算机里最好不要存放重要个人信息。这也是目前很多单位通行的做法。

② 传输涉及个人信息的文件时，使用加密技术。在计算机通信中，采用密码技术将信息隐蔽起来，再将隐蔽后的信息传输出去，使信息在传输过程中即使被窃取或截获，窃取者也不能了解信息的内容，从而保证信息传输的安全。

③ 不要轻易在网络上留下个人信息。网民应该非常小心保护自己的资料，不要随便在网络上泄露包括电子邮箱等个人资料。对唯一标识身份类的个人信息应该更加小心翼翼，不要轻易泄露。这些信息应该只限于在线银行业务、护照重新申请或者跟可信的公司和机构打交道的事务中使用。即使一定要留下个人资料，在填写时也应先确定网站上是否具有保护网民隐私安全的政策和措施。

④ 在计算机系统中安装防火墙。防火墙是一种确保网络安全的方法。防火墙可以被安装在一个单独的路由器中，用来过滤不想要的信息包，也可以安装在主机中，进行信息过滤。在保护网络隐私权方面，防火墙主要起着保护个人数据安全和个人网络空间不受到非法侵入和攻击等作用。

⑤ 利用软件反制 Cookie。建立 Cookie 信息的网站，可以凭借浏览器来读取网民的个人信息，跟踪并收集网民的上网习惯，对个人隐私权造成威胁和侵害。网民可以采取一些软件技

术来反制 Cookie 软件。

⑥ 避免养成过度分享的习惯。无论使用哪一种社交平台，在发布信息时都要谨慎考虑是否会造成隐私泄露以及可能带来的后果，在此基础上筛选可以发布的内容并选择合适的发布形式。

7.2 信息安全案例

本节从网络主动攻击、隐私泄露和软件漏洞三个方面分别选择一些典型案例展开描述和说明，力求加深人们对信息安全威胁来源的认识，同时能深刻认识到信息安全事件一旦发生，不仅对个人和组织带来敏感信息的泄露、经济损失、业务中断等后果，甚至会对社会和国家带来重大公共安全风险，借此使每位参与者积极投身于信息安全防护行动。

7.2.1 目的与意义

随着社会的数字化转型，无论是工作、学习还是日常生活，都越来越依赖于信息科技。提高个人信息素养可以帮助自己更好地适应数字化转型，充分利用数字资源为自己和他人服务。提高个人信息素养包含了树立信息安全意识、提高信息安全防护技术的素质要求。良好的信息安全意识有助于个人识别和防范潜在的安全威胁，了解信息使用的伦理和法律界限，尊重知识产权和个人隐私，防患于未然；掌握必要的信息安全机制和技术手段则是面对来自外界他人的信息安全威胁时，具有抵御和反击的能力。

信息时代，随着数字技术的快速发展，尤其是云计算、人工智能、大数据等新兴技术的应用，人类生产生活方式发生了深刻变化。这些技术在满足人们对美好生活需求的同时，也给国家安全和社会稳定带来了前所未有的挑战。

统计数据表明，全球网络安全形势严峻。在海量数据汇集的场景下，数据安全问题日益突出；网络攻击方式不断演进升级，攻击手段更加多样化和复杂化。攻击者利用漏洞实施链式攻击的行为更加频繁，攻击目标愈加精准。近年来，关键信息基础设施的安全风险加剧，如高等级网络攻击威胁频发，大型黑客组织频繁对关键信息基础设施进行攻击，通过多种手段损害关键信息基础设施的正常运行和数据安全，严重威胁国家安全、社会稳定和人民生命财产安全。

信息素养的学习首先为个人提供了获取、评估、管理和使用信息的基础能力，这些基础能力又进一步成为理解和实践信息安全和网络安全的前提。通过学习和分析一些典型的信息安全威胁事件，可以具象地认识到信息安全威胁一旦发生，会对个人、组织或社会带来的现实危害，增强人们的信息安全意识、风险识别与防范能力，并促使人们主动遵守相关法律法规、采取措施保护自己和他人的信息不受威胁，有助于建立一种良好的网络安全文化，促进个人、国家和社会三位一体形成综合性的信息和网络安全防范体系。

7.2.2 网络攻击案例

1. 案例描述

2022 年 6 月 22 日，西北工业大学发布公开声明称，该校遭受境外网络攻击。陕西省西安市公安局碑林分局随即发布警情通报，证实在西北工业大学的信息网络中发现了多款源于境外的木马样本，西安警方已对此正式立案调查。

国家计算机病毒应急处理中心和360公司联合组成技术团队（以下简称“技术团队”），全程参与了此案的技术分析工作。技术团队先后从西北工业大学的多个信息系统和上网终端中提取到了多款木马样本，综合使用国内现有数据资源和分析手段，并得到了欧洲、南亚部分国家合作伙伴的通力支持，全面还原了相关攻击事件的总体概貌、技术特征、攻击武器、攻击路径和攻击源头，初步判明相关攻击活动源自美国国家安全局（NSA）旗下的“特定入侵行动办公室”（office of tailored access operation，简称TAO）。

调查报告揭露了TAO通过渗透西北工业大学对我国网络基础设施发起攻击的一些重要细节。整个攻击流程可以划分为以下几个阶段：

(1) 蓄谋已久，构建匿名攻击基础设施

为掩护其攻击行动，TAO利用其掌握的针对SunOS操作系统的两个“零日漏洞”利用工具，选择了中国周边国家的教育机构、商业公司等网络应用流量较多的服务器为攻击目标；攻击成功后，安装NOPEN木马程序，控制了大批跳板机，在后续攻击中用于中转指令。TAO基础设施技术处（MIT）工作人员匿名购买了域名和一份通用的SSL证书，部署在位于美国本土的中间人攻击平台“酸狐狸”（Foxacid）上，开始对中国的大量网络目标展开攻击，特别是对西北工业大学等中国信息网络目标展开了多轮持续性的攻击、窃密行动。

(2) 单点攻破、级联渗透，控制西北工业大学网络

经过长期的准备，TAO使用“酸狐狸”攻击平台对西北工业大学内部主机和服务器实施中间人劫持攻击，部署“怒火喷射”远程控制武器，控制多台关键服务器。利用木马级联控制渗透的方式，向西北工业大学内部网络深度渗透，先后控制运维网、办公网的核心网络设备、服务器及终端，并获取了部分西北工业大学内部路由器、交换机等重要网络节点设备的控制权，窃取身份验证数据，并进一步实施渗透拓展，最终造成了对西北工业大学内部网络的隐蔽控制。

(3) 隐蔽驻留、“合法”监控，窃取核心运维数据

TAO将作战行动掩护武器“精准外科医生”与远程控制木马“NOPEN”配合使用，实现进程、文件和操作行为的全面“隐身”，长期隐蔽控制西北工业大学的运维管理服务器，同时采取替换3个原系统文件和3类系统日志的方式，消痕隐身，规避溯源。TAO先后从该服务器中窃取了多份网络设备配置文件。利用窃取到的配置文件，TAO远程“合法”监控了一批网络设备和互联网用户，为后续对这些目标实施拓展渗透提供数据支持。

(4) 搜集身份验证数据、构建通道，渗透基础设施

TAO通过窃取西北工业大学运维和技术人员远程业务管理的账号口令、操作记录以及系统日志等关键敏感数据，掌握了一批网络边界设备账号口令、业务设备访问权限、路由器等设备配置信息、FTP服务器文档资料信息。由此TAO非法攻击渗透了中国境内的基础设施运营商，构建了对基础设施运营商核心数据网络远程访问的“合法”通道，实现了对中国基础设施的渗透控制。

(5) 控制重要业务系统，实施用户数据窃取

TAO通过掌握的中国基础设施运营商的思科PIX防火墙、天融信防火墙等设备的账号口令，以“合法”身份进入运营商网络，随后实施内网渗透拓展，分别控制相关运营商的服务质量监控系统和短信网关服务器，利用“魔法学校”等专门针对运营商设备的武器工具，查

询了一批中国境内敏感身份人员，并将用户信息打包加密后经多级跳板回传至美国国家安全局总部。

根据上述调查报告中所阐述的攻击过程，可大致绘制出图7-6所示示意图。

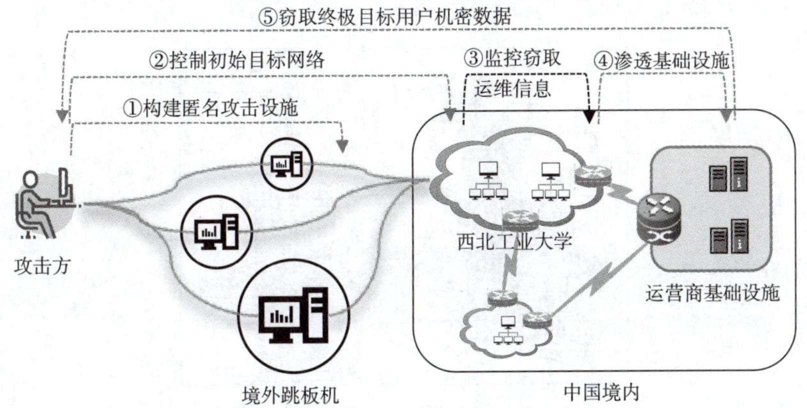

图7-6 西北工业大学遭受攻击过程示意

2. 案例分析

根据相关调查报告披露的内容，2022年6月始于西北工业大学针对我国的网络安全攻击事件具有以下特点：

① 长期准备，“精心组织”和伪装。技术团队分析发现，国外组织在开始行动前进行了较长时间的准备工作，动用了大量部门和人员进行匿名化攻击基础设施的建设。

② 攻击手段复杂多样。国外组织使用了40余种不同的专用网络攻击武器，包括漏洞攻击突破类、持久化控制类、嗅探窃密类和隐蔽消痕类等工具。这些工具和技术的应用显示了此次攻击的高度专业性和复杂性。

③ 持续时间长，反复多次尝试。国外组织对西北工业大学进行了上千次的网络攻击，部分攻击过程中还暴露出多项技术漏洞，并且存在操作失误。这表明此次网络攻击不仅持续时间长，而且在实施过程中也遇到了一些技术问题。

④ 目标明确，数据窃取严重。此次网络攻击的主要目的是窃取关键设施和用户的机密数据。

⑤ 涉及范围广泛。除了西北工业大学外，国外组织还对中国国内的其他网络目标实施了上万次的恶意网络攻击，控制了数以万计的网络设备。

总的来说，这次攻击事件是一次典型的高级持续性威胁（APT）攻击。这种攻击方式对网络安全和国际安全都提出了新的挑战。

7.2.3 隐私泄露案例

1. 案例描述

1993年7月5日，彼得·施泰纳在《纽约客》上发表了一幅著名的漫画，用以描述互联网上的用户彼此互相不认识的匿名特性，如图7-7所示。如今的情况已经大不相同，甚至可以夸张地说，互联网比我们自己还了解我们。互联网通过各种在线服务和应用程序收集了大量的用户数据。这些数据包括我们的身份信息、搜索历史、购物习惯、社交媒体活动、位置信息等。无论是基于早期的“人肉搜索”，还是用今天高效的数据分析技术，都可以从这些公开信息中挖掘出人们的偏好、兴趣、行为模式甚至情绪状态。相信大家都遇到过，在淘宝或者京东看完某件商品以后，在其他有广告的地方统统都显示着同样或同类的商品，不断地提示你该买了，有折扣了……诸如此类的提示语。这些广告就是互联网公司通过 Cookie 标记追踪到用户最近浏览的物品，从而实现针对性投放。

图 7-7　反映互联网匿名特性的漫画

2018 年 3 月 17 日，英国“剑桥分析”（Cambridge Analytica）公司泄露 Facebook 用户隐私的事件被媒体深度报道，导致 Facebook 公司陷入长达 6 年的集体诉讼中，最终被迫进行巨额赔偿，以平息事件。

事情的经过是这样，2014 年，英国剑桥大学心理学教授亚历山大 · 科根推出了一款名为“这是你的数字化生活”App，Facebook 开放接口让这款软件在其平台上提供心理测验或者小游戏，共 27 万名 Facebook 用户下载了这一应用。这款 App 搜集的信息包括用户的住址、性别、种族、年龄、工作经历、教育背景、人际关系网络、平时参加何种活动、发表了什么帖子、阅读了什么帖子、对什么帖子点过赞等。借助这一应用，科根获取了这 27 万人及其所有 Facebook 好友的居住地等信息以及他们“点赞”的内容，因而实际共获取多达 500 万用户的数据。之后，科根把数据带到了剑桥分析公司。剑桥分析公司借由这些数据了解用户个人喜好，编织出一张“包围”用户的信息网，使他们不知不觉中获取足以影响其看法的信息。这种做法和互联网广告公司精准投放广告同出一辙。

Facebook 全球用户超过 20 亿。这次事件涉及如此庞大人群的隐私泄露，使得 Facebook 及 Facebook 创始人兼 CEO 马克 · 扎克伯格陷入用户隐私保护不力的指控，并遭美英立法者轮番质询，督促调查其数据安全问题。2018 年 3 月 22 日，扎克伯格最终在其社交平台上承认对数据泄露事件负有责任。

2. 案例分析

现代社会已经在不知不觉中进入到数字化时代，现代社会的人已成为数字化的人。人们已离不开智能手机和计算机等计算工具，每天的工作、学习和生活都在互联网上留下了鲜明的痕迹。

我们在互联网上发生的浏览、点击、收藏、转发、评论等所有行为都可以被记录、审查和追踪。按照业界常用做法，当用户进入网站首页的同时，此次访问的相关信息将会同步发送给 Wrating（万瑞数据）、Imrworldwide（尼尔森）、Mediav（聚胜万合）以及 Google Analytics（谷歌统计）等这些为网站提供统计服务或广告业务的服务商。访问网站时可被记录的信息包括：

① 你从哪里来（IP 地址），用的是什么语言，从哪个页面跳转来的。

② 你在网站首页待了多久，关注了哪些部分（如热力图）。

③ 你接下来点击了页面上哪个链接。

④ 你的显示器分辨率设置是什么。

⑤ 甚至你的浏览器安装了哪些插件等。

这些服务商将会在用户的浏览器里留下各自的 Cookie 标记，以后只要该用户访问与这些公司合作的其他网站时，都将会被再次识别出来。如果用户访问的每一个网站都使用了共同的合作服务商时，就意味着互联网已经完整地知道了用户的上网习惯。

淘宝、今日头条、抖音、微博、微信这些网络平台的广告投放、信息推送都是基于大数据分析出来的用户偏好。可以说，我们每个人都以数据化的方式存在于大公司的数据库里。在大数据分析和人工智能推荐面前，个人的隐私在小至一次不经意的点击中都可能被泄露，因此如何确保在那些大公司海量用户数据库中的“我们”是安全的成为一个重要问题。

隐私泄密案例实质上反映了网络空间环境下的信息内容安全问题。信息内容安全是网络空间安全的一个重要部分，信息内容能够影响或是改变个人的思维和行动，进而能够影响国家的内外政策甚至国家的稳定。法律的约束与监管、技术上的防护与控制以及网络道德教育是解决信息内容安全问题的重要途径。

7.2.4 软件漏洞案例

1. 案例描述

计算机时代，软件漏洞（俗称 Bug、虫子）困扰着每个程序员，影响着普通人的生活，小到每个人的衣食住行，大到国家经济，世界局势。随着我们的生活方式渐渐地数字化、互联网化，数字世界的找虫和杀虫就变得越来越重要。

软件史上最著名的 Bug 应该是“计算机程序之母”格蕾丝・赫柏（Grace Murray Hopper）博士在她的记录本上记下的计算机发展史上第一个 Bug。1947 年 9 月 9 日，格蕾丝使用的计算机 Mark Ⅱ出现故障，导致工作无法进行。经过了近一天的检查，格蕾丝找到了故障的原因——继电器中有一只死掉的蛾子。她把飞蛾贴在日记本上，并写道“First actual case of bug being found”，如图 7-8 所示。这个发现奠定了“Bug”这个词在计算机世界的地位。从此 Bug 一词就被用来表示计算机程序中的错误或者疏漏，这些软件漏洞会使程序计算结果错误、软件功能失效，甚至引起系统的崩溃和严重的信息安全事故。从那以后，Bug 和 Debug（排除虫子）这两个词就成为无数程序员的噩梦。

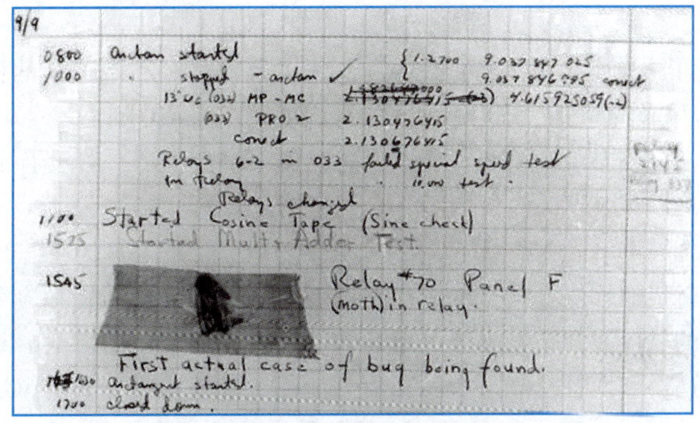

图 7-8　软件史上第一虫

1991 年 2 月在第一次海湾战争期间，一枚伊拉克发射的飞毛腿导弹准确击中美国在沙特阿拉伯的宰赫兰基地，当场炸死 28 个美国士兵，炸伤 100 多人，造成美军海湾战争中唯一一次伤亡超过百人的损失。后来的调查发现，是由于一个简单的计算机 Bug，使基地的爱国者反导系统失效。爱国者反导系统的时钟寄存器设计为 24 位，因而时间的精度也只限于 24 位。系统每工作一个小时，内部的时钟会新增一个毫秒级的微小延迟，这就是这次失效悲剧的根源。因为长时间的工作后，这个微小的精度误差被渐渐放大。当时，负责防卫该基地的爱国者反导系统已经连续工作了 100 个小时，系统中累积的延迟时间已是三分之一秒。对一般人来说，0.33 秒是微不足道的，但是对一个需要跟踪并摧毁一枚空中导弹的雷达系统来说，这是灾难性的——侯赛因飞毛腿导弹空速达 4.2 马赫（约 1.4 km/s），这个“微不足道的”0.33 秒相当于大约 600 米的误差。所以在宰赫兰导弹事件中，雷达虽然发现了来袭导弹，但是由于时钟误差使得雷达无法跟踪及时，导致基地的拦截导弹未能发射。

操作系统是智能手机、平板电脑以及个人计算机系统中最重要的软件。个人计算机中广泛使用的 Windows 系列操作系统从诞生之日起就不断地被发现存在安全漏洞。微软公司定期发布的《安全情报报告（SIR）》会及时披露微软和其他第三方软件的漏洞情况及其对安全的影响。报告声称微软产品的漏洞数量与第三方软件漏洞总数的比例基本是 1∶10，与第三方软件的漏洞数量相比，微软产品的漏洞数量还是一个较小的比例。

来自国家信息安全漏洞共享平台的统计数据显示：自统计以来，截至 2024 年 3 月为止，已发现的各类操作系统漏洞数量超过一万六千个；一般应用程序中发现的漏洞数量高达八万八千个；Web 应用中发现的漏洞数量也已超过三万七千个。统计数据还表明，已发现的软件漏洞不仅来自操作系统、一般应用软件，还广泛来自数据库软件产品、网络通信设备、信息安全产品、工控系统和各种物联网智能终端。国内外很多白帽子漏洞发布平台（例如补天漏洞响应平台、腾讯安全应急响应平台、漏洞盒子等）以及地下软件漏洞交易黑市，每天都在发布各种漏洞。披露的漏洞增长速度之快、漏洞数量之多、涉及厂商之众、涉及软件产品之广令人吃惊。

软件漏洞尤其是系统漏洞的存在为因特网远程访问、进行系统穿透、实现系统破坏大开方便之门。2017 年 5 月，一种名叫“想哭”（WannaCry）的勒索病毒全球大暴发，至少 150 个国家 30 万用户中招，影响到金融、能源、医疗、教育等众多行业，造成的损失高达 80 亿美元。我国部分使用 Windows 系统的用户遭受感染，尤其是校园网用户，大量实验室数据和毕业论文被加密锁定。部分大型企业的应用系统和数据库文件被加密后，无法正常工作，影响巨大。

WannaCry 借助了之前泄露的 EternalBlue（永恒之蓝）漏洞利用工具的代码。该工具利用了微软 2017 年 3 月修补的 MS17-010 SMB 协议远程代码执行漏洞，这个漏洞之前存在于主流的绝大部分 Windows 操作系统版本。安装了上述操作系统的机器，若没有及时安装 MS17-010 补丁文件，只要开启了 445 端口就会受到影响。

2. 案例分析

案例表明信息时代的软件漏洞是普遍存在的。人们在开发、部署和应用各类系统软件和应用软件时，发现的软件漏洞层出不穷。而且软件漏洞的潜在威胁巨大，不仅仅局限于程序功能失效，严重时还会引发机密信息和隐私信息泄露、系统瘫痪。如何解决软件漏洞带来的安全威胁呢？需要从两个方面进行考虑：一是软件自身的安全保障，即如何避免软件漏洞；

二是如何防范和阻止攻击者利用软件漏洞实现网络攻击。

对于软件漏洞问题，首先是要建立正确的认知。软件是人们为了实现解决生产生活实际问题而开发的某种用于完成特定功能的计算机程序，无法做到十全十美，因而必然存在缺陷或漏洞。

另一方面，软件在现代社会中发挥的作用越来越大，无论是对于软件开发者还是软件的使用者，如果软件一旦出现设计上的漏洞，不仅创新应用成为泡影，甚至给人们带来灾难。即使在软件源头中存在较少的漏洞，这些漏洞也足以被利用，成为侵犯国家经济利益的武器，或者成为有组织犯罪的网络武器储备。统计分析结果表明，绝大多数成功的网络攻击都是针对和利用已知的、未打补丁的软件漏洞和不安全的软件配置展开实施。网络黑客、犯罪组织、敌对势力等出于窃取信息资产或攻击目标系统使其失能等目的，必然要不断地去发现、挖掘和利用各类软件系统中的漏洞。

要解决软件漏洞潜在威胁，人们应该着眼于源头安全，而不是仅采取诸如试图保护网络基础设施等阻挡入侵的方法来解决安全问题。源头安全需要软件安全，这是网络基础设施安全的核心。虽然边界安全和深度防御在安全领域中非常重要，但软件自身的安全才是安全防护的第一关，应该将其摆放在第一位。

案例中提到的“想哭”勒索软件本质上属于恶意代码，因为这个勒索软件与计算机病毒、蠕虫和木马相似，充分结合了主动扫描、远程漏洞等技术手段，甚至于结合了 Rootkit（一种嵌入系统底层获得系统最高操作权的恶意代码）的一些特点。恶意代码是病毒、蠕虫、木马等的总称，恶意代码的各个类型还是具有比较明显的各自特点，将这些技术融合创造更大威力的攻击程序已成为当前网络攻击技术手段的发展趋势。

针对软件漏洞安全威胁，通过实施一些安全防护措施，可以显著降低信息系统受到漏洞影响的风险，并提高整体的安全性。具体如下：

① 定期更新软件：保持操作系统和应用程序的最新状态，因为软件更新通常包含对已知漏洞的修复。

② 使用安全补丁：及时应用所有安全补丁，这些补丁是专门为修复已知的漏洞而发布的。

③ 代码审计：对于自行开发的软件，定期进行代码审计和安全测试，以发现和修复潜在的漏洞。

④ 使用安全开发框架和工具：在软件开发过程中使用安全编程实践和工具，如静态应用程序安全测试（SAST）和动态应用程序安全测试（DAST）。

⑤ 使用防病毒和防间谍软件：安装可靠的防病毒和防间谍软件，并确保它们始终更新到最新版本。

⑥ 安全配置：根据最佳安全实践来配置软件，禁用不必要的服务和功能，减少潜在的攻击途径。

⑦ 权限管理：合理设置用户权限，确保只有授权用户才能访问敏感数据和系统功能。

⑧ 安全意识培训：对用户进行安全意识培训，提高他们对钓鱼攻击和社交工程技术的识别能力。

⑨ 备份数据：定期备份重要数据，万一受到攻击，能够恢复丢失的信息。

⑩ 谨慎下载：不要随意点击不明链接或下载来路不明的文件，这可能是恶意软件的载体。

习题 7

1. 根据信息安全的定义，简述信息安全防护的主要目的。
2. 简述信息安全面临的主要威胁类型。
3. 根据信息安全保障体系，列举常用的信息安全防护技术。
4. 结合个人的经验和体会，谈谈如何平衡“隐私既要保护、又要开放”之间的矛盾。
5. 列举在国内外发生的类似的 APT 攻击事件，并进行案例分析。
6. 结合自己的实际情况，谈谈如何抵御恶意代码带来的安全威胁。
7. 既然软件漏洞难以避免，试简述针对软件漏洞可采用的主要信息安全保护措施。

参考文献

[1] 战德臣，陈荆亮，叶志伟．大学计算机：计算思维导学［M］．北京：人民邮电出版社，2024.

[2] 林豪慧．大学生信息素养［M］.2 版．北京：电子工业出版社，2022.

[3] 赵满旭，李霞．大学计算机信息素养［M］．西安：西安电子科技大学出版社，2022.

[4] 谢希仁．计算机网络［M］．8 版．北京：电子工业出版社，2021.

[5] 于光．信息检索［M］.2 版．北京：电子工业出版社．2014.

[6] 徐小龙．云计算与大数据［M］．北京：电子工业出版社，2021.

[7] 蒋亚平．大数据技术原理与应用：从入门到实战［M］．北京：人民邮电出版社，2024.

[8] 黑马程序员．Hadoop 大数据技术原理与应用［M］．北京：清华大学出版社，2023.

[9] 周志华．机器学习［M］．北京：清华大学出版社，2016.

[10] 特拉斯克．深度学习图解［M］．王晓雷、严烈，译．北京：清华大学出版社，2020.

[11] 车万翔．自然语言处理：基于预训练模型的方法［M］．北京：电子工业出版社，2021.

[12] 叶云，赵小娟，卜新华．物联网概论：微课版［M］．北京：人民邮电出版社，2023.

[13] 杨埙，黄丹梅．物联网导论［M］．北京：电子工业出版社，2024.

[14] 黄玉兰．物联网射频识别（RFID）核心技术教程［M］．北京：人民邮电出版社，2016.

[15] 贾海瀛．传感器技术与应用［M］．北京：高等教育出版社，2021.

[16] 孙知信．物联网关键技术与应用［M］．西安：西安电子科技大学出版社，2020.

[17] 李林．智慧城市大数据与人工智能［M］．南京：东南大学出版社，2020.

[18] 王爱国．物联网与数据挖掘［M］．北京：电子工业出版社，2023.

[19] 常丁懿，石娟，郑鹏．中国 5G 新型智慧城市：内涵、问题与路径［J］．科学管理研究，2022，40（2）：116-123.

[20] 中国通信工业协会物联网应用分会．物联网+智慧医疗［M］．北京：电子工业出版社，2023.

[21] 邵泽华．物联网与智慧城市［M］．北京：中国人民大学出版社，2022.

[22] 印润远．信息安全导论［M］．北京：中国铁道出版社有限公司，2021.

[23] 贾如春．信息安全基础［M］．北京：电子工业出版社，2020.

[24] 陈波，于泠．信息安全案例教程：技术与应用［M］．北京：机械工业出版社，2021.

[25] 国家计算机网络应急技术处理协调中心．2020 年上半年我国互联网网络安全监测数据分析报告［EB/OL］．(2020-09-26)［2024-03-21］．https://www.cac.gov.cn/2020-09/26/c_1602682854845452.htm.